Luci van Org

Die Geschichten von Yggdrasil

Das kleine Familienbuch der Nordischen Sagen

Edition Roter Drache

4. Auflage Juli 2025

Edition Roter Drache, Holger Kliemannel, Am Hügel 7, 59872 Meschede

edition@roterdrache.org; www.roterdrache.org

Titelbild & Illustrationen: Luci van Org

Buch- & Umschlaggestaltung: Holger Kliemannel

Lektorat: Isa Theobald

Korrektorat: Holger Kliemannel & Claus Korch

Gesamtherstellung: Jelgava typografia, Lettland

ISBN 978-3-946425-18-2

Inhaltsverzeichnis

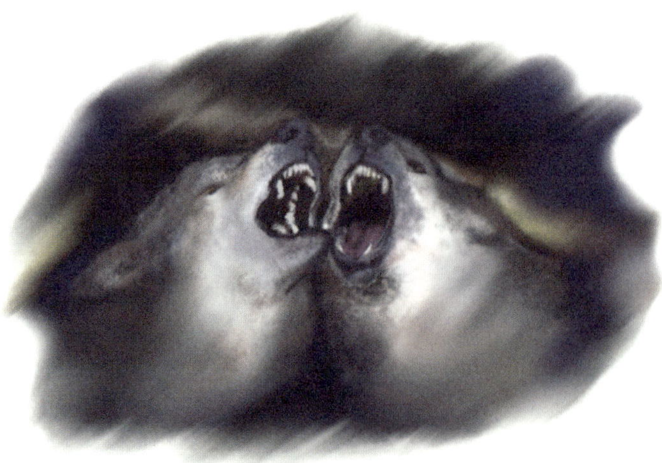

WORTE UND WURZELN

Der allererste Baum, der jemals irgendwo gewachsen ist, heißt YGGDRASIL und ist unvorstellbar groß.

Schon die Ausläufer seiner drei mächtigen Wurzeln erscheinen vom Boden aus höher als das Himalajagebirge, und wer den Lichtjahre hohen und ebenso dicken Stamm entlangblickt, erfasst höchstens ein winziges Stück Rinde, selbst mit Adleraugen oder einem Fernglas. Durch Yggdrasils Baumkrone kann man Jahrtausende lang in alle Himmelsrichtungen klettern, ohne jemals den äußeren Rand zu erreichen. Deshalb behaupten manche Menschen, sie spanne sich über das gesamte Universum. Andere meinen sogar, die immergrüne Yggdrasil sei das Universum selbst.

Fest steht, dass der allererste Baum, der jemals irgendwo gewachsen ist, Heerscharen unterschiedlichster Lebewesen beherbergt – und ihre Geschichten.

Uralte Geschichten. Geschichten von Göttern, Riesen und Menschen, von Alfen und Zwergen, von finsteren Drachen, tapferen Helden, großen Wahrsagerinnen und mächtigen Zauberinnen.

Teile davon haben die Leute einander schon vor über zweitausend Jahren erzählt. Ungefähr dort, wo sich heute Hannover, Berlin, Hamburg, Lodz, Amsterdam oder Brüssel befinden. Wie genau die Geschichten damals gingen, weiß heute aber niemand mehr. Aufschreiben konnten die Menschen sie damals noch nicht, und beim Weitererzählen wurden sicher immer mal Dinge vergessen oder verwechselt. Bestimmt ließ manchmal auch jemand mit Absicht Teile weg, stellte sie um, erfand welche dazu oder arbeitete eigene Erlebnisse ein, weil das gerade gut passte.

Trotzdem blieben die Geschichten für die Leute immer Berichte von wahren Ereignissen. Dass Götter, Alfen, Riesen, Zwerge oder Magie darin vorkamen, tat dabei nichts zur Sache. Zaubersprüche waren damals ganz alltäglich, zum Beispiel um Krankheiten zu behandeln, und Götter oder andere Wesenheiten gehörten ebenso zur Wirklichkeit wie Bäume, Felsen oder Vögel.

Deswegen sprach damals auch niemand davon, an bestimmte Götter zu »glauben«. An Bäume, Felsen oder Vögel »glaubte« man ja auch nicht.

Stattdessen fragte man einander: »Welchen Göttern opferst du?«, denn um sie zu erfreuen, ihnen zu danken oder ihre Unterstützung zu bekommen, machten die Menschen den Gottheiten Geschenke, die sie »Opfer« nannten. Man opferte kostbare Waffen, Schmuck oder Münzen, Speisen und Getränke. Oft wurden zu Ehren bestimmter Götter auch Feste gefeiert, für die man Tiere schlachtete. Und manchmal – aber nur sehr selten – opferte man sogar Menschen.

Geopfert wurde eigentlich überall in Europa. Auch dort, wo man Yggdrasil nicht kannte. Da gab es dann stattdessen andere Geschichten mit anderen Göttern und Wesen, zum Beispiel die Göttersagen des antiken Griechenlands.

Im Gegensatz zu heute stritten die Leute aber erstaunlicherweise so gut wie nie darüber, welche Geschichten und welche Götter »richtig« oder »falsch« waren. Gottheiten waren eher so etwas wie Familienangehörige. Jeder hatte seine eigenen, ohne dass andere sich groß daran störten.

Doch all das veränderte sich, als eine ganz neue Art der Götterverehrung aus dem nahen Osten nach Europa gelangte. Die Menschen, die diese neue Religion praktizierten, nannten sich »Christen«. Sie waren davon überzeugt, dass sie nach dem Tod ewig leben würden, an einem wundervollen Ort namens »Paradies«. Christen verehrten nur einen einzigen Gott und dessen Sohn. Sie opferten auch nicht, sondern »glaubten«. Das hieß, dass sie ihren Gott für den einzig wahren und richtigen hielten und alle anderen Götter für »Unholde«. Christen mussten außerdem bestimmten Lebensregeln folgen. Zum Beispiel war es ihnen verboten, Magie oder Wahrsagerei zu betreiben, und sie sollten ihr Leben lang versuchen, möglichst viele andere Menschen von ihrer Art der Götterverehrung zu überzeugen.

Das taten sie sehr erfolgreich. Denn mit der Zeit wandten sich tatsächlich mehr und mehr Menschen in Europa von ihren alten Göttern, Geschichten und Bräuchen ab und dem Christentum zu. So viele, dass die Christen irgendwann in der Mehrheit waren. Statt Opferstätten und Feste für die alten Götter gab es nun Kirchen und christliche Feiertage. Wobei man aus Gewohnheit oft an denselben Orten und zu denselben Zeiten feierte und sich die alten und die neuen Bräuche manchmal sogar ein wenig vermischten.

Vielerorts geschah diese »Christianisierung« ganz friedlich. Woanders allerdings wurden Menschen auch mit Gewalt dazu gezwungen, Christen zu werden. Oft von Fürsten oder Königen, die zur neuen Religion übergetreten waren. Wer in solchen Gegenden die alten Götter heimlich weiter verehrte oder Magie praktizierte, wurde hart bestraft oder sogar umgebracht.

So oder so erzählte man einander bald immer weniger von Yggdrasil. Und irgendwann wusste man dort, wo heute Deutschland liegt, so gut wie gar nichts mehr vom allerersten Baum, der jemals irgendwo gewachsen ist. In ein paar alten Bräuchen oder Märchen blieben zwar einige wenige Bruchstücke der alten Geschichten erhalten, aber auch ihre Herkunft wurde nach und nach vergessen.

Trotzdem war Yggdrasil immer da. Mitsamt seinen Göttern und Wesen und Geschichten.

Und ist es noch.

Nicht nur in diesem Buch oder in den Herzen vieler Menschen, die die alten Gottheiten für sich neu entdeckt haben und ihnen heute wieder opfern. Sondern der allererste Baum, der jemals irgendwo gewachsen ist, wurzelte auch die ganze Zeit in den Gedanken und Seelen unzähliger Menschen.

Meist, ohne dass sie es bemerkten.

Und wenn wir Deutsch, Englisch, Niederländisch, Schwedisch, Dänisch, Norwegisch, Afrikaans oder Jiddisch sprechen, oder eine andere der fünfzehn verschiedenen Sprachen, die als »germanische Sprachen« bezeichnet werden, dann verstecken sich Yggdrasils Gottheiten und Geschichten auch in uns. Zum Beispiel in Worten wie »Urlaub«, »Buchstabe« oder »anlehnen«, die wir ganz selbstverständlich benutzen, im »Wissensdurst« und im »Lebensfaden«, in den Namen vieler Wochentage und in denen der Himmelsrichtungen.

 Ganz gleich, ob wir heute an den Christengott glauben, an einen anderen Gott, an gar keinen oder ob wir wieder den alten Gottheiten opfern – als Teil unserer Sprache und damit unseres Denkens und Fühlens sind und bleiben die alten Götter und Geschichten ein Teil von uns.

Woher wir das heute wissen?

Weil etwas weiter im Norden, in Skandinavien, zum Glück nicht ganz so viel vergessen wurde. Es blieben sogar einige Bücher erhalten, in denen Christen die alten Gottheiten und Bräuche beschrieben hatten. Zwei solcher Bücher, die heute etwas verwirrend beide *Edda* heißen, entstanden vor etwas mehr als achthundert Jahren in Island. Ein anderes Buch, die *Gesta Danorum*, wurde etwa zur selben Zeit in Dänemark geschrieben.

Allerdings sind die Bücher in Altnordisch und Latein verfasst, sehr alten Sprachen, die so gut wie gar nicht mehr gesprochen werden. Eine der *Eddas* besteht zudem ausschließlich aus Stabreimen, altmodischen Versen, die für unsere Ohren sehr ungewohnt und schwer verständlich klingen.

Als man vor etwa zweihundert Jahren in Deutschland begann, sich wieder für die alten Geschichten zu interessieren, wurden die Bücher deshalb nicht nur übersetzt, sondern bald auch ohne Verse nacherzählt. *Nordische Sagen* nannte man sie jetzt. Oft vermischten die Autoren beim Nacherzählen den Inhalt der drei erhaltenen Bücher. Außerdem schmückten sie die teilweise nur ganz kurzen Texte weiter aus und ergänzten sie, so dass sie besser in ihre jeweilige Weltsicht passten. Und genau wie früher, wenn die Leute einander die Geschichten weitererzählten, wurde auch beim Aufschreiben jedes Mal wieder ein bisschen etwas verändert.

So war es natürlich auch beim Schreiben dieses Buches hier, das die meisten der »Nordischen Göttersagen« enthält. Und mit ihnen sicher auch Teile der Geschichten, die man sich vor zweitausend Jahren dort erzählte, wo sich heute Hannover, Berlin,

Hamburg, Lodz, Amsterdam oder Brüssel befinden. Diese Geschichten hatten ja dieselben Wurzeln.

Deshalb können viele von uns in ihnen auch einen Teil der eigenen Wurzeln entdecken. Allerdings – und das ist wichtig – ganz sicher nicht die Art Wurzeln, die im vergangenen Jahrhundert die Nationalsozialisten und ihre Wegbereiter darin zu entdecken glaubten. Für ihre menschenverachtende, verbrecherische Ideologie von der »Herrenrasse« missbrauchten sie die Nordischen Sagen, ihre Symbole, die alten Götter und Bräuche und verdrehten die Inhalte und Aussage der alten Geschichten.

Einige Unbelehrbare tun das abscheulicherweise noch heute. Und neben allem anderen Übel, das solche Leute anrichten, bringen sie damit auch die alten Geschichten in Verruf. Oft sogar so sehr, dass Menschen Vorbehalte haben, sich mit den Nordischen Sagen oder den alten Gottheiten überhaupt zu beschäftigen.

Dabei genügt bereits ein oberflächlicher Blick, um zu erkennen, wie sehr die Geschichten für diesen Missbrauch verstümmelt und verdreht wurden. Und wie wenig irgendeine vermeintliche »Herrenrasse« mit den Menschen zu tun hat, die man heute »Germanen« nennt. Mit diesem bunt zusammengewürfelten Menschen- und Völkerhaufen unterschiedlichster Herkunft, der damals durch Europa zog, sich dabei immer anders vermischte und einander von Yggdrasil erzählte. Nicht Blutsverwandtschaft hielt diese Menschen zusammen, sondern die Tugend der Gastfreundschaft – und das Wissen um Yggdrasil, den allerersten Baum, der jemals irgendwo gewachsen ist und der noch heute in Sprache und Denken so vieler von uns wurzelt.

Yggdrasils Götter und Riesen, Alfen und Zwerge, das achtbeinige Pferd, die sprechenden Raben und das Wunderschiff, all die Zaubertränke, magischen Gewänder, unglaublichen Abenteuer und zeitlosen Weisheiten sind viel zu schön und viel zu kostbar, um sie dem braunen Sumpf zu überlassen.

Holen wir sie uns zurück.

WELTEN UND WESEN

Der allererste Baum, der jemals irgendwo gewachsen ist, heißt Yggdrasil und ist unvorstellbar groß.

So groß, dass sich auf ihm nicht nur Heerscharen unterschiedlichster Lebewesen befinden, sondern die Welten dieser Lebewesen gleich mit! Götter- , Riesen-, und Menschenwelten, Alfen- und Zwergenwelten, Welten für die Lebenden und Welten für die Toten.

Genau deswegen heißt er ja auch »Yggdrasil« – die »Weltenesche«.

Oder »Welteneibe«. Darüber, welcher Baumart der Weltenbaum tatsächlich angehört, streiten die Menschen heutzutage. Was etwas müßig ist – schließlich wird kein Mensch von dieser Esche oder Eibe jemals genug auf einmal zu sehen bekommen, um es sicher feststellen zu können.

Wobei viele der uralten Geschichten erzählen, dass es ganz oben, auf dem höchsten Punkt von Yggdrasils Krone, einen magischen Ort gibt, wo genau das gelingt. Einen Ort, von dem aus man nicht nur alle Blätter oder Nadeln, den Stamm und die Wurzeln des Weltenbaums überblicken kann, sondern auch sämtliche Welten, die sich an ihm und auf ihm befinden. Hlidskjalf heißt dieser Ort. Ein wunderschöner, goldener Thron steht dort, auf dem eigentlich nur der Gott Odin und seine Frau Frigg sitzen dürfen. Trotzdem nehmen wir dort jetzt heimlich Platz, halten, überwältigt von der unvergleichlichen Aussicht, einen Moment inne, schließen unseren vor Staunen weit offenstehenden Mund und blicken dann ganz nach Süden.

In weiter Ferne können wir dort nämlich Muspelheim sehen, das Zuhause der Feuerriesen. Glut, Flammen und dichter Rauch tauchen seine schwarz verkohlten Ebenen und grauen Aschewüsten in fahloranges Licht.

Genau gegenüber, ganz im Norden, wabern dagegen dichte Nebel über dem ewigen Eis Niflheims, der Heimat der Frostriesen. Hier wird es auch am Tage nicht richtig hell, und in den Nächten ist es so kalt, dass einem der Atem vor dem Mund gefriert.

Danach lassen wir unseren Blick über den restlichen, äußeren Rand Yggdrasils schweifen und erkennen schnell, dass auch dort überall Riesen leben. Der Einfachheit halber werden all diese übrigen Gebiete zusammen Jotunheim genannt. Oder auch nur »Utgard«, das »Außengebiet«, obwohl Sturmriesen natürlich ganz anders beschaffene Gegenden bewohnen als Flutriesen oder Geröllriesen. Aber alle diese Orte haben gemeinsam, dass in ihnen heilloses Chaos herrscht. So, wie auf dem Höhepunkt eines Orkans, beim Abgang einer Lawine oder in einer Sturmflut. Rohe Naturgewalten – genau das sind Riesen schließlich – haben es nun einmal nicht mit Ordnung. Im Gegenteil: sie sind die Unordnung selbst.

Etwas weiter mittig in Alfheim, dem Zuhause der sanften, anmutigen Lichtalben, wird es dagegen niemals chaotisch, hektisch oder laut. Dafür hält hier die gesamte Natur immer wieder unwillkürlich inne, steht andächtig still, verzaubert vom unvergleichlichen Glanz ihrer Geschöpfe. In etwa so, wie wir Menschen es tun, wenn wir etwas ganz besonders Schönes sehen. Heller als die Sonne strahlt das makellose Antlitz der Lichtalfen, weswegen ihre Welt nachts in Yggdrasils Krone auch aussieht wie ein riesiger, prachtvoller Lampion.

Wer jetzt glaubt, das sei es schon gewesen, irrt gewaltig. Obwohl Svartalfheim, die Welt, in der die Zwerge leben, inmitten von Yggdrasils Zweigen gar nicht so leicht auszumachen ist. Das Graubraun ihrer kargen, nur mit ein paar windschiefen Kiefern bewachsenen Gebirge ist einfach zu unauffällig. Und auch, wer Svartalfheim entdeckt und sich hier tagsüber umsieht, wird zunächst glauben, gänzlich falsch zu sein. Weil sich absolut nirgendwo auch nur ein einziger Zwerg blicken lässt. Zwerge fürchten nämlich nichts so sehr wie das Sonnenlicht, denn bereits der winzigste Strahl verwandelt sie unwiederbringlich zu Stein. Ortskundige, die Svartalfheims Bewohner vor Sonnenuntergang aufsuchen wollen, lassen sich deshalb vom leisen Klirren leiten, das überall zu hören ist. Es kommt aus dem Inneren der Berge. Wer dem Klirren folgt, gelangt zu den riesigen, unterirdischen Werkstätten, in denen unzählige Hämmer auf ebensoviele Ambosse schlagen. Bienenfleißig schmiedet das Zwergenvolk hier die prächtigsten Waffen und Schmuckstücke, so unendlich kunstvoll und perfekt, dass die Schmiedearbeiten der Zwerge überall in Yggdrasil mehr als begehrt sind.

Auch in Midgard, der Menschenwelt, die noch etwas weiter im Zentrum von Yggdrasils Krone liegt. Zu beschreiben, wie diese Welt aussieht, ist müßig, schließlich finden wir in so ziemlich jedem Astronomiebuch eine Gesamtansicht unseres wunderschönen, saphirblauen Heimatplaneten und für die Einzelheiten sei ein Blick aus dem Fenster oder ein Gang vor die Tür empfohlen.

Mit etwas Glück und bei günstigem Wetter bekommen wir dabei dann sogar den herrlichen Regenbogen zu sehen. In den Geschichten von Yggdrasil wird er ehrfürchtig »Bifröst«, die »schwankende Himmelsstraße«, genannt. Und auch wenn bei uns in Midgard unendlich viel Wunderschönes und Erstaunliches zu sehen ist, gibt es wohl keinen Menschen, den der Anblick des Regenbogens nicht auf ganz eigentümliche Weise verzaubert.

Vielleicht, weil wir spüren, dass der Bifröst viel mehr als nur schön ist. Dass er ein Geheimnis birgt.

In Wahrheit ist er nämlich gar kein Bogen. Er ist ein Kreis. Ein Regenkreis, dessen zweite, den Menschen verborgene Hälfte, in eine andere Welt führt.

Asgard heißt diese Welt. Und würden wir sie jetzt betreten, verschlüge es uns erst einmal die Sprache angesichts der Pracht der vielen goldenen, üppig mit Edelsteinen besetzten Paläste und der riesigen, prunkvoll geschmückten Säle, aus denen sie besteht. So wunderschön sind sie anzusehen, dass es keine menschlichen Worte dafür gibt.

Aber Menschen leben hier ja auch gar nicht. Sondern Götter.

Asen werden sie genannt und sind uns Menschen freundlicher gesonnen als alle anderen Wesen des Weltenbaums. Was nur fair ist. Schließlich haben die Asen – genauer gesagt drei von ihnen namens Odin, Hönir und Lodur – uns damals ja erschaffen. Das ist zwar ewig her, bringt aber doch so etwas wie Verantwortung mit sich.

Die Asengötter sind die kreativsten Baumeister Yggdrasils. Ohne sie gäbe es weder einen Himmel, noch Sonne und Mond, noch Wasser, noch Erde, noch unzählige andere Wunder, die uns heute selbstverständlich scheinen.

Auch den Regenbogen gäbe es nicht. Wie man sehen kann, haben die Asen diese Verbindung zwischen Asgard und unserer Menschenwelt ganz besonders kunstvoll gefertigt. Vielleicht, um uns eine kleine Kostprobe ihrer handwerklichen Fähigkeiten zu geben, vielleicht auch, um möglichst stilvoll einen Abstecher nach Midgard zu machen und dort nach dem Rechten zu sehen – oder uns ihre Geschichten zu erzählen.

Von den Asengöttern haben wir Menschen ja überhaupt erst vom Weltenbaum und seinen vielen anderen Bewohnern erfahren.

Ansonsten mischen sich die Asen aber nur ganz selten in unsere Angelegenheiten ein. Sie geben uns auch keine Regeln vor oder drohen uns Strafe an, wenn wir diese nicht befolgen. Aber bis heute helfen und beschützen sie uns, wenn wir sie darum bitten – vorausgesetzt natürlich, wir verhalten uns ihnen gegenüber freundschaftlich und gastfreundlich.

Wer mit ihnen Kontakt aufnehmen möchte, sollte allerdings bedenken, dass Asengötter sich bei ihren Besuchen in unserer Welt so gut wie immer tarnen. Oft bleiben sie unsichtbar, ab und zu sehen sie aber auch aus wie ganz normale Menschen oder Tiere. Und das ist nur verständlich. Die meisten Leute hier können schließlich schon mit dem Anblick von Prominenten kaum umgehen. Nicht auszudenken, was für Massenaufläufe dann echte Göttinnen oder Götter verursachen würden, die vielleicht einfach nur irgendwo in Ruhe einen Kaffee trinken wollen. Wenn die Asen bei ihren Midgardbesuchen also eine sichtbare Gestalt annehmen, wählen sie meist eine ganz besonders unauffällige Verkleidung und verhalten sich ganz besonders ruhig. Ein Grund mehr, auch den Mauerblümchen und grauen Mäusen um uns herum immer genügend Aufmerksamkeit zu schenken.

Leider können wir Menschen nicht mal eben über den Bifröst spazieren, um den Asen einen Gegenbesuch abzustatten. Probiert haben es natürlich schon viele, aber spätestens bei dem Versuch, einen Fuß auf den Regenkreis zu setzen, verschwindet er jedes Mal wie durch einen Zauber.

Gänzlich unmöglich ist ein Abstecher nach Asgard aber nicht. Mithilfe einer Trommel und einer Methode, die »Schamanische Reise« genannt wird, liegt ein Besuch bei den Asen durchaus im Bereich des Möglichen. Aber Vorsicht! Zum einen sollte man sich zu benehmen wissen und die Gastfreundschaft der Asen nicht über Gebühr strapazieren. Zum anderen ist die eben erwähnte Fortbewegungsmethode nicht ganz ungefährlich, schon aufgrund der riesigen Entfernungen, die man dabei in kürzester Zeit zurücklegt. Obwohl man – auch, wenn das erst einmal unlogisch klingt – dabei meist liegend und mit geschlossenen Augen unterwegs ist, sollten Anfänger sich immer nur gemeinsam mit erfahrenen Reiseleitern auf den Weg machen. Autofahren oder Schwimmen haben wir schließlich auch nicht erlernt, indem wir einfach die erstbeste Anleitung gegoogelt haben.

Wer den Ritt auf der Trommel aber sicher beherrscht, kann damit auch noch viele andere Bereiche des Weltenbaumes erreichen. Vanaheim zum Beispiel. Hier lebt die andere der beiden Göttersippen des Weltenbaums. Wanen werden sie genannt.

Wer geglaubt hat, einen prachtvolleren, reicher geschmückten Ort als Asgard könne es nicht geben, wird hier in Vanaheim eines Besseren belehrt.

Tatsächlich ist alles hier sogar noch prunkvoller ausgestattet. Überall gibt es Gold und andere Reichtümer im Überfluss. So viel davon, dass die unermesslichen Schätze den Wanen kaum etwas bedeuten. Gänzlich unbekümmert geben sie allen jederzeit etwas von ihrem Reichtum ab, die sie darum bitten.

Auch uns Menschen.

Als Fruchtbarkeitsgottheiten schenken sie den Pflanzen und Tieren aller Welten nämlich jedes Jahr aufs Neue Wohlergehen und Gedeihen. Einfach so. Weshalb es durchaus angebracht ist, sich als Mensch bisweilen bei ihnen zu bedanken. Ohne ihre Hilfe gäbe es schließlich weder Blumenduft noch Meeresbrise, keine Biene würde mehr Obstbäume bestäuben, das Korn auf unseren Feldern würde kläglich verenden, und über kurz oder lang wäre – vielleicht mit Ausnahme der Riesenwelten – alles Leben von Yggdrasil verschwunden.

Wobei der Weltenbaum natürlich auch den Toten ein Zuhause gibt. In gleich mehreren Welten. Die größte von ihnen ist Helheim, das Reich der mächtigen Totengöttin Hel. Tief unter der Erde an einer der drei Wurzeln Yggdrasils befinden sich seine kühlen, schattigen Ebenen.

Wie es in Helheim aussieht und was dort genau geschieht, weiß aber niemand – wie ja schon der Name sagt. »Hel« bedeutet nämlich »versteckt« oder »verborgen«. Im deutschen Verb »verhehlen« haben die Silbe – und die Göttin – bis heute überlebt.

Zumindest weiß man, dass sich in Helheim nach dem Tod nicht nur Menschen, Zwerge, Alfen und Riesen einfinden, sondern auch Götter.

Menschen, die mit dem unsterblichen Gott der Bibel aufgewachsen sind, mögen verstorbene Gottheiten vielleicht etwas merkwürdig finden. Asen und Wanen leben – genau wie Riesen – auch wesentlich länger als Menschen und altern nicht. Aber wenn das Schicksal es will und sie getötet werden, müssen auch sie die Welt der Lebenden verlassen. Weil die Regeln in Yggdrasil nun einmal für alle gelten. Gottheiten kriegen da keine Extrawurst.

Auch bei uns in Midgard endet alles Leben schließlich irgendwann. Jeder Mensch, jedes Tier, jede Pflanze stirbt, und sogar der größte und härteste Fels wird einmal zu Staub und verweht im Wind. Aber verloren geht nichts. Als Teil von Pflanzen, Tieren und anderen Menschen, von Äckern, Wald- und Meeresböden oder mächtigen Gebirgen wird alles in unserer Welt wieder zu neuem Leben.

Sogar für sich selbst macht Yggdrasil da keine Ausnahme. Schon jetzt beknabbern vier Hirsche, die größten, die alle Welten je gesehen haben, Tag und Nacht ihre mächtige Krone. Noch macht das dem Weltenbaum nichts aus, keinen kahlen Ast gibt es an ihm. Doch unten an seinen Wurzeln nagen schon jetzt der Totendrache Nidhöggr und seine unzähligen Schlangengeschwister, in der Hoffnung ihn zu schwächen.

So wie wir alle wird deshalb eines Tages auch Yggdrasil sterben. Und aus ihren Überresten wird ein neuer Weltenbaum entstehen.

Weisheit und Wettstreit

Wie die Welten entstanden und Odin Allvater sein Auge als Pfand gab

Noch steht der allererste Baum, der jemals irgendwo gewachsen ist, tief verwurzelt in der Erde. Tau benetzt Tag für Tag seine Krone, um ihn frisch zu halten. Ihren Durst stillt Yggdrasil gleich aus drei Quellen, die so viel Wasser führen, dass reißende Flüsse daraus entstehen.

Eine dieser Quellen ist die die Quelle der Weisheit. Es heißt, wer daraus trinkt, erlangt mit jedem Schluck mehr Wissen und enträtselt schon bald spielend jedes noch so gut gehütete Geheimnis. So wie der Riese **MIMIR**, dem die Quelle gehört und der hier täglich seinen Durst stillt.

Kein Wunder, dass er eines der weisesten Wesen aller Welten ist – und eines der erstaunlichsten.

Denn seit sehr langer Zeit lebt Mimir, der Riese, ohne Arme und ohne Beine, ohne Schultern und ohne Rumpf. Nur noch sein riesiger Kopf ist vorhanden, seit einem schrecklichen Vorfall, von dem später die Rede sein soll.

Dass er überhaupt noch lebt und seine Weisheit mit den anderen Bewohnern Yggdrasils teilen kann, verdankt er einem sehr guten Freund: **ODIN** Allvater – dem obersten Gott der Asen.

Wobei die beiden in der Zeit, als Mimir noch einen Körper besaß, erst einmal ganz und gar nicht so gut miteinander auskamen ...

Damals, vor sehr langer Zeit, näherte sich ein Wanderer Mimirs Quelle. Groß gewachsen und breitschultrig war der, schon von Weitem eine beeindruckende Erscheinung. Sein langer, dichter Bart und sein volles Haar schimmerten in einem hellen Silbergrau, genau wie das Fell der beiden Wölfe, die ihn in respektvollem Abstand begleiteten.

Ruhige, aber erstaunlich große Schritte machte der Wanderer, und der Saum seines bodenlagen, dunkelblauen Wollumhangs flatterte dabei im Wind – was seinem Auftritt gleich noch ein wenig mehr Dramatik verlieh. Ebenso wie die Tatsache, dass er seine Augen im Schatten eines großes Schlapphuts verbarg.

Die ausladende Krempe hatte er so tief ins Gesicht gezogen, dass er bisweilen den Kopf in den Nacken legen musste, um den Weg vor sich überhaupt zu erkennen. Trotzdem kam er rasch näher, hielt erst kurz vor seinem Ziel noch einmal inne, um zwei große Raben auf seinen Schultern Platz nehmen zu lassen, die sich ihm plötzlich wie aus dem Nichts von links und rechts aus der Luft genähert hatten. Und die auch noch dort saßen, als der Mann kräftig an eine zwischen zwei Felswänden versteckte, grobe Holztür klopfte – den einzigen Zugang zur Quelle der Weisheit.

Etwas widerwillig und mit leisem Ächzen erhob sich Mimir, der Riese, von seinem mit Schafsfellen geposterten Ausguck, rückte seine wollene Kutte zurecht und schlurfte zur Tür.

Die er dann ganz langsam öffnete, damit das alte Holz möglichst beeindruckend knarrte – genau wie der Wanderer hatte auch Mimir durchaus einen Sinn für Dramatik. Sehr skeptisch und mit einem feinen, spöttischen Lächeln musterte der alte Riese den Neuankömmling erst einmal von oben bis unten.

»Guten Tag, mein Name ist Graubart«, hob der Fremde mit bassig brummender Stimme an, ohne eine Begrüßung abzuwarten, »Ich komme von weit her, bin lange gewandert und sehr durstig.«

Das Lächeln, das die Lippen des Riesen umspielte, wurde zu einem breiten, abschätzigen Grinsen. »Hältst du mich für einen Trottel, Odin Allvater?«

Für einen winzigen Moment wirkte Odin, der oberste Gott der Asen, ehrlich überrascht. Und dann ziemlich verärgert. Weil er, der es liebte, unter unzähligen Tarnnamen unerkannt durch die neun Welten zu streifen, es nun einmal nicht gewohnt war, sofort erkannt zu werden. Dann aber riss der Allvater sich zusammen und erwiderte Mimirs Grinsen: »Du weißt in der Tat eine ganze Menge, Riese.«

Mimir schnaufte nur abfällig. »Ach ja? Frag das nächstbeste Wildschwein, wie Odin, der oberste Gott der Asen, aussieht, und es wird dir ‚Blauer Mantel, Schlapphut, graubärtig' sagen. Noch dazu kennt jeder in Yggdrasil deine Wölfe Geri und Freki und deine Raben Hugin und Munin. Und die albernen Decknamen hauen dem Fass noch den Boden aus. ‚Der Wanderer', ‚Graubart', ‚der Verkleidete', ‚der Listige'. Ganz ehrlich – das ist doch Programm, dass da sofort jeder drauf kommt. Damit du überall schön deine Sonderbehandlung bekommst und um nichts bitten musst wie ein normaler Gast.«

Auch wenn dank Odins ausladender Hutkrempe die Hälfte seines Gesichts im Schatten lag – es war unverkennbar, dass Mimirs Unverfrorenheit den Obersten der Asen beeindruckte. »Na schön«, lächelte er ein wenig wölfisch, »dann behandele mich doch einfach wie einen ganz normalen Gast und gib mir und meinen vier Begleitern etwas zu trinken. So, wie es das Gastrecht vorschreibt, überall in Yggdrasil.«

»Gern«, nickte Mimir ein klein wenig zu freundlich, bedeutete Odin mit einer kleinen Handgeste, ihm zu folgen, und schlurfte dann den engen Felsengang in Richtung der Quelle voraus. Odin folgte ihm ungeduldig. Zwar versuchte er zu verbergen, wie aufgeregt er war – in etwa so, wie heutzutage Kinder am Abend vor ihrem Geburtstag – aber natürlich hatte der Riese es bemerkt und ging deshalb extra langsam. Odins Kehle brannte. Was hätte er dafür gegeben, Mimir jetzt überholen zu können. Von Weitem war schließlich bereits das Rauschen der Quelle zu hören. Doch Mimirs Riesenkreuz war zwar krumm, aber breiter als das eines ausgewachsenen Ochsen, und nicht einmal ein Mäuschen oder eine Eidechse wäre zwischen ihm und dem Gestein noch hindurchgekommen.

Plötzlich blieb der Riese stehen und drehte sich zu Odin um.»Gib mir dein Horn, Allvater«, knurrte er. Der Obergott verstand nicht.

»Du hast doch gesagt, du hast Durst.«

Noch immer verwundert reichte Odin Mimir das Trinkhorn, das er am Gürtel trug. Der Riese nahm es und hielt es in die Höhe. Dorthin, wo an einem faustgroßen

Felsvorsprung ein spärlicher Wasserlauf heruntertröpfelte, dessen Hauptader viele Meter weiter oben die Felsen entlangfloss. Für Odin dauerte es eine quälende Ewigkeit, bis das Horn gefüllt war, und dann noch länger, bis Mimir mit dem vollen Behältnis das Ende des Felsenganges erreicht hatte.

Dort öffnete sich ein grob gepflasterter Innenhof, umschlossen von hohen Wänden aus Wurzelholz und Fels. Ganz hinten in einer Ecke sprudelte eine große Wasserfontäne aus einem Gesteinsblock. Ein großes, nach Riesenart direkt aus dem Stein gehauenes Becken sammelte das kristallklare Nass und entließ es dann durch einen Überlauf in einen kleinen Wildbach.

Die Quelle der Weisheit!

Odin entfuhr ein leiser Seufzer, weil sein Herz gleich so viel höher schlug.

Doch der Riese machte keinerlei Anstalten, sich der Quelle zu nähern.

Stattdessen bedeutete er dem Obergott, sich mit ihm an den grob gezimmerten Holztisch am anderen Ende des Hofes zu setzen. Etwas widerwillig kam Odin der Aufforderung nach. Und noch ein wenig widerwilliger nahm er gleich darauf sein gefülltes Horn wieder in Empfang, das der Riese ihm reichte.

»Dafür, dass du solchen Durst hast, trinkst du sehr zögerlich«, grinste Mimir, nachdem Odin den ersten Schluck genommen, kurz innegehalten und dann sehr enttäuscht ausgesehen hatte. »Was ist, schmeckt dir mein Wasser nicht?«

»Es ist … nicht ganz mein Fall«, entgegnete Odin etwas spitz, »Irgendwie … säuerlich«, und man konnte ihm ansehen, dass er log. »Wenn du nichts dagegen hast, probiere ich mal … das Wasser von dort hinten.«

Unvermittelt wollte Odin aufspringen, doch Mimir ließ sofort seine riesenhafte Pranke auf die linke Schulter des Obergottes niedersausen, so dass der sich keinen Millimeter rühren konnte. Dann begann der Riese zu lachen. So laut, dass die Felswände erzitterten.

»Der war gut, Odin! Wirklich! Mannmannmann, ich wusste ja gar nicht, dass du so lustig sein kannst!«

»Danke. Gern geschehen.«, knurrte Odin gereizt. Ächzend und sehr verärgert versuchte er, sich aus dem Klammergriff des Riesen zu befreien, bot all seine göttlichen Kräfte auf – ohne Erfolg.

»Na schön«, seufzte Odin schließlich, »Ich geb's ja zu. In Wahrheit habe ich gar keinen Durst. Also … nicht solchen.«

»Nicht solchen?«, der Riese schmunzelte.

»Nicht … normalen Durst«, entgegnete Allvater Odin, »sondern … Wissensdurst.«

»Ich weiß.«, grinste Mimir und nahm endlich seine Pranke wieder von Odins Schulter.

»Du weißt es?«, polterte Odin ungehalten, während er seinen Rücken zu strecken versuchte. »Warum füllst du mein Horn dann mit diesem albernen Rinnsal, statt mich aus der Quelle der Weisheit trinken zu lassen? Ist das bei Riesen so üblich, auf die Bedürfnisse ihrer Gäste nicht im Geringsten einzugehen?«

»Ist es unter Göttern üblich, seine Gastgeber zu belügen?«

Diesem durchaus schlagenden Argument hatte Odin zu seiner großen Verärgerung nichts entgegenzusetzen.

»Zumal du wirklich Zeit gespart hättest, wenn du gleich mit deinem wahren Anliegen an mich herangetreten wärst. «

»Als ob du mich sofort aus der Quelle hättest trinken lassen!«

»Natürlich nicht! Aber ich hätte dich gleich weggeschickt.«

»Was?!«, Odin platzte der Kragen. »Also hör mal! Du redest hier mit Odin! Dem obersten Gott der Asen.«

»Na und? Meine Quelle, meine Regeln. Ich teile das Wasser der Weisheit nun einmal nicht mit jedem. Wissen verlangt, dass man verantwortungsvoll mit ihm umgeht. Woher soll ich sicher sein, dass du es wirklich ernst meinst?«

»Also wirklich!«, der Obergott war ehrlich gekränkt. »Ich, Odin Allvater mache meinen Lebtag nichts anderes, als nach Wissen zu streben. Genau das, wie rasend immer alles wissen zu wollen, ist doch mein Markenzeichen! Meine göttliche

Superkraft! Frag die beiden Raben, die können das bezeugen. Seit hunderten von Jahren lasse ich sie Tag und Nacht in ganz Yggdrasil umherfliegen, um mir Kunde

von allem zu bringen, was in den Welten geschieht.«

»Das sieht dir ähnlich.« Der weise Riese schnaufte abfällig. »Immer schön andere für dich arbeiten lassen.«

»Wie bitte?«, grollte Odin. »Im Gegensatz zu dir, der du hier zwischen den Felsen faul herumliegst, beobachte ich auf meinem Thron Hlidskjalf unablässig sämtliche Welten. Und nicht nur das.«, redete er sich in Rage »Ich habe diese Welten auch noch samt und sonders durchwandert auf der Suche nach mehr Wissen. Die mächtigsten und weisesten Wahrsagerinnen habe ich befragt! Jahrhundertelang! Bis ich wusste, wie alles begonnen hat und wie alles zusammenhängt. Und glaub mir, das war alles andere als ein Spaziergang! Weißt du, wie aufbrausend und anstrengend diese Damen sind und wie lange man ihnen auf die Nerven gehen muss, damit sie den Mund aufmachen?«

»Ja, da ist so ein Schluck aus der Quelle der Weisheit schon wesentlich einfacher«, feixte Mimir. »Aber du bekommst trotzdem keinen.«

»WA - RUM NICHT?«

Der Blick des Obergottes hatte sich verfinstert wie der Himmel bei einem herannahenden Gewitter.

»Weil ich dir nicht glaube.«

»Was?!«

Mit einem Mal sah der Ase ehrlich verunsichert aus. Was der Riese sehr zufrieden zur Kenntnis nahm. »Man sagt«, erklärte Mimir dann in aller Seelenruhe, »Odin Allvater und seine Brüder seien älter als alle anderen Wesen des Weltenbaumes. Wozu also solltest du wissen wollen, wie alles begann und zusammengehört? Du warst doch von Anfang an dabei?«

Auch, wenn Odin es nie zugegeben hätte – dass Mimir anscheinend eine ganze Menge über ihn wusste, schmeichelte ihm. »In der Tat«, entgegnete der Ase dann wesentlich versöhnlicher, aber auch ein wenig gönnerhaft, »Ich bin schon sehr, sehr lange dabei. Aber bevor ich geboren wurde, gab es tatsächlich auch schon vieles. Und selbst ganz zu Anfang war da ja schließlich nicht nichts.«

»Nicht?«, warf Mimir ein. Allerdings nur, um überhaupt etwas zu sagen. Denn er musste zugeben, dass er sich mit der Urzeit in der Tat noch nie wirklich beschäftigt hatte.

»Oh nein!« Mit einer dramatischen Handgeste bekräftigte Odin diese Feststellung. »Und das ist nicht nur meine Meinung, sondern ich weiß es. Weil eine der weisen Frauen für mich die Urzeit wieder heraufbeschworen hat. Den Beginn von allem, was ist – ich habe ihn gesehen!«

»Ach …!«

Odin ignorierte Mimirs spöttischen Unterton und fuhr fort.

»Oh, ja!« Diesmal schlug Odin mit seiner geballten Faust auf den Tisch, um seinen Worten noch mehr Nachdruck zu verleihen. »Mit meinen eigenen Augen habe ich die Urschlucht gesehen. Ginnungagap war ihr Name.«, fuhr er dann fort. »Aber die Schlucht war nicht das Einzige, was schon immer da war. Im Norden gab es nämlich bereits das ewige Eis Niflheims. Und mitten darin sprudelte Hvergelmir, die ewig brausende Quelle, die trotz der Kälte nicht zufror. Gleich zwölf Flüsse entsprangen dort, rauschten in die Schlucht, und weil es dort sehr kalt war, erstarrten sie zu Eis. Zu immer mehr Eis, das sich zu riesigen Bergen auftürmte. So riesig, dass sie schon bald über die Kante der Schlucht zu ragen begannen. Immer weiter. Bis schließlich mit einem unglaublichen Getöse die erste Eislawine in den Abgrund stürzte und dabei jede Menge Salz und die giftige Erde Niflheims mit sich riss. Der ersten Lawine folgten unendlich viele weitere. Langsam aber sicher füllte sich so die Urschlucht Ginnungagap mit Bergen aus Eis, Salz und Niflheimer Erde.«

»Weswegen wir heute alle auf giftig – salzigen Eisbergen leben?«, unterbrach der Riese hämisch. Als Bewahrer der Weisheitsquelle war er eher wissenschaftlich orientiert und stand den Ausführungen irgendwelcher Wahrsagerinnen verständlicherweise höchst skeptisch gegenüber.

»Blödsinn!«, dozierte Odin unbeirrt weiter. »Im Süden gab es ja noch Muspelheim. Die Feuerwelt. Von der stoben Funken in die Schlucht. Die erwärmten das Eis, die Erde und das Gift darin, und weißt du, was dann passierte?«

»Das Eis schmolz.«

»Ja, genau!«

»Und dafür musstest du eine Seherin fragen?«

»Meine Güte! Es geht doch nur darum, was mit dem Eis passierte, während es schmolz. Das Kalte und das Heiße und das Giftige und die Erde vermischten sich nämlich und wurden – lebendig!«

»Ja, klar, das sieht man ja immer, wenn man im Winter Lagerfeuer macht. Da läuft der Fußboden dann ja auch in die andere Richtung nach Hause – oder er bleibt noch auf'n Bier …«

»Mach dich nur lustig! Trotzdem ist es wahr! Aber natürlich hat das ewig gedauert mit dem lebendig werden. Jahrmillionen!«

»Und die konnte deine Wahrsagerin so mir nichts, dir nichts in ein paar Stunden heraufbeschwören?«

Odin schnaufte. »Zweifele nur! Ich habe trotzdem ganz genau gesehen, wie aus dem Feuer, dem Gift und dem Eis ein Wesen entstand. Ein gigantisch großes Wesen! Genauer gesagt, das allergrößte Riesenwesen, das es jemals gegeben hat und geben wird! Und ich sage ganz bewusst ‚Wesen' – denn es war gleichzeitig eine Frau und ein Mann!«

»Hast du das auch … ganz genau gesehen?«

»Was ..?«, ein wenig verdattert hielt Odin inne, der Riese grinste und der Obergott verdrehte die Augen. »Meine Güte! Ja, wenn du es genau wissen willst – es war nackt, dieses Wesen, den Rest überlasse ich deiner Vorstellungskraft!«

»Besten Dank!«, kicherte der Riese.

»Es ist aber wesentlich wichtiger«, fuhr Odin mit strenger Stimme fort, »dass das Wesen sich den Namen **YMIR** gab.«

»Wozu, bitte, braucht so ein Wesen einen Namen, wenn niemand sonst da ist, der es rufen kann?«

»Es war doch jemand da. Warte doch ab!«

»Ach!«, entfuhr es Mimir ein weiteres Mal. Diesmal klang es aber nicht mehr so hämisch, sondern fast ein wenig neugierig.

»Ja, denn gleich nachdem Ymir lebendig geworden …«, Odin senkte seine Stimme, um das nun Folgende noch etwas dramatischer klingen zu lassen »… und nachdem es ein wenig herumgelaufen war, legte das Urwesen sich nämlich zum Ausruhen in die Urschlucht und schlief ein. Und weil es dabei etwas näher an Muspelheims Feuern lag als an seinem Ursprungsort, begann Ymir zu schwitzen. Ganz furchtbar zu schwitzen. Unter den Armen und an den Füßen. Und plötzlich, als es lange genug geschwitzt hatte, bekam der eine Fuß des Wesens mit dem anderen Fuß einen Sohn und unter Ymirs Achselhöhlen wuchsen ein Mann und eine Frau.«

»Iiiih!«

»Ekele dich nur vor deinen eigenen Vorfahren.«

»Was? Meine Vo… Mo… moment mal. Zwei Männer, eine Frau …?«

»Meine Güte, jetzt hab dich nicht so! Das waren andere Zeiten damals und so oder so waren diese Wesen die Urahnen aller Riesen. Ohnehin war es viel wichtiger, erst einmal etwas zum Essen aufzutreiben.«

»Giftiges Wasser, Feuer und Eis. Lecker!«

»Nicht ganz, denn zum Glück für die Urriesen war in der Zwischenzeit neben Ymir noch etwas anderes gewachsen. Eine gigantisch große Kuh.«

»Und du bist dir sicher, dass du bei der Seherin nicht versehentlich von diesem giftigen Wasser getrunken hast …?«

»Ich weiß genau, was ich gesehen habe! Die riesige Kuh hieß **AUDHUMBLA**. Und obwohl es damals noch kein Gras gab, sondern sie sich ausschließlich vom salzigen Eis Niflheims ernährte, floss ihre Milch in Strömen und nährte die Riesen. So gut, dass die schon bald Kinder bekamen und Kindeskinder, während Audhumbla weiter und weiter am Eis leckte und leckte und leckte … bis sie plötzlich auf ein Büschel Haare stieß, das daraus hervorlugte.«

»Man sollte sich eben nicht betrinken und dann ohne Begleitung raus in die Kälte gehen.«

»Blödsinn! Alkohol gab es damals doch noch gar nicht. Aber tatsächlich war dort ein Mann im Eis eingefroren – und lebte noch! Audhumbla leckte erst seinen Kopf frei und dann seine Schultern und schließlich den gesamten Rest seines Körpers.«

»Und ich dachte, es könnte nicht mehr ekliger werden.«

»Eklig? Der Mann war sehr ansehnlich! Und groß und stark. **BURI** hieß der und bekam einen Sohn namens **BÖR**.«

»Der Mann bekam einen Sohn?«

»Ja, so hat es mir die Wahrsagerin erzählt.«

»Und wer hat den gebracht? Die Bienen und die Blumen oder der Storch?«

»Hättest du mir nur halbwegs zugehört, würdest du wissen, dass es alle drei noch gar nicht gab, sondern nur Buri, Bör und die Riesen«, Odin schnaufte. »Weswegen Bör sich dann auch die schönste aller Riesinnen zur Frau nahm und sie ihm drei ganz wundervolle Söhne schenkte. **BESTLA** hieß diese Riesin – und war natürlich nicht irgendeine Riesin, sondern die liebevollste, tugendhafteste … wobei sie manchmal auch streng sein konnte, aber nur, weil sie immer das Beste für ihre Kinder woll…«

»… lass mich raten, es war deine Mutter.«

»Na und? Ist da was dran auszusetzen?«

»Nein, nein … schon in Ordnung …«

»Hach, Zeiten waren das.«, geriet Odin ins Schwärmen. »Voller Hingabe zogen unsere Eltern uns groß. Meine Brüder nannten sie **VILI**, ‚der Wille' und **VÉ**, ‚das Heiligtum', und an mir entdeckten sie schon gleich nach der Geburt meinen unbändigen Wissensdrang. Deswegen tauften sie mich ‚Wodanaz'. Im Namen versteckt ist die Silbe ‚Wat', die soviel wie ‚anblasen' oder ‚inspirieren' bedeutet! Wie gut sie mich doch schon damals kannten.«

»Deshalb heißt du heute ja auch Odin?«

»Das kommt doch nur daher, dass ich so alt bin. Der Name hat sich mit der Zeit verschliffen. Erst haben alle statt Wodanaz nur noch Wuotan gesagt, oder Woden, mit der Zeit ist dann auch das W in meinem Namen verloren gegangen, und das A wurde zum I, weil es sich besser sprach. Und trotzdem!« Odin machte eine bedeutungsvolle Pause, »Trotzdem bin ich noch immer der ‚Entfachte' oder der, der entfacht! Der, der inspiriert oder der Inspirierte. Der, der für das Wissen brennt! Oder sogar bisweilen dafür wütet! Das Wort ‚Wut' ist nämlich auch aus der Silbe ‚Wat' entstanden, und das Wort ‚odr', das ‚Leidenschaft, Dichtung und Gesang' bedeutet. Schon allein deshalb gebührt es mir, aus deiner Quelle zu trinken.«

Wie zum Beweis hatte Odin sich jetzt sehr leidenschaftlich in Wut geredet. Energisch warf er seinen dunkelblauen Mantel über die Schulter, um seinen Worten noch ein wenig mehr Gewicht zu geben. Mimir schien trotzdem völlig unbeeindruckt. »Mein Name bedeutet übrigens ‚der Vielwissende'. Und außerdem …«, der Riese hielt inne, um seine Gedanken zu ordnen, »… wenn dieses Ymir-Wesen der Urahn aller Riesen wäre, wie du sagst, dann wären er und seine Kinder ja auch meine Urahnen – oder nicht?«

Odin nickte .

»Warum …?«, Mimir sah den Obergott prüfend an, »Warum kenne ich meine Ahnen dann nicht? Wir Riesen leben schließlich genauso lange wie ihr Götter. Und wenn du damals schon auf der Welt warst, dann …?«

»Das … phhh, also ...«

Sehr erstaunt registrierte Mimir, dass Odin plötzlich irgendwie verlegen wirkte. »Wir … haben …«, nuschelte der Obergott sehr undeutlich »Also … wir haben es …, naja …, also … meine Brüder und ich, wir …«,

»Habt was …?«, hakte Mimir nach.

»Es … es tut mir ja auch leid, irgendwie. Ich meine … Ymir war ja schließlich nicht nur dein Urahn, sondern auch unserer. Aber … es ging einfach nicht mehr. Dieses

Riesending … war einfach zu groß! Es brauchte sich nur einmal umzudrehen oder einen seiner gigantischen Füße zu bewegen, und schon war irgendwo jemand plattgewalzt. Alle wussten, dass etwas passieren musste – nur niemand hat sich getraut.«

Erschrocken starrte Mimir Odin an: »Ihr habt ihn doch nicht …?!«

»Wir …«, Odin atmete tief durch, als müsse er Anlauf nehmen. »Tja, ist, wie es ist, wir … haben ihn erschlagen. So, nun ist es raus.«

»Ihr Mörder!«

»Glaubst du, uns hat das Spaß gemacht? Ich meine, kannst du dir vorstellen was für eine Sauerei das war? All der ganze Glibber und die Unmengen von Blut und …«

Der Riese stutzte. Mit plötzlich ganz entgeisterter Miene schien er sich an etwas zu erinnern. An etwas ganz Schreckliches. »Blut?!«, frage er dann, die Stimme erfüllt von düsterer Vorahnung, »Viel Blut? So … richtig, richtig viel Blut?«

Zwar bemühte sich Odin, möglichst unschuldig dreinzublicken, trotzdem wirkte sein leise gebrummeltes »Phhh … vielleicht.« nicht ganz überzeugend. Die Stimme des Riesen begann bedrohlich zu grollen: »Du meinst … so viel Blut, dass … ganz zufällig … fast alle meine Riesenvorfahren … darin ertrunken sind?«

»Könnte … schon sein ...«

Mimir explodierte: »Und du wagst es«, donnerte seine Stimme, so laut, dass ringsum alle Felsen erzitterten, »Du wagst es, hier herzukommen und mich um meine Gastfreundschaft zu bitten?«

Odin, der Mimirs Wutausbruch mit hochgezogenen Schultern und verkniffener Miene über sich ergehen ließ, atmete durch. Dann setzte er eine beeindruckend schuldbewusste Miene auf: »Wir haben Ymir doch nur erschlagen, um alle anderen zu retten. Wie hätten wir denn ahnen sollen, dass dieses Ding so viel Blut …?«

»Ach, jetzt sollen wir euch dafür noch dankbar sein, oder was?«

»Natürlich war das nicht schön, dass so viele darin ertrunken sind.«

»So viele? Fast alle!«

Drohend baute Mimir sich vor Odin auf.

»Ab hier weiß ich nämlich genau, was passiert ist«, brüllte er. »Die große Blutflut ist schließlich riesische Geschichte. Von Generation zu Generation weitergegeben! Genau wie die Warnung, niemals, aber auch wirklich absolut niemals einem Gott auch nur eine Handbreit über den Weg zu trauen!«

»Jetzt beruhige dich doch mal. Ich meine, wir haben es wirklich nicht böse gemeint und … das ist doch alles ewig her …«.

Aber Mimir beruhigte sich nicht.

»Verbrecher seid ihr! Bis auf meinen armen Urahn Bergelmir und seine Frau sind damals alle Riesen ertrunken! Alle! Und ihr Götter habt nicht die geringsten Anstalten gemacht, einen von uns zu retten.«

Odin, der den Schluck aus der Quelle in immer weitere Ferne rücken sah, bemühte sich, möglichst gleichmütig zu bleiben. »Wir haben das damals doch erst ganz am Ende mitbekommen. Vorher waren wir viel zu beschäftigt.«

»Beschäftigt? Während Hunderte verzweifelter Riesen in einem Ozean aus Blut gurgelnd ihr Leben ließen?«

»Da waren wir doch ganz woanders und haben die Welten gebaut. Ich meine, das ist schließlich unsere Aufgabe als Asen. Wir sind Schöpfergötter. Wir müssen das tun. Und hätte man das ganze Fleisch verfaulen lassen sollen?«

»Warte mal!«, stutzte der Riese entgeistert. »Ihr habt die Welten aber nicht … aus Ymirs Leichnam?«

»Phh …«

»Sag, dass das nicht wahr ist!« Endgültig fassungslos wiegte Mimir seinen Kopf hin und her, starrte dabei den Obergott mit weit aufgerissenen Augen an – ein einziger, riesenhafter Vorwurf. Odin seufzte.

»Also ... die Erde aus seinem Fleisch ist eigentlich … fast von selbst entstanden. Und Ymirs riesige Knochen haben wir zuerst ja auch nur zu Bergen aufeinandergestapelt, weil wir sie aus dem Weg haben wollten. Aber dann war da diese unglaubliche Schädeldecke. So gigantisch groß, dass sie einen ganz prächtigen Himmel abgab.

Allerdings wackelte sie etwas, deswegen haben wir etwas gesucht, was wir darunterklemmen konnten. Wie …«

30 »… bei einem wackeligen Tisch?«

»Ja, genau! Wir haben dafür dann einfach vier Zwerge genommen.«

»Was?«

»Das klingt jetzt vielleicht ein bisschen grausam …«

»Ja, genau, das tut es!«

»Das war es aber nicht! Wir haben doch vorher gefragt, ob sie uns helfen. Das mit den Zwergen war ohnehin ganz erstaunlich. Der neu geschaffene Erdboden und das Gestein aus Ymirs Knochen haben sie damals ganz selbsttätig hervorgebracht. Und gleich so viele! Das war vielleicht ein Gewimmel da in den Zwergenwohnungen, ich kann dir sagen … und so viele Namen … Modsognir und Durin, Nyi und Nidi, Nordri, Sudri, Austri und Westri, Althiofr, Dwalin, Nar und Nain, Nipingr, Dain, Bifur, Bafur, Bömbur, Nori, Ann, Anarr, Ai, Miödwitnir …«

»Hast du's bald?«

»Gleich. Es fehlen nur noch Weigr, Gandalfr, Windalfr, Thrain, Theckr und Thorin, Thror, Witr und Litr, Nar und Nyradr, Regin und Raswidr, Fili, Kili, Fundin, Nali, Hepti, Wili, Hannar und Swior, Billingr, Bruni, Bildr, Buri, Frar, Hornbori, Frägr und Loni, Aurwangr, Jari, Eikinskjaldi. Draupnir und Dolgthrasir, Har, Haugspori, Hläwangr, Gloi, Skirwir, Wirwir, Skafidr, Ai, Alfr und Yngwi, Eikinskjaldi, Fialar und Frosti, Finnar und Ginnar, Heri, Höggstari, Hliodolfr, Moin und Lofar. Puh …«

»… und alle waren natürlich ganz begierig darauf, wie ein Stückchen altes Holz unter Ymirs Schädel geschoben zu werden …«

»Nicht alle! Aber immerhin vier von ihnen. Nordri, Sudri, Austri und Westri hießen sie. Und weil die Zwerge, genau wie die Riesen, damals ja viel größer waren als heute, fasste jeder von ihnen an einer Seite der Schädeldecke an und zusammen hoben sie das riesige Ding weit nach oben, wie mächtige Säulen. Jetzt war darunter genug Platz, um alles andere zu erschaffen. Die Wolken zum Beispiel, aus Ymirs

Gehirn, oder einen prächtigen Schutzwall aus seinen Wimpern oder Pflanzen aus seinem Haar.«

»Schöpfergötter? Götter des Irrsinns seid ihr!«, ächzte Mimir angewidert. »Bastelt mit … Leichenteilen, während der arme Bergelmir und seine Frau verzweifelt als letzte Überlebende gegen die Wellen kämpfen. Ihr … Monster!« Die buschigen Brauen des Riesen zogen sich zusammen, so dass sein Blick finster wurde und sich über seiner Nase eine tiefe Zornesfalte bildete. »Und wenn ich mir dann noch vorstelle, wie die beiden sich, am äußersten Rand von allem, was war, völlig entkräftet an Land zogen – um dann festzustellen, dass es dort nichts gab außer Geröll, Eis, Feuer und Verwüstung!«, das Grollen in Mimirs Stimme wuchs zu einem ohrenbetäubenden Donner, »Und Hunger! Weil ihr feinen Götter damals ja schön erst einmal alle fruchtbaren Gebiete für Euch beansprucht habt!« Die Felsen um die Quelle erzitterten vom Gebrüll des Riesen. So heftig, dass drei Geröllriesen, aufgeweckt vom Geschaukel, sofort als Lawinen donnernd talwärts krachten.

Odin, dessen Schlapphut von der Wucht der riesischen Stimme beinahe weggeblasen worden wäre, wartete einen Moment ab, bis alle Lawinen in ihren Tälern angelangt waren, dann bemühte er sich um eine möglichst zerknirschte Miene: »Ich gebs ja zu, dass das alles vielleicht … ein bisschen ungünstig gelaufen ist. Aber … ich meine … mittlerweile habt ihr Riesen dort draußen doch prächtige Paläste – und viel mehr Platz als bei uns im Inneren. Stell dir vor, es wäre dort so eng wie bei uns. Eure Flut-, Feuer- oder Geröllriesenverwandten würden ständig alles verwüsten.«

»Jetzt spiel dich noch als unser Wohltäter auf!«, ließ Mimir erneut die Berge erbeben.

»Ich möchte nur ein gutes Verhältnis.«

»Du möchtest nur einen Schluck aus meiner Quelle!«

Noch eine Lawine. Dieser Geröllriese hatte ganz offensichtlich etwas tiefer geschlafen.

Unversöhnlich, das Kinn angriffslustig nach oben gereckt, die Fäuste unter dem Tisch geballt saßen sich Riese und Obergott gegenüber und sahen sich an. Sehr wütend. Und ziemlich lange.

Bis Odin noch einmal tief durchatmete – und vom Tisch aufstand.

»Also gut, dann nicht.«

Brodelnd vor Wut, aber sehr gefasst wandte er sich zum Gehen.

Und hielt dann doch noch einmal inne. So, als hätte er ganz plötzlich doch noch eine rettende Idee. Gänzlich unvermittelt setzte der Allvater nun sein verbindlichstes Lächeln auf und drehte sich wieder zu Mimir um. »Bevor ich gehe, werter Riese, bitte ich darum, dir noch ganz kurz etwas zeigen zu dürfen. Danach verschwinde ich sofort – wenn du es dir dann nicht anders überlegst.«

Mimir, verwirrt vom plötzlichen Stimmungsumschwung des Obergottes, brauchte einen Moment, um sich zu sammeln. Und noch einen, um sich zu entscheiden. Schließlich, weil er zwar misstrauisch, aber eben auch sehr neugierig war, winkte der Riese den Obergott erneut zu sich heran,

»Bitte!«, knurrte er.

»Danke«, entgegnete Odin fast schon zu freundlich. Dann griff er nach dem dicken, blauen Wollstoff seines Mantels und schob ihn ein Stück beiseite, ebenso, wie das grobe Leinen seines Hemdes.

»Du zeigst mir ... deinen Bauchnabel?«, fragte Mimir verwundert.

»Wart´s ab«, säuselte Odin und zog sein Hemd noch ein wenig weiter zu Seite, so dass kurz über seiner Leiste nun eine mehr als daumenlange, auffallend rote Narbe sichtbar wurde. Sie schien frisch zu sein, als wäre sie erst seit Kurzem verheilt und täte noch sehr weh.

»Sieht böse aus«, stellte Mimir nicht ganz unbeeindruckt fest. »Aber was bitte hat das mit meiner Quelle der Weisheit zu tun?«

»Dass ich mir«, entgegnete Odin stolz, »diese Narbe mit Gungnir, meinem eigenen Speer beigebracht habe.«

»Da wäre die Quelle der Dummheit aber passender.«

»Nicht aus Versehen! Mit Absicht.«

»Das ist ja sogar noch dümmer!«

»Ist es nicht! Ich wusste ja ganz genau, was ich tue!«, erwiderte Odin nicht ohne Stolz. »Ich habe mich geweiht. Mich selbst mir selbst.«

»Aha!«, meinte der Riese mit unüberhörbar befremdetem Unterton.

»Neun Tage und Nächte«, fuhr Odin unbeirrt fort, »hing ich an einem Ast des Weltenbaumes im Wind. Durchbohrt von meinem eigenen Speer.«

»Aber … warum?« Trotz seiner Weisheit wirkte Mimir nun ehrlich ratlos.

»Wegen des Wissens, das ich zu erlangen suchte. Hunger, Kälte und entsetzlicher Schmerz reinigten meinen Geist.«

»Schmerz reinigt den Geist? Soll das sowas sein wie ‚Dreck reinigt den Magen'?«, Mimir sah nun endgültig verständnislos aus. »Weißt du was, Odin? Du hast 'ne Vollklatsche! Aber was für eine!«

»Ich wusste, dass du das sagst«, entgegnete der Allvater, von Mimirs Beileidigung gänzlich unbeeindruckt »Das liegt daran, dass du den ganzen Tag hier an deiner Quelle sitzt und nichts mitbekommst von der Welt. Sonst wüsstest du, dass schon Kinder an ihren Lippen kauen, um sich besser zu konzentrieren. Und, dass zum Beispiel die gefürchtetsten Krieger der Menschenwelt, die Berserker, vor dem Kampf in ihre Holzschilde beißen und glühende Kohlen schlucken, bis sie vor Schmerzen in Raserei geraten. So sehr, dass sie gar keinen Schmerz mehr spüren. Unbesiegbar sind sie dann. Und gefährlicher als jedes wilde Tier!«

»Das ist ja wohl etwas anderes, als sinnlos in einem Baum herumzuhängen und sich selbst zu verstümmeln?«, protestierte der Riese. Als eines der weisesten Wesen der neun Welten mochte er es verständlicherweise ganz und gar nicht, derart belehrt zu werden.

Weshalb Odin seinen Ton auch gleich wieder mäßigte: »Natürlich …«, fuhr er mit dem einsichtigsten Lächeln fort, das ihm möglich war, »Natürlich sollte niemand zu Hause nachmachen, was ich da getan habe. Ich wäre bei meinem Schmerz-Experiment schließlich beinahe gestorben. Aber es ging ja auch darum, hinter eines der größten Geheimnisse der neun Welten zu gelangen.«

»Hätte Nachdenken da nicht auch gereicht?«, brummelte Mimir unwillig.

»Leider nein! Ich habe es ja versucht«, antwortete Odin und diesmal klang es fast ein wenig selbstkritisch. »Jahrzehntelang habe ich zuvor an der Urdquelle gesessen und endlos gegrübelt. Mein Hirn zermartert habe ich mir, aber ich kam und kam nicht drauf.«

»An der Urdquelle? Da, wo Tag und Nacht diese drei Weiber an ihrem Webstuhl sitzen und quasseln und quasseln und quasseln? Wie hättest du da auch nur einen einzigen klaren Gedanken fassen sollen?«

Jetzt war es Odin, der einigermaßen befremdet aussah.

»Du weißt schon, was du den drei Frauen zu verdanken hast, von denen du da sprichst?«

Mimir, einmal aufs Neue empört über Odins belehrenden Tonfall, verzog das Gesicht. »Ich lebe am liebsten allein.«, knurrte er dann, »Ich interessiere mich nicht für Weiberkram!«

»Solltest du vielleicht mal.«, stellte Odin fest. »Tatsächlich beherrschen die, die du so abfällig ‚Weiber' nennst, eine Menge äußerst nützlicher Künste und kennen Geheimnisse, die wir Männer noch nicht ansatzweise verstehen.«

»Du weißt schon …«, entgegnete der Riese unverhohlen hämisch, »wie viele Männer dich dafür auslachen, dass ausgerechnet du so viele alberne Weibersachen praktizierst? Überall in den neun Welten tuschelt man, Odin Allvater würde sich jetzt sogar in Gesangszauber üben!« Mimir kicherte – und Odin verzog keine Miene: »Ich weiß absolut nicht, was daran albern sein soll.«

Sehr spöttisch und sehr laut fing Mimir an zu lachen: »Odin Allvater, der Oberste der Asen, singt, gehüllt in Frauenkleider, laut im Falsett. Zusammen mit einer Horde hysterischer Wahrsagerinnen. Wenn das nicht albern ist, was dann?«

»Albern ist, als Mann nicht genug Selbstbewusstsein zu haben, um von Frauen zu lernen!«

Schlagartig hörte Mimir auf zu lachen. Empört wollte er dem Obergott erklären, dass er nun wirklich mehr als genug Selbstbewusstsein besaß, aber Odin setzte schneller nach, als der Riese Worte finden konnte.

»Und es ist albern, als Hüter der Weisheitsquelle nicht einmal zu wissen, wem du sämtliche Begegnungen in deinem Leben zu verdanken hast! Die drei Frauen am Urdabrunnen heißen Urd – ‚Das, was schon geworden ist' –, Verdandi – ‚Das, was jetzt gerade wird'– und Skuld – ‚Das, wohin alles führt'. Zusammen werden sie die Nornen genannt. Sie verweben den Lebensfaden, den meine Frau Frigg Tag für Tag auf ihrer Spindel für die neun Welten spinnt. Dass wir uns hier heute treffen, haben sie ebenso bestimmt, wie alles andere, was in den neun Welten geschieht. Also sei ein bisschen respektvoll, wenn du von ihnen sprichst!«

Mimir war baff. So baff, dass er nach Luft schnappte und einen Moment brauchte, um sich zu sammeln.

»Vielleicht«, brummelte er schließlich leise und ein wenig beschämt, weil er es als weiser Riese auch einsah, wenn er einen Fehler gemacht hatte, »vielleicht hast du Recht.«

»Nicht vielleicht. Ganz sicher habe ich recht«, grinste Odin ziemlich von oben herab und fuhr fort: »Um herauszufinden, wie genau sie den Stoff verweben müssen, werfen die Nornen übrigens Runen. Kleine Stäbchen aus Buchenholz mit Zauberzeichen darauf. Vierundzwanzig verschiedene gibt es.« Die Augen des Obergottes begannen ein wenig feucht zu glänzen vor Begeisterung. »Sie ziehen sie aus einem kleinen Beutel, werfen sie auf den Boden und je nachdem, welche Runen auftauchen und in welcher Reihenfolge sie sich befinden, bestimmt dies das Schicksal derer, deren Lebensfaden gerade verwoben wird. Die Rune ‚Fehu' zum Beispiel«, aufgeregt malte Odin mit dem Finger ein ‚ᚠ' auf den Tisch, »bedeutet ‚das Vieh' – und damit im übertragenen Sinne ‚Fülle'. Die Rune ‚Kenaz' – das Feuer«, jetzt malte der Obergott ein ‚ᚲ', »bedeutet so viel wie ‚Leidenschaft' oder ‚Wildheit' und so weiter und so weiter.«

Einmal mehr sah der Riese nun ziemlich skeptisch aus.

»Zauberzeichen? Phh …«, schnaufte Mimir ein wenig abfällig, weil er von Wahrsagerei nun einmal nichts hielt. »Ist es nicht eher so, dass die drei sich die ganzen Ereignisse einfach selbst ausdenken und diese Runen-Dinger höchstens als Anregung benutzen? Wenn ich jeden Tag tausende und abertausende Lebewesen zusammenbringen müsste, gingen mir ganz ohne irgendwelche Hilfsmittel sicher auch bald die Ideen aus.«

»An Orakel kann man glauben oder nicht«, entgegnete Odin gelassen. »Der Zauber der Runen ist aber noch viel größer.«

»Ach!«, entfuhr es Mimir, weil er damit nicht gerechnet hatte.

»Am Anfang«, fuhr Odin fort, »habe ich mich ja auch nur auf diese Weissage-Sache konzentriert. Aber tief in mir drin habe ich gespürt, dass es da noch mehr geben muss. Etwas, das ich einfach nicht verstanden habe und das alle meine bisherigen Entdeckungen in den Schatten stellt.«

»Und warum hast du die Nornen nicht einfach gefragt?«

»Die reden mit niemandem. Sind viel zu beschäftigt.«

»Und deshalb die Nummer mit dem Rumhängen im Baum?«

Odin nickte.

»Ich wusste mir einfach nicht mehr anders zu helfen.«

»Und dann?«

Tatsächlich sah Mimir jetzt nicht mehr befremdet, sondern ziemlich neugierig aus.

»Neun Tage und Nächte hing ich dort, von Gungnir durchbohrt, nichts mehr an meinem Körper, das nicht weh tat. So grauenvoll, so entsetzlich wehtat, als verbrannte ich im heißesten aller Feuer. Aber das war nicht das Schlimmste.«

»Nicht?«

»Das schlimmste war, dass alle paar Stunden, immer dann, wenn ich kurz davor war, endgültig in Trance zu fallen, Ratatösk vorbeikam. Dieses miese kleine Miststück!

Jedes einzelne Mal hat es mich mit seinem elenden Geschwätz wieder aufgeweckt!«

»Au!«, Mimir verzog das Gesicht. Ehrlich mitfühlend. Denn wie eigentlich alle, die in Yggdrasil lebten, hatte auch er schon seine Erfahrungen mit Ratatösk gemacht – dem schnellsten, aber auch missgünstigsten Eichhörnchen aller neun Welten. Wie aufgezogen sauste es unablässig zwischen dem obersten Punkt von Yggdrasils Krone und Yggdrasils Wurzeln hin- und her, flinker als der Wind, und kannte dabei nur ein einziges Ziel: Unfrieden zu stiften.

Zum Beispiel zwischen dem großen, stolzen Adler, der ganz oben in Yggdrasils Krone lebte und das Wetter machte, und dem Drachen Nidhöggr, dessen Behausung ganz unten an den Wurzeln des Weltenbaumes lag. Die beiden hatten sich noch nie in ihrem ganzen, langen Leben gesehen – trotzdem lebten sie in erbitterter Feindschaft. Warum das so war? Weil Ratatösk, wenn es zwischen den beiden hin- und herflitzte, dem einen immer neue, ganz unmögliche und furchtbar beleidigende Dinge erzählte, die der andere angeblich über ihn gesagt hatte.

Dass alles aber nur Unwahrheiten waren, erstunken und erlogen von Ratatösk höchstpersönlich, wusste weder der Adler noch der Drache. Und das, obwohl der Adler als ganz besonders weise galt. Aber so harmlos und niedlich, wie Ratatösk aussah, traute ihm einfach niemand etwas Böses zu. Zwar hatte der Habicht Vedfölnir, der zwischen den Augen des Adlers wohnte, schon öfter vorgeschlagen, den Widersacher persönlich zu treffen, um zu fragen, was es mit den üblen Anschuldigungen und Beschimpfungen auf sich habe. Aber sowohl der Adler als auch der Drache hatten sich bereits viel zu sehr eingeschossen auf ihre Meinung über den anderen und wollten gar nicht mehr eines Besseren belehrt werden. So, wie das ja auch unter den Menschen vorkommt, wenn völlig Fremde einander wegen irgendwelcher Vorurteile hassen, die irgendjemand anders irgendwann einmal über die anderen erzählt hat.

»Und wie ich da so hing, berauscht von meinem Schmerz, von Durst und Hunger, ich hatte ja seit Tagen nichts gegessen oder getrunken,« fuhr Odin fort, »schoss es mir plötzlich durch den Kopf. Die Erkenntnis nämlich, dass der ganze, schreckliche Streit

zwischen dem Adler und Nidhöggr beendet werden könnte, indem die beiden direkt miteinander in Kontakt treten würden!«

»Und um das herauszufinden, hast du dein Leben riskiert?«

»Nein, Mann!«, Odin verdrehte die Augen. »Ich sagte doch schon, dass meine Entdeckung mit den Runen zu tun hat!«

»Na dann«, nickte Mimir, der immer weniger zu verstehen schien, worum es ging.

Was den Obergott aber gar nicht mehr zu stören schien. Aufgeregt fuhr er fort: »Am neunten Tag überrannte mich einmal mehr das verdammte Eichhörnchen und blieb mit seinen Krallen am Knoten des Seils hängen, das mich trug. Ganz langsam, aber unaufhaltsam, löste sich der Knoten … und ich fiel zu Boden!«

»Den ganzen, langen Weg? Von der Krone bis zum Stamm?« Der Riese erschrak. »Dass du das überlebt hast!«

»Nicht nur das«, entgegnete Odin nicht ohne Stolz, »denn während Yggdrasils Zweige an mir vorbeirasten, ich mich immer wieder überschlug, gegen Äste prallte, die wie Peitschenhiebe Striemen auf meinem geschundenen Körper hinterließen, und mir Schmerzenslaut um Schmerzenslaut entfuhr, wurde mir endlich alles klar!«

»Du hast ne Vollklatsche, Odin! Erwähnte ich das schon?«

Der Allvater lächelte nur und senkte geheimnisvoll seine Stimme: »Nidhöggr und der Adler, das wurde mir beim Herunterfallen deutlich, wohnen nun einmal zu weit voneinander entfernt, als dass sie direkt miteinander reden könnten. Aber mit Hilfe der Runen ist es möglich. Dann nämlich, wenn jeder Rune ein eigener Laut zugeordnet wäre. ‚Ansuz' zum Beispiel der Laut ‚aaaaa', ‚Uruz' der Laut ‚uuuuu' oder ‚Fehu' der Laut ‚fffff'.«

»Aha«, einmal mehr sah Mimir der Riese gänzlich verständnislos aus.

»Wenn nun jede Rune einen eigenen Laut besitzt, dann kann ich die einzelnen Zeichen zu ganzen Worten zusammenfügen und sie irgendwo hineinritzen oder hinmalen. Auf einen Holzstab, beispielsweise. Den kann ich dann an jedem Ort der neun Welten schicken, und wenn jemand dort die Laute der Zeichen ebenfalls kennt, weiß er genau, was ich sagen will, ohne dass ich selbst da bin!«

Mimir seufzte: »Vielleicht sollte ich selbst noch einmal einen Schluck aus meiner Quelle nehmen. Denn so richtig verstanden habe ich das alles noch nicht. Aber …«, ganz kurz huschte tatsächlich so etwas wie ein anerkennendes Lächeln über das Gesicht des Riesen, »wenn das, wovon du sprichst, wirklich möglich wäre, wäre es in der Tat ein ungeheuer großer Zauber.«

»Und es geht noch weiter!«, flüsterte Odin, ganz ergriffen vor Begeisterung. »Mithilfe der Runen kannst du Worte und Gedanken nämlich auch jahrelang, jahrhundertelang oder sogar jahrtausendelang aufbewahren. Ohne, dass jemand da ist, der sie weitererzählt. Gedanken, die so klug sind, dass sie den Sieg im Kampf bringen oder so verführerisch, dass sie Frauen in dich verliebt machen. Und indem du Taten, Worte und Gedanken Verstorbener den Runen anvertraust, erweckst du sogar Tote wieder zum Leben! Weil selbst dann, wenn niemand mehr von ihnen erzählt, ihre Worte, Gedanken und Taten bestehen bleiben!«

»Dann würden die Runen ja … unsterblich machen! Das kann nicht sein!« unwillig schüttelte Mimir den Kopf.

»Sieh her! Auch, wenn du selbst nicht mehr lebst, können die anderen mit Hilfe der Runen noch erfahren, was du gesagt oder gedacht hast.« Wie berauscht von seiner Erkenntnis griff Odin nach seinem kunstvoll geschmiedeten Speer Gungnir, hielt ihn mit der Spitze an den nächsten Felsen und begann, dort etwas hineinzuritzen:

ᛟᛞᛁᚾ ᚹᚨᚱ ᚺᛁᚱ

»Odin … war … hier«, murmelte er dabei.

»Was?«

»Na, das steht da jetzt. Also … in Runen.«

»Ich sehe nur, dass du meinen Felsen bekritzelt hast. Aber wie!«

Tatsächlich hatte Gungnir die Buchstaben ganz erstaunlich tief in den Felsen gekratzt. Aber er war ja auch ein Zauberspeer, der nie sein Ziel verfehlte und nie stumpf wurde, da war das mit dem Kratzen seine leichteste Übung.

»Ich habe deinen Felsen nicht bekritzelt! Ich habe eine Nachricht hinterlassen. Für die Nachwelt. Also … sofern sie die Laute der Runen kennt, diese Nachwelt.«

Ganz langsam dämmerte es dem Riesen – und zu Odins Freude begann er zu strahlen.

»Warte mal, du meinst … alle, die da vorbeigehen und lesen können, noch in Jahrhunderten, sogar in Jahrtausenden, werden wissen, dass du hier gewesen bist. Ohne, dass jemand da ist, der es ihnen erzählt.«

Der Riese war ehrlich beeindruckt.

»Das ist ein ganz unglaublicher Zauber!«

»Siehst du, ich habe Dir nicht zu viel versprochen. Aber es geht noch weiter.«

»Wirklich?«

»Ja, denn ich könnte zum Beispiel auch in den Felsen ritzen, was ich gerade denke. Dann werden alle, die vorbeikommen, auch das wissen. Noch in Jahrtausenden. Ohne, dass es ihnen jemand erzählt. Auch du nicht. Weil … ich dir ja gar nicht verrate, was ich denke.«

Die Begeisterung im Gesicht des Riesen wich Misstrauen.

»Und warum verrätst du es mir nicht?«

Odin grinste – und es sah ein klein wenig verschlagen aus.

»Weil es nicht besonders schmeichelhaft ist, was ich denke.«

»Ach ja? Was ist es denn? Lass mich raten. Sowas wie … ‚Mimir ist ein Idiot, weil er mich nicht aus seiner Quelle trinken lässt‘?«

»Also … Idiot würde ich jetzt nicht gleich sagen. Nur ‚schlechter Gastgeber‘.«

Der Riese erschrak.

»Aber … das ist eine Lüge!«

»Ist es nicht! Und selbst, wenn es eine wäre, wer könnte das überprüfen nach ein paar tausend Jahren?«, konterte Odin lächelnd und griff ein weiteres Mal nach Gungnir, dem Zauberspeer.

»Du wirst das schön sein lassen!«, begann der Riese zu grollen und baute sich drohend vor Odin auf. »Das ist MEIN Felsen!«

»Na schön«, meinte Odin und wendete sich achselzuckend zum Gehen. »Dann schreibe ich es eben draußen irgendwo hin.«

»Warte!«, hielt der Riese ihn zurück. »Ich hab´s mir überlegt.«

»Ach?«

»Ja, ich meine … in der Tat hast du ja bewiesen, dass du Opfer bringen kannst. Dass dir Wissen tatsächlich etwas wert ist.«

»Hey, du bist da doch ein besserer Gastgeber, als ich dachte …«

»Allerdings«, fuhr der Riese fort, »habe ich eine Bedingung.«

»Phh!«, schnaufte Odin verächtlich und drehte sich wieder um.

»Genau das meine ich!«

»Was?«

»Da ich, nachdem du mir derartig drohst«, fuhr der Riese nun genüsslich fort »nicht sichergehen kann, dass du mit deinem Wissen auch verantwortungsvoll umgehst, möchte ich ein Pfand für das, was du erhältst. Etwas, das in etwa genauso wertvoll ist.«

»Was bitte, sollte das sein?« Jetzt zeigte sich das Misstrauen auf Odins Gesicht.

»Ich will eines deiner Augen als Pfand«, antwortete Mimir seelenruhig. »Wirf es in die Quelle. Ich hebe es für dich auf. So lange du lebst. Und wenn du keinen Unsinn machst, bekommst du es irgendwann zurück. Also so gegen Ende deines Lebens.«

Odin erstarrte.

Weil das tatsächlich ein ganz schön hoher Preis war für einen Schluck Wasser, von dem er nicht einmal sicher war, dass er ihn wirklich so weise machte, wie er es sich erhoffte.

Allerdings würde er es auch nie erfahren, wenn er jetzt einfach ging.

Entsetzlich hin- und hergerissen blickte Odin wieder und wieder zur Quelle der Weisheit, dann zu Mimir, wieder zur Quelle der Weisheit. Zur Weisheit, die nur einen einzigen Schluck entfernt war. Immer verlockender schien sie ihn anzufunkeln – und immer bedrohlicher wurde die Vorstellung des Schmerzes. Ein Auge verlieren. Gab es überhaupt einen Preis, der das rechtfertigte? Nie wieder würde es ihm möglich sein, von seinem Thron Hlidskjalf aus alle neun Welten auf einmal zu überblicken. Er würde nicht einmal mehr abschätzen können, wie weit etwas von ihm entfernt war.

Andererseits waren all das Dinge, die er schon kannte. Der Schluck aus der Quelle dagegen … was für ein Dilemma! Ein furchtbarer Zwiespalt, der Odin wütender und wütender und wütender machte. Rasend wütend. Wütender als alle Berserker Midgards zusammen! Wütender als die ‚wilde Jagd', mit der er im Winter über das Land und durch den Himmel fuhr und alles mitriss, was sich ihm in den Weg stellte. Wütender als alle Angst, die ihn noch hätte aufhalten können …

Sprachlos vor Staunen – und auch vor Entsetzen – starrte Mimir der Riese auf das kleine Steinbecken, das er in den Fels gemeißelt hatte, damit sich darin das Wasser seiner Quelle sammeln konnte, bevor es weiterfloss. In dem Becken kreiselte und tanzte etwas.

Odins linkes Auge!

Das er sich in seiner grenzenlosen Wut soeben selbst herausgerissen hatte.

Mimir brauchte einen Moment um sich zu sammeln.

»Ich … werde auf jeden Fall … gut auf dein Auge aufpassen«, murmelte er dann. Und war in diesem Moment nicht mehr ganz sicher, ob er vielleicht doch etwas zu viel gefordert hatte. Dann aber nahm er Odins Horn vom Tisch, füllte das Trinkgefäß bis zum Rand mit dem kostbaren Nass aus der Quelle und reichte es dem Allvater.

»Eigentlich genügt ein einziger Schluck – aber ich denke, es ist fair, wenn du etwas mehr bekommst.«

Odin nickte, ohne weiter eine Miene zu verziehen. Obwohl sein Mantel am Kragen bereits blutdurchtränkt glänzte – Mimir war froh, dass der Schatten des riesigen Schlapphutes gnädig den Anblick der Wunde verbarg.

Wortlos setzte der Allvater das Horn an seine Lippen, leerte es in einem Zug, wartete einen Moment – und nickte noch einmal. Diesmal, trotz allen Schmerzes, mit einem breiten, sehr zufriedenen Grinsen.

»Es wirkt«, meinte er dann.

Mimir, dem Odins Kaltblütigkeit mittlerweile ganz schön imponierte, grinste zurück. »Und das merkst du … wie?«

»Ich spüre es einfach. Auch, wenn ich«, Odin seufzte ein wenig verlegen, »leider feststellen muss, dass ich auch jetzt noch längst nicht alles weiß.«

»Alles wissen kann doch sowieso niemand«, entgegnete Mimir. Dann aber stutzte der weise Riese. »Doch, natürlich!«, schmunzelte er, »Deine Frau Frigg, die kann es, oder?«

»Möglich …«, brubbelte der Obergott, sehr bemüht, möglichst unbeeindruckt zu wirken. Aber ihm war anzumerken, dass Mimir den entscheidenden Punkt getroffen hatte.

»Wenn sie den Schicksalsfaden spinnt, für alle Lebewesen«, stellte Mimir fest, »dann muss sie über absolut alles Bescheid wissen. Über alles, was schon geworden ist und über alles, was jetzt gerade wird. Und sie muss auch wissen, wohin es führt, nicht wahr?«

»Du sagst es.« Odin nickte. Mit einem etwas bemühten Lächeln.

Woraufhin der Riese plötzlich ganz furchtbar anfing zu lachen. So laut, dass einmal mehr die Berge erzitterten. »Dein unglaublicher Wissensdrang, deine Raben, dein Thron Hlidskjalf, deine irrsinnigen Opfer … alles nur, weil du genauso viel wissen willst wie deine allwissende Frau? Das darf doch nicht wahr sein!«, prustete Mimir. »Dabei müsstest du sie doch einfach nur fragen! Mannmannmann! Und mir erzählen, ich hätte zu wenig Selbstbewusstsein, um von den Weibern zu lernen!«

»So ein Quatsch!«, zischte Odin und machte ein Gesicht, als hätte er statt des Quellwassers gerade ein Horn voll Essig getrunken.

»Natürlich«, gluckste der Riese. »Wäre ja auch total peinlich, wenn du zu stolz wärst sie zu fragen … oder zu neidisch, nicht wahr?«

»Ich bin nicht zu stolz oder zu neidisch«, knurrte Odin gereizt. »Ganz im Gegenteil. Ich habe meine Frau nicht nur einmal, sondern bestimmt tausendmal gefragt. Nur leider hat sie mir nie geantwortet. Weil sie …«, der Obergott atmete durch, »weil sie nun einmal niemals über das redet, was sie weiß.«

»Aber du bist ihr Mann? Sollten Eheleute nicht alles teilen?«, bohrte Mimir genüsslich weiter. »Oder nimmt sie dich und deine Bedürfnisse etwa nicht ernst?«

Odin atmete durch. »Sie verrät nichts, gerade weil sie mich ernst nimmt«, sagte er dann.

»Was?«

»Glaubst du, ich hätte auch nur noch eine Winzigkeit Wissensdurst, wenn ich, statt ständig zu forschen, zu rätseln und zu suchen, einfach Frigg fragen könnte? Sie tut es mir zuliebe. Damit ich der bleiben kann, der ich bin. Der Angezündete, der Entfachte!«

»Wie rücksichtsvoll« Mimirs Tonfall klang jetzt beißend süßlich. »Trotzdem ist das alles sicher ganz schön belastend für dein Selbstbewusstsein, nicht wahr?«

Odins Blick verfinsterte sich. Er hob sein Kinn ein wenig, so dass die Krempe seines Schlapphutes das ganze Werk der Zerstörung preisgab.

»Belastend«, sagte er dann, noch immer aufgebracht, aber mit fester Stimme, »ist das alles nicht für mich, sondern für meine Frau. Versetze dich doch nur einmal in ihre Lage, Riese. Möchtest du um alles Leid wissen, das dir bevorsteht? Oder all denen, die du liebst? Könntest du noch ruhig weiterleben? Kinder bekommen? Freundschaften schließen? Deinem Tagwerk nachgehen, ohne durchzudrehen vor Sorge und Angst? Kannst du dir vorstellen, welche Last auf ihren Schultern liegt?«

Eine kleine Weile hielt der Riese Odins Blick stand, ohne eine Miene zu verziehen, dann neigte er sehr bedächtig sein mächtiges Haupt. »Du bist weiser als ich dachte, Allvater«, sagte er schließlich, ehrlich zerknirscht. »Es hat wohl einen Grund, weswegen du ein so kluges, vornehmes Eheweib abbekommen hast, während ich allein durchs Leben gehe. Was die Frauenwelt angeht, sollte ich, statt auf meine Quelle zu vertrauen, von nun an besser dich um Rat bitten.«

Odin, ehrlich überrascht von so viel riesischer Selbstkritik, musste grinsen. »Darf ich das meiner Frau von dir ausrichten? Vielleicht hilft es.«

»Hilft? Wobei?«

»Auch, wenn sie es seit tausenden von Jahren weiß – sie wird mich für einen kompletten Vollidioten halten, wenn ich einäugig nach Hause komme.«

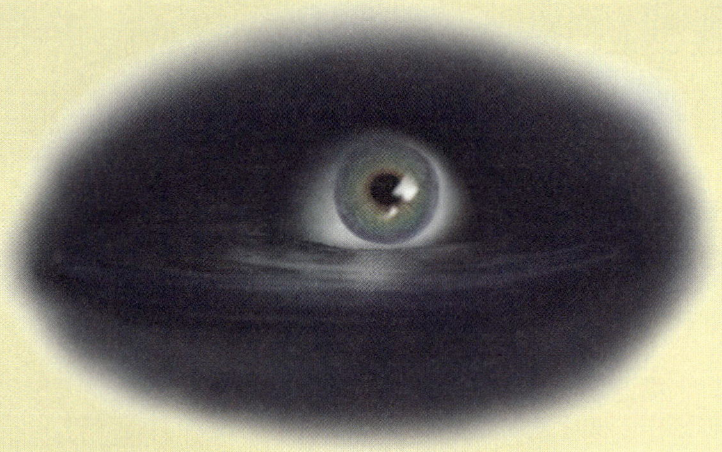

Nun mussten beide lachen. So laut lachen, dass die Geröllriesen unten in den Tälern ihre Felsbrocken umeinander kugeln ließen und man es bis zur Urdquelle hören konnte. Die war ja ebenfalls am Fuße Yggdrasils und damit ganz in der Nachbarschaft.

Und während der Obergott und der Riese lachten und lachten, verwoben die Nornen Urd, Verdandi und Skuld Mimirs Lebensfaden mit dem Lebensfaden Odin Allvaters. Ganz fest. Ein paar Momente zuvor hatten sie nämlich, wie es ihre Art war, ein Holzstäbchen mit einem Zauberzeichen als Orakel auf den Boden geworfen. Ein Stäbchen aus Buchenholz, weswegen wir, in Erinnerung an diese Buchenstäbe, noch heute das Wort ‚Buchstabe‘ benutzen.

Auf dem Stäbchen war die Rune ‚ᚹ‘ – ‚Wunjo‘ eingeritzt gewesen – und weil Wunjo für Freude und Freundschaft steht, wurden Mimir und Odin Freunde. So enge Freunde, dass der Allvater von nun an immer wieder den weisen Riesen aufsuchte, um ihn um Rat und Beistand zu bitten.

Odins Frau **FRIGG** hatte das natürlich schon gewusst, bevor ihr Mann überhaupt zu Mimirs Quelle aufgebrochen war. So, wie sie schon immer alles gewusst hat, jetzt gerade weiß und wissen wird, was in Yggdrasil geschieht.

Und so, wie Frigg – oder Frija, wie sie etwas weiter südlich genannt wurde – nie damit aufgehört hat, den Faden unseres Schicksals zu spinnen, blieb sie auch immer in unserem Leben. Weil die Menschen, die einander von Yggdrasil erzählten, von den Römern den Brauch übernahmen, die Woche in sieben Tage zu unterteilen und dabei auch ähnliche Namen verwendeten. Der fünfte Wochentag, in Rom ‚dies veneris' – ‚Tag der Venus' genannt, wurde so zum ‚frijatac', zum ‚Tag der Frija'.

Ganz offensichtlich erzählte man sich damals also nicht nur von Frijas oder Friggs Weisheit, sondern auch davon, wie wunderschön und begehrenswert sie war. So schön und begehrenswert, dass sie der Göttin Venus am meisten entsprach.

Wenn Christen bei uns also den Karfreitag begehen oder Muslime sich zum Freitagsgebet treffen, tun sie es bis heute am Tag der Frigg – was die aber sicher nicht stört. Eine Obergöttin muss sich schließlich nichts beweisen. Frigg wird ja nicht einmal eifersüchtig, wenn ihr Mann Odin wieder einmal mit anderen Frauen anbandelt, wovon noch so einige Mal erzählt werden wird.

Stattdessen hat sie lieber eigene Liebschaften und als Schicksalsgöttin ohnehin viel zu viel zu tun. So beschäftigt ist sie, dass in ihrem Auftrag noch eine ganze Reihe anderer Göttinnen in den neun Welten unterwegs ist. Allen, die sie vor einer Gefahr behüten will, sendet Frigg zum Beispiel die Schutzgöttin **HLIN**, deren Name sich noch heute in unserem Wort ‚anlehnen' versteckt. Und wenn Liebende einfach nicht zusammenfinden, weil das Schicksal ihnen immer wieder Hindernisse in den Weg legt, können sie darauf hoffen, dass Frigg ihnen die Göttin **LOFN** schickt. Deren Aufgabe ist es nämlich, genau solche Paare dann doch noch zusammenzubringen. Wahrscheinlich, weil Lofn damit schon so viel Freude und Leichtigkeit in die Welt gebracht hat, sind der ‚Urlaub' und das Verb ‚loben' aus ihrem Namen entstanden – womit sie bei uns bis heute für Fröhlichkeit sorgt.

Auch **FULLA**, die Göttin der Fülle und des Reichtums, ist für Frigg im Einsatz. Genau, wie die Götterbotin **GNA**, die von der Obergöttin durch alle neun Welten geschickt wird, um für sie Aufträge zu erledigen. Dank ihres Pferdes Hofhwarfnir, das nicht nur an Land, sondern auch unter Wasser und in der Luft galoppieren kann, ist Gna dabei blitzschnell.

Seltsamerweise, da können die Geschichten des Weltenbaumes noch so viel von Friggs Weisheit, ihrer Schönheit und ihrer großen Macht berichten, wird Frigg in vielen Nacherzählungen der nordischen Sagen aber bis heute ganz anders dargestellt. Nämlich als aufopferungsvolles, manchmal auch zickiges Hausmütterchen, das immer nur für andere da ist. Oder als missgünstige, verbitterte Hüterin von Herd, Haushalt und Kindern, die still erträgt, wenn ihr Mann sie hintergeht.

Seltsamerweise – alle, die das wollen, können es ja nachlesen – steht davon nirgendwo etwas in den alten Texten.

Dort zu lesen ist stattdessen, dass Odin seine Frau um Rat fragt und bewundernd von Friggs Weisheit spricht und dass sie sich in ihren Temperamenten bestens ergänzen. Wo Odin vor Wut in Raserei gerät, behält Frigg einen kühlen Kopf und entwickelt Pläne. Seite an Seite, so erzählen die alten Geschichten, überblicken die beiden auf dem Thron Hlidskjalf die Welten. Obergott und Obergöttin führen also – so würde man das zumindest heutzutage nennen – eine Beziehung auf Augenhöhe. Was um so erstaunlicher ist, als die Geschichten ja zu einer Zeit aufgeschrieben wurden, als Menschenfrauen sich den Männern gefälligst unterzuordnen hatten.

Bis heute scheint eine Liebesbeziehung, in der Mann und Frau gleich stark sind und beide Partner einander so viele Freiheiten lassen, für einige Menschen ziemlich unvorstellbar zu sein. So unvorstellbar, dass man lieber etwas anderes schreibt.

Davon ungestört lieben Odin und Frigg einander aber einfach weiter und haben Spaß daran, immer mal wieder spielerisch ihre Kräfte zu messen.

Manchmal auch auf Kosten von uns Menschen.

Friggs und Odins Wettstreit um Geirröd und Agnar

Einmal, vor sehr langer Zeit, ruderten zwei Königssöhne in einem kleinen Boot über das Meer. Zwei ganz besonders mutige Königssöhne. Agnar, der Erstgeborene des Königs Hraudung war nämlich gerade mal zehn Jahre alt und sein kleiner Bruder Geirröd sogar erst acht.

Eigentlich wollten die beiden Jungs nur ein wenig fischen, so, wie es damals alle Kinder taten, die am Meer aufwuchsen. Wieder und wieder senkten Geirröd und Agnar ihre Angelschnüre in die Wellen hinab, zogen mit vor Begeisterung glühenden Wangen immer mehr glitzernde, zappelnde Fische in ihr Boot und waren so sehr bei der Sache, dass sie gar nicht merkten, wie plötzlich Wind aufkam. Wie die Strömung sie weiter und weiter hinaus aufs Meer trug, bis sie schließlich das Land nicht mehr sehen konnten.

Zumindest glaubten die beiden Kinder, dass ihnen genau das passiert war, als sie mit einem Mal hilflos in alle Himmelsrichtungen blickten und nicht wussten, wie sie nun nach Hause zurückkehren sollten. Woher hätten sie auch wissen sollen, dass es einen ganz anderen Grund für ihre Misere gab!

In Wahrheit hatten Odin und Frigg nämlich ein paar Stunden zuvor gemeinsam auf Hlidskjalf gesessen, alle neun Welten überblickt und die zwei Königssöhne beim Fischen entdeckt. Und weil gerade nichts anderes zu tun war, hatten sie beschlossen, sich mit einem kleinen Spiel die Zeit zu vertreiben. Einem Spiel, in dem Geirröd und Agnar als Spielfiguren dienen sollten.

»Wie wäre es«, hatte Odin vorgeschlagen, »wenn wir uns die Jungen als Ziehkinder nehmen? Du dir den einen und ich mir den anderen. Sobald sie groß sind, lassen wir sie dann beide gegeneinander antreten. Gewonnen hat der, der sich in seinem Leben besser anstellt.«

Frigg musste schmunzeln: »Du weißt schon, dass ich Geirröds und Agnars Schicksal kenne – und deshalb auch den Ausgang des Spiels?«

50 »Männer tun ständig Dinge, von denen klar ist, dass ihre Frau sie besser weiß«, dachte Odin. Aber natürlich sagte er das nicht, sondern versuchte seine Frau durch Argumente zu überzeugen. So wie sie es am liebsten mochte.

»Es geht doch gar nicht um Geirröds und Agnars Schicksal«, meinte er deshalb, »sondern darum, wie sie damit umgehen. Ob sie dem, was das Leben für sie bereit hält, tapfer, klug und ehrenvoll gegenübertreten oder feige, dumm und ehrlos. Darin sind schließlich alle Wesen frei.«

Obwohl sie natürlich wusste, was Odin gerade gedacht hatte, lächelte Frigg. »Auch, wenn ich es ungern zugebe«, entgegnete sie, »in diesem Punkt hast du recht. Wer von beiden der Klügere, Mutigere und Ehrenvollere sein wird, weiß nicht einmal ich. Wir können nur unser Bestes geben, sie in diesem Sinne großzuziehen.«

»Dein Bestes wird nicht genügen«, grinste Odin herausfordernd.

»Das werden wir noch sehen«, schmunzelte Frigg kampfeslustig.

Beide einigten sich darauf, dass Frigg sich um Agnar und Odin sich um Geirröd kümmern sollte, und bauten an einem abgelegenen Strand in Midgard ein kleines Fischerhaus. Hier würden sie die nächsten zehn Jahre gemeinsam mit den Kindern leben – eine Zeitspanne, die für Asengötter natürlich wesentlich kürzer ist als für Menschen. Sie erscheint ihnen in etwa so wie uns ein einziger Nachmittag.

Um die Königssöhne zu sich zu holen, bat Odin die wilde Meeresgöttin Ran, eine reißende Strömung zu schicken. Zuverlässig trug diese die beiden Kinder von ihrer Heimat fort aufs offene Meer. Dort draußen entfachte Ran dann noch einen heftigen Sturm, um den Kindern endgültig die Orientierung zu nehmen und verdunkelte den Himmel, dass man die Hand nicht mehr vor Augen sehen konnte. Immer höher wogten die Wellen, in Todesangst klammerten die Jungen sich an der Reling fest – bis ein heftiger Ruck die beiden schließlich über Bord warf.

Auf den weichen Sand eines Strandes!

Sie waren gerettet!

Johlend und lachend vor Erleichterung tanzten Geirröd und Agnar durch die Ausläufer der schäumenden Gischt, umarmten einander und priesen die Götter für den guten Ausgang ihres Abenteuers. Um so mehr, als sie am Ende des Strandes ein gemütlich warm erleuchtetes Fenster entdeckten. Es gehörte zu einer kleinen Fischerhütte, die dort nur auf sie zu warten schien. Das alte Ehepaar, das in der Hütte wohnte, lief den beiden Jungen bereits mit warmen Decken entgegen …

Liebevoll nahmen die beiden Fischer Agnar und Geirröd bei sich auf und zogen sie groß. Ganze zehn Jahre lang. Der Mann kümmerte sich dabei die meiste Zeit um Geirröd, die Frau um Agnar.

Zwar gaben Odin und Frigg sich nie zu erkennen, trotzdem lernten die Königssöhne von den zwei Gottheiten sicher jede Menge Dinge, die menschliche Eltern ihnen niemals hätten beibringen können.

König Hraudung und seine Frau allerdings wurden in der unendlichen Trauer um ihre Söhne nie wieder froh, und eines Morgens starb König Hraudung an gebrochenem Herzen.

An diesem Morgen riefen Odin und Frigg ihre Ziehkinder zu sich. Für die zwei Jungen war die Zeit seltsam schnell vergangen. Fast war es ihnen vorgekommen, als wäre es nur ein einziger Nachmittag gewesen, an dem sie von Kindern zu stattlichen, jungen Männern herangewachsen waren.

Für die es nun Zeit war, im Spiel der zwei Obergottheiten gegeneinander anzutreten.

Was Odin und Frigg ihnen aber natürlich nicht sagten.

»Ihr seid jetzt alt genug, um ohne uns zurück in das Land Eurer Eltern zu fahren«, eröffnete Frigg den beiden Königssöhnen stattdessen und deutete auf ein schönes, großes Segelboot, das die jungen Männer zum Abschied geschenkt bekamen. Geirröd und Agnar staunten. Beide waren von ihren Zieheltern zwar in der Kunst der Seefahrerei unterrichtet worden, aber noch nie hatte ihnen jemand ein so großes, prächtiges Schiff anvertraut.

»Du, Agnar«, wandte sich Frigg dann an ihren Ziehsohn, »solltest als der Ältere von euch bald selbst König werden. Ich bin zwar nur eine einfache Fischersfrau, aber

ich denke, ich habe dir beigebracht, klug, mutig und ehrenvoll zu handeln. Nutze, was ich dich gelehrt habe, und du wirst ein wirklich guter König sein.«

Agnar, der ruhigere und sanftere der beiden Brüder, nickte, erfüllt von Abschiedsschmerz. Immer wieder umarmte er seine Ziehmutter, dankte ihr für alles, was sie ihm gegeben hatte, und versprach, sie möglichst bald zu besuchen.

Odin nahm unterdessen seinen Ziehsohn Geirröd beiseite. Jünger und wilder als sein Bruder wirkte er weit weniger unglücklich. Eher schien er voller Tatendrang und Vorfreude auf kommende Abenteuer zu sein.

Zum Abschied ging er mit seinem Ziehvater noch einige Meter über den Strand. Dass Odin Geirröd dabei etwas ins Ohr flüsterte, bekam Agnar nicht mit. Und auch nicht, was für ein besorgtes Gesicht Frigg machte, als sie es bemerkte.

Entschlossen, ihr Bestes zu geben, setzten die Brüder schließlich gemeinsam die Segel. Schon bald war ihr Boot nur noch als winziger Punkt am Horizont zu erkennen, so günstig stand der Wind. Trotzdem war es bereits Nacht, als sie die Küste ihrer Heimat erreichten. Eigentlich wollten Geirröd und Agnar dort direkt den Hafen ansteuern, doch an dem Strand, von dem sie zehn Jahre zuvor losgefahren waren, erhellte Feuerschein das Wasser. Erschrocken erkannten die zwei jungen Männer den Grund: In einem brennenden Boot wurde König Hraudungs Leichnam dort gerade zur letzten Ruhe dem Meer übergeben.

Geschockt vom Tod ihres Vaters und erfüllt von Schmerz blickten die zwei jungen Männer in die Flammen. Wie sehr hatten sie sich darauf gefreut, ihre Eltern wiederzusehen! Während Agnar von Trauer wie gelähmt schien, fasste Geirröd schließlich einen Entschluss: »Lass uns nicht in den Hafen fahren«, meinte er, »sondern gleich hier aus dem Boot aussteigen. Um so schneller können wir zu unserer Mutter gehen und sie trösten.«

Agnar fand, dass das eine gute Idee war, und gemeinsam holten sie die Segel ein. Dabei schlug Geirröd ganz beiläufig vor, als erster von Bord zu gehen und das Boot noch etwas weiter ins flache Wasser zu ziehen. »Dann kommst du, Agnar, als zukünftiger König, nicht völlig durchnässt bei deinem Gefolge an.« Einmal mehr lobte Agnar seinen jüngeren Bruder für seine guten Ideen und half ihm dabei, über die Reling ins Wasser zu klettern.

Doch anstatt nun das Schiff an den Strand zu ziehen, gab Geirröd dem Bug plötzlich einen gewaltigen Tritt! Mit aller Wut und Entschlossenheit, die er von seinem Ziehvater gelernt hatte. Ganz unglaubliche, übermenschliche Kräfte entwickelte er dabei, so dass das Schiff wie in einem Strudel herumwirbelte und fortgerissen wurde. Immer weiter weg vom Strand, hinaus auf das offene Meer.

Agnar, der zunächst gar nicht wusste, wie ihm geschah, versuchte verzweifelt, erneut das Segel zu setzen, um gegen die Strömung anzukommen. Weil er aber ganz allein auf dem Schiff war, dauerte das viel zu lange, und ehe er sich's versah, war nirgendwo mehr Land zu entdecken. Auch an den Sternen konnte er sich nicht orientieren, weil dichte Wolken den Himmel bedeckten – Vorboten eines schrecklichen Sturmes. Agnar schaffte es gerade noch, die Segel halbwegs zu sichern, bevor der Orkan losbrach.

Mehrere Tage und Nächte trieb Agnars Schiff schutzlos in den tosenden Wellen. Und hätte der Königssohn nicht von Frigg gelernt, unendlich tapfer und ausdauernd zu sein, wäre er wohl ertrunken.

So aber verschlug es ihn bis an den äußersten Rand Midgards. In eine karge, unwirtliche Einöde, die mit nichts außer ein paar dornigen Sträuchern und vertrocknenden Gräsern bewachsen war. Wohnen wollte hier niemand. Nur ein paar Ge- röllriesen versteckten sich an der zerklüfteten Küste in Höhlen und Felsspalten, weil sie draußen in Utgard keine Bleibe gefunden hatten.

Völlig erschöpft vertäute Agnar sein wie durch ein Wunder unversehrtes Schiff an einer Klippe und kletterte an Land.

Geirröd saß unterdessen satt und wohlig bei dem großen Festmahl, das seine Mutter für ihn veranstaltet hatte; überglücklich, zumindest einen ihrer Söhne wieder lebend in die Arme zu schließen. Als Geirröd aber berichtete, was seinem älteren Bruder widerfahren war, weinte die Königin bittere Tränen. Wobei er natürlich nicht die Wahrheit erzählte, sondern ihr vorlog, Agnar sei bereits am Tag ihres Verschwindens vor zehn Jahren im Sturm ertrunken.

Geirröd tröstete seine Mutter voller Liebe. Es tat ihm in der Seele weh, sie wegen seiner Lüge so leiden zu sehen. Doch wenn er sein Ziel erreichen wollte, ging es einfach nicht anders. Er wollte schließlich König werden. Unbedingt. Weil er nun einmal fand, dass er für dieses Amt viel besser geeignet war als Agnar. In seiner Heimat wurde aber nun einmal – so wie heute noch in vielen Ländern – immer nur der zuerst geborene Nachkomme zum König gekrönt.

Es sei denn, dieser Erstgeborene lebte nicht mehr.

Wie gut, dass Odin beim Ausarbeiten seines Plans geholfen hatte. Geirröd allein hätte Ran sicher nicht überreden können, einen Orkan zu schicken und Agnar ein für alle Mal in den Wellen verschwinden zu lassen.

Ob das selbstsüchtig und verabscheuenswürdig war?

Oder vielleicht doch eher mutig und vorausschauend, weil Agnar sich als König wirklich nicht eignete?

Darüber wird es ganz unterschiedliche Meinungen geben. Sogar unter denen, die selbst dabei waren. Wann und ob etwas gut oder böse ist, kommt schließlich immer darauf an, von welcher Seite aus man es betrachtet. Uns allen bleibt nur, diese Seite selbst zu wählen und dann die Verantwortung für diese Entscheidung zu tragen. Und für ihre Folgen. Diese Last nimmt uns niemand ab. Auch kein Gott.

Um für uns selbst die besten Entscheidungen zu treffen, sollten wir deshalb am besten Odin nacheifern und möglichst unablässig versuchen, uns so viel Wissen und Weisheit wie möglich anzueignen.

Ein paar besondere Fähigkeiten können auch nicht schaden. Zum Beispiel die, lügen zu können, ohne rot zu werden. So wie Geirröd. Bei passender Gelegenheit – und da, wo man es verantworten kann – ist eine solche Kunst schließlich äußerst hilfreich.

Aber nicht nur Odin, sondern auch Frigg hatte ihrem Ziehsohn eine Menge Nützliches beigebracht. Ganz besonders gut war Agnar darin, immer einen kühlen Kopf zu bewahren und zu handeln, statt sich zu beklagen. Gewappnet mit dieser Fähigkeit gelang es dem Königssohn, in der Einöde zumindest eine der dort lebenden Riesinnen für sich zu gewinnen und mit ihr eine Familie zu gründen.

Was wesentlich erfreulicher war, als es sich zunächst anhört. Schließlich gelten die Frauen der Riesen als die schönsten und beeindruckendsten Wesen aller neun Welten. Nicht umsonst sind viele Asen- und Wanengötter mit Riesinnen verheiratet.

Menschen dagegen ist dieses Schicksal nur äußerst selten vergönnt.

Als Frigg gemeinsam mit Odin von Hlidskjalf aus die zwei Brüder bei ihren Lebenswegen beobachtete, fand sie deshalb, dass Agnar doch nun wirklich das Beste aus seinem schweren Schicksal gemacht hatte. Auch wenn er, was die List seines jüngeren Bruders anging, zugegebenermaßen ganz schön gutgläubig gewesen war.

Odin dagegen lachte nur und verspottete Agnar als dumm. Der clevere Geirröd habe den Wettstreit ja wohl ganz eindeutig gewonnen, da konnte Agnar so viele Kinder mit seiner Riesin machen, wie er wollte. Odins Ziehsohn war schließlich König geworden. Und zwar ein richtig guter. Mit großer Weisheit hatte er sein Volk vor Schaden bewahrt und den Reichtum seines Landes gemehrt. »Klüger und mutiger kann man sein Leben nicht führen«, meinte der Allvater und freute sich bereits über seinen Sieg.

»Klüger und mutiger vielleicht nicht«, meine Frigg und lächelte versonnen. »Aber was seine Ehre angeht, ist Geirröd nicht gerade eine Leuchte. Hast du mal gesehen, wie geizig er ist, wenn er Gäste bewirtet? Aus Angst, dass zu viele kommen, gibt er ihnen kaum genug zum Überleben. Ich hoffe nicht, dass du ihn das so gelehrt hast. Wenn ja, wäre das nämlich ziemlich peinlich.«

»Wie bitte? Das ist eine Lüge!«, schnaufte Odin wütend. Ausgerechnet er sollte seinem Ziehsohn nicht die wichtigste Übereinkunft aller Wesen Yggdrasils beigebracht haben? Die Verpflichtung zur Gastfreundschaft? Einen schlimmeren Vorwurf hätte Frigg ihm nun wirklich nicht machen können.

Denn, ganz gleich, woher jemand stammte, ob aus Asgard, Midgard, Riesenheim, Schwarz- oder Lichtalbenheim – wer als Gast kam, musste überall in Yggdrasil ganz besonders zuvorkommend behandelt, bewirtet und beherbergt werden. Da gab es keine Diskussion. Gäste konnten selbst entscheiden, wie lange sie blieben, und niemand durfte sie abweisen oder angreifen. Auch dann nicht, wenn die Gastgeber sie nicht mochten oder zu einer verfeindeten Sippe gehörten.

Wer diese Regel einst aufgestellt hatte? Vermutlich war sie im Laufe der Zeit von allen Bewohnern Yggdrasils gemeinsam beschlossen worden, weil sie allen nun einmal die meisten Vorteile brachte. Natürlich brachten auch immer wieder mal Gäste gewaltigen Ärger ins Haus ihrer Gastgeber – auch in diesem Buch wird noch von solchen erzählt werden, aber die Möglichkeit, überall in den neun Welten erst einmal freundlich und friedlich empfangen und bewirtet zu werden, war ein so wertvolles Gut, dass dieser Nachteil in Kauf genommen wurde. Wer sich nicht an diese Übereinkunft hielt, so erzählen es die alten Geschichten, wurde verachtet und gemieden.

Da Yggdrasil immer noch steht, hat sich das bis in die heutige Zeit übrigens nicht geändert. Weswegen es absurd wäre, auf die Freundschaft und Unterstützung der alten Gottheiten zu hoffen und gleichzeitig ein Fremdenfeind zu sein.

Und weswegen es absurd ist, dass auf fremdenfeindichen Kundgebungen immer wieder Leute auftauchen, die das Symbol des Thorshammers um den Hals tragen, um ihre Zugehörigkeit zu den Asen und Wanen auszudrücken. Angesichts der Wichtigkeit, die das Gastrecht in den alten Geschichten hat – und für die Menschen hatte, die einander diese Geschichten erzählten – ist das ungefähr so logisch, wie auf einer Militärparade Panzern zuzujubeln und sich gleichzeitig einen Button der Friedensbewegung anzuheften.

Einen schlimmeren Vorwurf als den, ein schlechter Gastgeber zu sein, hatte Frigg Geirröd also gar nicht machen können. Kein Wunder, dass Odin darüber ganz furchtbar in Rage geriet. So sehr, dass der Allvater beschloss, persönlich zu überprüfen, ob die Anschuldigungen stimmten. Wutentbrannt machte er sich zu Geirröds Burg auf den Weg. Wie immer natürlich unter einem Decknamen. Grimnir nannte er sich, was ‚der Maskierte' bedeutet – ob das nun ein besonders wirkungsvoller Tarnname war, sei dahingestellt.

Was Odin in seiner Wut allerdings gewaltig unterschätzte, war die Hinterlist seiner Frau. Die hatte nämlich dreist gelogen, ohne rot zu werden!

In Wahrheit war Geirröd alles andere als geizig und ein wirklich guter Gastgeber. Aber Frigg hatte beschlossen, es Odin und seinem Ziehsohn heimzuzahlen. Deshalb hatte sie vor Odins Ankunft heimlich Fulla, die bezaubernde Göttin des Wohlstands, in Geirröds Palast geschickt. Getarnt als liebreizende, unschuldige Fischersfrau – und mit einem schaurigen Gerücht im Gepäck, das sich wie ein Lauffeuer verbreitete.

Es sei, hatte Fulla überall herumerzählt, ein bösartiger Zauberer im Land unterwegs, der Krankheiten und Schaden über alle Menschen brachte, die ihm begegneten. Dieser Zauberer benutzte immer andere Namen und oft verkleidete er sich sogar. Aber man konnte ihn sehr zuverlässig an einem bestimmten Merkmal erkennen: auch der wildeste, bissigste Hund wurde in seiner Gegenwart sofort ganz zahm und griff ihn nicht an. Tatsächlich war es natürlich Odin selbst, der genau diese seltene Gabe besaß. Aber auch, wenn der Obergott Geirröd großgezogen hatte – diese Fähigkeit hatte dieser nie an seinem Ziehvater bemerkt.

Als Odin an die Tür von Geirröds Palast klopfte, erschrak der König deshalb furchtbar, als seine Wachhunde, anstatt wie sonst zu bellen und ihre Zähne zu fletschen, schwanzwedelnd und hechelnd auf den Fremden zuliefen und sich an seinen blauen Mantel kuschelten.

»Wer bist du?«, fragte Geirröd misstrauisch. »Mein Name ist Grimnir«, antwortete der Fremde nur. Ansonsten schwieg er, ganz egal, was man ihn fragte, um Geirröds

Gastfreundschaft zu prüfen. Schließlich war es völlig egal, woher jemand kam und wer er war, er musste bewirtet werden.

Geirröd allerdings war sich sicher, den finsteren Zauberer vor sich zu haben, und wollte sein Volk vor Schaden beschützen. »Solange du nicht antwortest«, knurrte der König, »wirst du nichts anderes bekommen als einen warmen Platz zum Ausruhen.« Mit hämischem Grinsen wies er seine stärksten Krieger an, den rätselhaften Fremden zu packen und in seine Halle genau so zwischen zwei lodernde Feuer zu setzen, dass er nicht mehr fliehen konnte.

»Sobald sein Durst und sein Hunger unerträglich geworden sind, wird er schon reden«, meinte Geirröd. Was ein Irrtum war. Denn tatsächlich saß Odin geschlagene acht Tage und Nächte zwischen den beiden Feuern, weigerte sich, auch nur das Geringste über sich selbst zu erzählen und machte Geirröd damit von Stunde zu Stunde wütender.

»Soll er doch verbrennen, wenn er nicht reden will!«, schimpfte der König, legte wieder mehr Holz nach, damit die Flammen noch heißer loderten, und ließ den Fremden allein.

Bis sich am Morgen des neunten Tages jemand anderes heimlich in die Halle schlich: Geirröds zehnjähriger Sohn. Der hieß – ausgerechnet – Agnar! Was damit zu tun hatte, dass Geirröd, der ganz offensichtlich wirklich unglaublich dreist lügen konnte, bei der Geburt des Jungen in ihm angeblich die Wiedergeburt seines Bruders erkannt hatte.

Versteckt hinter einer Säule beobachtete der kleine Agnar ängstlich den Fremden zwischen den Feuern, sah, wie der sich vor Hitze, Durst und Hunger kaum mehr aufrecht halten konnte. Schließlich wollte der Junge den Anblick nicht mehr ertragen. Er rannte in die Küche, füllte das größte Horn, das er finden konnte, mit kühlem Met und brachte es dem Fremden.

Gierig trank Odin das Horn in einem Zug leer. »Danke«, sagte er dann. »Für das, was du getan hast, wirst du reich belohnt werden.« Agnar, der nicht wusste, ob er vielleicht einen Fehler gemacht hatte, sah den Mann, der sich Grimnir nannte, nur ängstlich an und nickte stumm. Odin lächelte ihm zu. »Du brauchst dich nicht zu fürchten. Ich tu dir nichts. Setze dich lieber ein wenig zu mir. Ich bin weit herumgekommen und kenne viele spannende Geschichten.«

Agnar war zu schüchtern, um etwas zu antworten, aber er setzte sich etwas abseits auf einen Mauervorsprung, um zuzuhören. Also begann der Allvater von der Götterwelt Asgard zu erzählen. Denn Odin wollte prüfen, wie clever der Junge war und ob er in ihm vielleicht irgendwann den Gott erkannte.

Weil es gut tat, in der sengenden Hitze von Wasser zu reden, beschrieb Odin zunächst Sökkwabek, den Palast der Geschichtengöttin **SAGA**, der mitten in einen reißenden Fluss gebaut war, und Noatun, die riesige Meeresburg des uralten Wassergottes **NJÖRD**. Danach nahm er Agnar in dessen Fantasie erst mit nach Glitnir, in die strahlende Halle des Streitschlichters und Friedensstifters **FORSETI**. Zu guter Letzt stieg Odin mit ihm hoch auf eine sattgrüne Anhöhe. Mit geschlossenen Augen genoss der Junge den herrlichen Ausblick, den Odin ihm beschrieb. Dort, in der friedlichsten Gegend der neun Welten, lebte der sanfte, überirdisch schöne Lichtgott Baldur, Odins und Friggs Sohn, in seiner Burg Breidablick.

Noch immer hing Agnar wie verzaubert an den Lippen des Mannes, der sich Grimnir nannte. Weshalb der nun begann, ihm von Odins Totenreich Walhall zu erzählen. Dem Ort, an dem Odin seine Einherjer versammelte, die tapfersten aller verstorbenen Krieger.

Wobei es, meinte der Fremde, genau genommen nur die Hälfte all dieser Krieger war. Die andere Hälfte kam nämlich nach Folkwang, in den Palast der mächtigen Liebes- und Kriegsgöttin Freya. Zusammen mit ihren Helferinnen, den Walküren, fegte sie über die Schlachtfelder, um sich ihren Anteil zu sichern.

Wie jeder kleine Junge zu dieser Zeit hoffte Agnar, nach seinem Tod ebenfalls nach Folkwang oder Walhall zu kommen und damit zu den Tapfersten zu gehören, und hörte gebannt zu.

Wer nach Walhall kam, erzählte Grimnir, erkannte die große Halle gleich an dem Wolf, der über dem Eingang saß, und an dem großen Adler, der über dem Dach kreiste. Dieses Dach war nicht mit Ziegeln, sondern mit Schwertschäften und Schilden gedeckt und darunter trainierten die verstorbenen Krieger Zweikampf, Fechten, Speerwerfen, Bogenschießen und ihre Ausdauer. Was für ein Lärm! Schließlich waren es bereits über Hunderttausend. Am Tag des Weltenendes würden sie sogar noch viel mehr sein. Aus jeder Tür in Odins Totenreich, so hatte Grimnir erfahren, würden dann achthundert Einherjer in die Schlacht ziehen – und Walhall hatte vierhundertvierzig Türen!

Mit allen zehn Fingern versuchte Agnar, diese ungeheuer große Zahl auszurechnen. Odin musste schmunzeln. »Vierhundertzweiunddreißigtausend«, half er dem Jungen. Und während Agnar ihn entgeistert anstarrte, fassungslos über eine so riesige Zahl, fuhr Grimnir fort.

Sobald die Sonne unterging, erzählte er, ruhten alle Krieger sich aus. Zwar waren die Bänke in Walhall mit Kettenhemden gepolstert – was wunderbar martialisch aussah, aber nicht besonders bequem war – doch nach ein paar Hörnern voll Met oder Bier störte das niemanden mehr. Um so weniger, als die Getränke von wunderschönen Frauen ausgeschenkt wurden, die immer aufs Neue Spaß daran hatten, mit den Einherjern zu feiern. In großer Runde gaben alle Krieger dann ihre wildesten Geschichten zum besten, lachten miteinander und ließen es sich gutgehen. Etwas zu essen gab es natürlich auch. Herrlich knuspriges, frisch gegrilltes Fleisch, das unvergleichlich gut schmeckte.

Erstaunlicherweise stammte dieses Fleisch immer vom selben Tier. Nein, nicht vom gleichen – vom selben! Jeden Tag aufs Neue schlachtete der Koch **ANDHRIMNIR** seinen riesigen Eber Sährimir, briet ihn an einem gigantischen Spieß über einem noch größeren Feuer und verteilte das Fleisch unter den Kriegern. Und jeden Morgen aufs Neue stand Sährimir wieder quicklebendig in seiner Suhle und erwartete dort die nächste Runde Schlachten, Braten und Gegessenwerden.

»Das ist praktisch«, stellte Agnar fest. »Ich hoffe nur, der Eber muss nicht jedes Mal furchtbar leiden, wenn er geschlachtet wird.« Grimnir lächelte. »Ich glaube nicht«, meinte er dann. »Odin ist ein großer Freund der Tiere. Was man auch daran sehen kann, dass er selbst zwar jeden Abend in Walhall mit am Tisch sitzt, aber nie etwas isst. Seine Schüssel mit Fleisch bekommen immer Geri und Freki, die beiden Wölfe, die ihn fast überall hin begleiten.«

»Hat Odin nie Hunger?«, staunte Agnar.

»Nein«, meinte Grimnir. »Auch, wenn wir uns das kaum vorstellen können – das einzige, was der Allvater wirklich zum Leben braucht, ist Met. Wenn du ihn also mit einem Opfer stärken möchtest, gib ihm den, darüber freut er sich am meisten.«

Noch immer hörte Agnar aufmerksam zu. Weil er aber ein sehr kluges Kind war, wurde er langsam misstrauisch. »Woher weißt du das alles? Wenn du erzählst, klingt es fast, als wärst du schon einmal in Walhall gewesen. Aber du bist doch noch gar nicht tot!«

Odin gefiel es, dass Agnar nachhakte, statt allzu gutgläubig zu sein. Und er beschloss, dem Jungen einen kleinen Hinweis zu geben.

»Der Allvater selbst hat mir alles erzählt«, meinte er dann.

»Was?«

Agnar runzelte skeptisch die Stirn.

»Ja, ehrlich. Ich … habe ihn mal getroffen. Natürlich hat er sich anders genannt. Er benutzt ja unzählige Decknamen, wenn er in Midgard unterwegs ist.«

»Wie sah Odin denn aus?«, hakte Agnar nach. »Und jetzt erzähl mir nicht, er hatte einen blauen Mantel an, trug einen großen Schlapphut und ihm fehlte ein Auge. Das sagt schließlich jeder!«

Trotz der furchtbaren Hitze musste Odin lachen. »Tut mit leid, dich enttäuschen zu müssen, aber er sah tatsächlich genau so aus, wie du ihn eben beschrieben hast.«

Einen kurzen Moment wollte Agnar ein patziges »Ich glaube dir kein Wort« entgegnen, als der Junge plötzlich stutzte. Weil ihm nun auffiel, dass der Fremde vor ihm zwischen den Feuern, der sich Grimnir nannte, nicht nur einen großen Schlapphut trug, sondern auch in einen leuchtend blauen Mantel gehüllt war. Und was in aller Welt war mit seinem linken Auge passiert? Im Feuerschein hatte es eben so ausgesehen, als wäre es – gar nicht da!

Sehr erschrocken begann Agnar, eins und eins zusammenzuzählen, als plötzlich König Geirröd in die Halle kam.

»Was hast du hier zu suchen?«, fuhr er seinen Sohn an. Voller Sorge. So, wie Väter das nun einmal tun, wenn Kinder sich aufgrund ihrer Neugier in Gefahr begeben. »Dieser Mann ist gefährlich!«

Hin- und hergerissen zwischen der Wut seines Vaters und dem, was er herausgefunden hatte, brauchte Agnar eine Weile, um zu antworten. Dann aber nahm er aufgeregt seinen Vater beiseite.

»Du musst diesen Mann sofort da herausholen«, flüsterte er. »Es ist Odin selbst!«

Geirröd, noch immer aufgebracht, sah seinen Sohn unwillig an. »Nicht jeder, der einen blauen Mantel und einen Schlapphut trägt, ist gleich ein Gott, mein Sohn. Das wirst du noch lernen.«

»Aber … er hat nur ein Auge, Papa! Guck doch hin!«

»Weißt du, wie viele Gauner bei Schlägereien ein Auge verlieren?«, knurrte Geirröd. »Das bedeutet gar nichts!«

»Papa, sein Mantel fängt an zu brennen! Du musst ihn aus dem Feuer holen! Sofort!«

Panisch zeigte Agnar auf die Flammen, die am blauen Stoff zu züngeln begannen. Aber Geirröd lachte nur. »Glaubst du wirklich, ein Gott würde sich von mir so festsetzen lassen? Dieser Kerl ist nichts weiter als schädlicher Abschaum. Soll er doch brennen! Er will es nicht anders!«

»Selbst wenn es nicht Odin wäre! Du kannst doch nicht einfach einen Gast töten, von dem Du nichts weißt! Noch dazu hat er niemandem etwas getan! Stell dir vor, das würde jemand mit dir machen!«

Da erhob sich plötzlich der Fremde im Feuer. »Ich finde, dein Sohn hat sehr weise gesprochen, Geirröd. Er scheint wesentlich mehr Ehre im Leib zu haben als du.«

»Glaubst du, es nützt dir etwas, mich jetzt auch noch zu beleidigen?«, zischte Geirröd abfällig und wurde so wütend, dass er sein Schwert zog, um dem Mann, der sich Grimnir nannte, damit zu drohen. Mittlerweile brannte dessen gesamter Mantel lichterloh und Agnar liefen die Tränen über sein Kindergesicht vor Angst. Voller Mitgefühl machte Odin nun einen Schritt auf den Jungen zu, so dass er mitten im Feuer stand. »Du brauchst nicht zu weinen, Agnar«, meinte Odin dann sanft. »Freu dich lieber. Denn du wirst noch heute König werden. Und damit den Bruder deines Vaters rächen. Den, nach dem du benannt bist.«

Agnar verstand nicht. »Rächen? Mein Onkel ist im Sturm ertrunken. Niemand konnte etwas dafür!«

Agnar sah nicht, wie blass Geirröd mit einem Mal geworden war. Aber Odin bemerkte es und fuhr um so genüsslicher fort.

»Tut mir leid, dir das sagen zu müssen, Agnar, aber dein Vater ist ein Lügner. In Wahrheit ist er gemeinsam mit seinem Bruder zurück nach Hause gekommen. Erst hier am Strand hat er dem Schiff seines Bruders einen Tritt gegeben, um ihn aufs offene Meer zu befördern und dort sterben zu lassen.«

Geirröd errstarrte. Weil sein dunkles Geheimnis tatsächlich kein Mensch jemals hätte wissen können.

Das konnte nur – Odin Allvater, der von seinem Thron Hlidskjalf aus alles sah und hörte!

»Wasser! Schnell!«

Entsetzt stürzte Geirröd auf Odin zu, wollte ihn aus dem Feuer zerren, seinen brennenden Mantel löschen.

Da stolperte er.

Und das Schwert, mit dem er eben noch Odin gedroht hatte, fiel ihm aus der Hand. Mit dem Griff nach unten und der Klinge nach oben.

Geirröd fiel hinterher.

In die Klinge seines Schwerts, die ihn durchbohrte.

Zitternd vor Entsetzen stand Agnar einfach nur da.

Als das Feuer plötzlich erlosch. Und seine Mutter, alarmiert von Geirröds Schmerzensschrei, in die Halle stürzte.

»Du wirst ein sehr guter König werden, Agnar«, flüsterte Odin noch – dann verschwand er auf Nimmerwiedersehen.

Tatsächlich wurde Agnar ein noch viel besserer König als Geirröd. Und rächte damit seinen armen Onkel, der genauso hieß wie er.

Womit zwischen Obergöttin und Obergott wieder Gleichstand war in ihrem Spiel.

»Hat Spaß gemacht«, schmunzelte Frigg und wandte sich wieder ihrer Spindel zu.

»Du sagst es«, meinte Odin, wischte das letzte bisschen Ruß von seinem Mantel und küsste seine Frau. In die er sich wegen ihrer Klugheit – und wohl auch ein bisschen wegen ihrer Hinterlist – einmal mehr neu verliebt hatte.

Dass Agnar, Geirröd und vor allem ihre armen Familien nicht einmal gefragt wurden, bevor die Kinder wie Rennpferde gegeneinander antreten mussten, hinterlässt trotz allem einen bitteren Beigeschmack. Aber wir Menschen fragen die armen Pferde ja auch nicht. Wieder einmal kommt es eben darauf an, von welcher Seite aus man die Dinge betrachtet.

Vielleicht wäre zumindest Odin aber nicht ganz so unbekümmert gewesen, hätte er gewusst, welches Schicksal ihm und Frigg selbst noch bevorstand. Frigg wusste natürlich längst, was geschehen würde. Aber es gehörte zu den ganz wenigen Dingen, die sie nicht wahrhaben wollte. Weil es den Menschen betraf, den sie auf der Welt am meisten liebte; sogar noch mehr als ihren Mann.

Kinder und Kämpfe

Dabei hatte Odins und Friggs Sohn **BALDUR** vom Schicksal bisher eigentlich immer nur das Beste abbekommen. Als friedlichster, hübschester und klügster aller Götter wurde er von Kindheit an von allen anderen Gottheiten ganz besonders geliebt. Auch, weil er sich so hingebungsvoll um seinen blinden Bruder **HÖDUR** kümmerte.

Aber Baldur half nicht nur ihm, sondern kümmerte sich so gut er nur konnte auch um die Sorgen und Nöte aller anderen Wesen, ganz gleich ob es Götter, Menschen, Riesen, Zwerge oder Alfen waren. Überall in Yggdrasil wurde Odins und Friggs Sohn gepriesen für sein Mitgefühl, für seine Sanftheit und seinen großen Mut. Und wo auch immer er hinkam, brachte er Wärme und Licht, als wäre er die Sonne selbst.

Wie Baldur unverwundbar wurde

Eines Nachts aber fuhr Baldurs Frau **NANNA**, mit der er eine überaus glückliche Ehe führte, entgeistert aus dem Schlaf hoch, geweckt von einem lauten Schrei ihres geliebten Mannes. Der war soeben aus einem entsetzlichen Alptraum erwacht, mit Schmerzen am ganzen Körper und zum ersten Mal in seinem Leben voller Angst. »Etwas Furchtbares wird geschehen«, flüsterte er mit bebenden Lippen. »Überall war Feuer, alle neun Welten bebten vor unendlichem Leid. Es wird ein schreckliches Blutvergießen geben – und ich selbst werde der Erste sein, der sterben muss.«

»Das war nur ein Traum«, versuchte Nanna ihren Mann zu beruhigen. Aber insgeheim wusste auch sie, dass es nichts Gutes bedeuten konnte, wenn ausgerechnet Baldur, der normalerweise den tiefen, unbeschwerten Schlaf eines glücklichen Kindes besaß, so etwas träumte.

Voller Sorge erzählte sie Odin und Frigg was geschehen war. Irgendetwas Schreckliches würde passieren. Sie war sich ganz sicher! Voller Liebe bemühte sich Frigg,

Nanna zu beruhigen. »Das Schicksal kann ohnehin niemand ändern oder aufhalten. Es lähmt uns nur, Angst vor etwas zu haben, das wir noch nicht kennen«, erklärte sie mit sanfter Stimme. Doch ihre Augen sagten etwas ganz anderes. In ihnen stand Panik. Schließlich rannen der Göttin, die eigentlich nie weinte, sogar Tränen über ihre Wangen.

Da hatte Odin genug gesehen.

Völlig egal, ob sich das Schicksal ändern ließ oder nicht. Er musste irgendetwas tun! Zu allererst einmal in Erfahrung bringen, was Baldur so schlecht träumen und seine Frau so verzweifeln ließ.

Da sie es ihm aber niemals offenbaren würde, galt es jemand anderen zu fragen.

Am besten eine der weisen Frauen, die man Völven nannte und deren Beruf es war, Menschen ihr Schicksal vorherzusagen. Natürlich würde Odin nicht irgendeine von ihnen, sondern die beste aller Völven aufsuchen. Die, von der man in ganz Yggdrasil ehrfürchtig nur als ‚die Seherin' sprach. Zwar war sie eine Menschenfrau, trotzdem gehörte die beste aller Völven zum Kreis der wenigen Vertrauten der Totengöttin Hel. Von ihr würde Odin sicher die ganze Wahrheit erfahren.

Allerdings gab es, was sein Vorhaben anging, ein kleines Hindernis.

‚Die Seherin' war bereits tot.

Wild entschlossen, sich davon aber nicht aufhalten zu lassen, wanderte Odin wenig später mit großen Schritten durch ein furchtbares Unwetter. Die baumlose Einöde in Midgard, die er durchqueren musste, bot nirgendwo Schutz, sein Mantel war bereits völlig durchnässt und der heftige Regen hatte den Boden in Schlamm verwandelt. So gründlich, dass Odins Füße tief einsanken bei jedem Schritt. Was sich anfühlte, als würde jemand immer wieder aufs Neue seine Knöchel festhalten, um ihn am Weitergehen zu hindern, weil er hier unwillkommen war.

Endlich ragte auf einem kleinen Plateau im Nirgendwo ein einsamer, schon lange abgestorbener Baum in den dunkelgrauen Himmel. Hier blieb Odin stehen.

»Völva!«, brüllte er energisch gegen den Sturm an, »Steh auf, ich brauche dich!«

Aber es regte sich nichts – außer, dass Geri und Freki winselnd unter Odins klatschnassem Mantel Zuflucht vor dem Regen suchten und keine fanden.

»Völva! Zum Hammer nochmal! Ich weiß, dass du da drin bist!«

Tatsächlich begann der Schlamm unter Odins Füßen jetzt sich seltsam zu kräuseln – und Odin konnte gerade im letzten Moment noch zur Seite springen, bevor der Boden nachgab, weil die Völva sich an die Oberfläche wühlte.

»Wie wäre es mal mit ‚bitte entschuldige die Störung'?«, knurrte sie und wischte sich eine Handvoll Matsch von dort, wo einmal ihre Augen gewesen sein mussten. Ihr Körper war vom langen Liegen unter der Erde schon ganz schön mitgenommen, und sie roch ziemlich streng. So streng, dass Odin hörbar ein Würgen unterdrücken musste.

Was der Seherin nicht entging.

»Das ist nicht sehr schmeichelhaft, weißt du«, zischte sie gekränkt und begann sofort damit, sich wieder einzubuddeln.

»Tut mir leid«, versuchte Odin die Situation zu retten. »Ich habe gestern etwas Falsches gegessen.«

»Na, wenigstens lässt du dir beim Lügen was einfallen.«

Schnaufend bückte sich die Völva. Nach ihrer Kniescheibe, die sich beim Aufstehen von ihrem linken Bein gelöst hatte. Vorsichtig hob sie die kleine Knochenplatte auf und stopfte sie in ihren Gürtel, der als einziges ihrer Kleidungsstücke noch nicht vermodert war.

»Wer bist du? Und was willst du hier?«, ächzte sie dann.

»Mein Name ist Wegtam«, log Odin. »Das bedeutet ‚der, der die Wege gewohnt ist'. Ich bin der Sohn des Waltam, was so viel heißt wie ‚der Schlachtgewohnte'.«

Doch vor Angst um Baldur und vor Aufregung zitterte Odins Stimme, er wirkte alles andere als glaubwürdig und die Völva alles andere als überzeugt. Prüfend blickte sie den Allvater aus ihren leeren Augenhöhlen an. »Du bist Odin Allvater und wegen Baldurs Traum hier, stimmts?«, schnarrte sie dann. »Und ich würde dir gern etwas Nettes sagen, aber …«

Odin wollte etwas entgegnen, aber seine Kehle war plötzlich wie zugeschnürt, und ihm stiegen Tränen in die Augen. Weil er bereits ahnte, was nach dem »aber« kommen würde.

»Aber leider wird Baldur bald sterben. Sein Bruder Hödur wird ihn töten. Deshalb wird Hödur dann auch sterben, und das wiederum ist dann der Anfang vom Ende.« Ihre Stimme klang monoton. So als empfände sie keinerlei Anteilnahme. »Ist, wie es ist, ich kann´s nicht ändern«, ergänzte sie noch trocken und grub sich dann mit enormer Geschwindigkeit wieder ein. Während Odin einfach nur dastand, in seinen Grundfesten erschüttert, als hätte ein Blitzschlag ihn getroffen oder ein herumfliegender Amboss.

Frigg erwartete ihren Mann bereits am Fuß der Regenbogenbrücke, die die Götterpaläste Asgards mit der Menschenwelt verband. Doch wo sonst bei seiner Heimkehr eine voller Vorfreude lachende, blendend schöne Göttin ihre Arme ausbreitete, stand jetzt eine gebrochene Frau. So schwach und voller Gram, dass der Gott **HEIMDALL**, dessen Aufgabe es war, die Regenbogenbrücke zu bewachen, sie stützen musste, bis Odin das Ende der Brücke erreicht hatte.

Minutenlang hielten die beiden obersten Götter einander fest. Unendlich verzweifelt und völlig ratlos. Bis Frigg schließlich durchatmete. »Du hast recht«, meinte sie. »Völlig egal, ob sich das Schicksal ändern lässt oder nicht, wir müssen etwas unternehmen.«

In Windeseile beriefen Odin und Frigg den Rat der Götter ein und baten verzweifelt die anderen Asen und Wanen um Hilfe. Aufgeregt und in größter Sorge um ihren Liebling Baldur redeten alle Gottheiten wild durcheinander. Bis Heimdall um Ruhe bat.

»Hödur würde Baldur niemals mit Absicht töten«, überlegte er. »Wahrscheinlich geschieht ein Unfall. Entweder reißt er versehentlich etwas um, das dann auf Baldur fällt, oder entfacht unabsichtlich ein Feuer.«

»Wenn es Baldurs und Hödurs Schicksal ist, dass ihnen ein Unfall zustößt, dann sollten wir einfach dafür sorgen, dass dieser Unfall keine Folgen hat«, knüpfte der weise Meeresgott Njörd an Heimdalls Gedanken an – was schließlich Frigg auf die alles entscheidende Idee brachte: »Am besten, wir lassen sämtliche Dinge in den neun Welten einen Eid schwören, dass sie Baldur nie und nimmer etwas tun! Dann kann jeder noch so schlimme Unfall geschehen und Baldur wird trotzdem nichts passieren.«

Gesagt – getan. Um ganz sicher zu gehen, dass auch alles richtig gemacht wurde, zog Frigg höchstpersönlich durch sämtliche neun Welten und nahm allem, was darin war, den alles entscheidenden Eid ab: »Bei meinem Heil und allem, was mir lieb ist, schwöre ich, Baldur niemals zu schaden!«

Diesen Eid schworen das Feuer und das Wasser, die Berge, die Pflanzen, der Erdboden, alle Arten von Holz, Metall und Gestein, jedes Tier, jedes Wesen, ob Mensch, Riese, Gottheit, Alf oder Zwerg, der Himmel, jeder einzelne Stern und … und … und …

Am Ende, stellte Frigg erleichtert fest, gab es in allen neun Welten wirklich nichts und niemanden Bedrohliches mehr. Und nicht einmal mehr die schärfste Waffe konnte Baldur das geringste Leid zufügen. Jede Pfeilspitze verfehlte ihn, jede Klinge wurde stumpf, jedes Geschoss flog an ihm vorbei und jeder Stock zerbrach.

Was ganz erstaunlich anzusehen war.

So erstaunlich, dass die Asen – allen voran Baldur selbst – sich immer wieder einen Spaß daraus machten, auszuprobieren, mit was für eigentlich tödlichen Dingen sie ihn noch angreifen könnten. Sie warfen Steine, Vasen, Stühle, Tische, Messer, Äxte und brennende Fackeln … aber jedes Mal blieb Baldur vollkommen unversehrt.

Mit dem Wissen, jetzt tatsächlich unverwundbar zu sein, kehrte die Unbekümmertheit des Lieblings aller Götter schon bald zurück. Auch Nanna und Odin hörten auf, sich Sorgen zu machen. Zwar erinnerte sich der Allvater immer mal wieder voller Grauen an das, was die Seherin zu ihm gesagt hatte. Aber, überzeugt davon, den Lauf der Dinge überlistet zu haben, glaubte er fest daran, dass Baldur trotzdem weiterleben würde.

Nur Frigg lag seitdem jede Nacht wach, Kummer und Angst im bildschönen Gesicht. Weil sie wusste, wie viele bereits versucht hatten, das Schicksal auszutricksen seit Anbeginn der Zeit – und dass es bis zu diesem Tag niemandem gelungen war.

Auch wenn sie es noch nicht wahrhaben wollte: Es würde unmöglich sein, ihren Sohn zu retten.

Oder ihre Söhne. Viele Wissenschaftler vermuten schließlich, dass der blinde Hödur, der stark ist und großherzig und immer um Frieden bemüht, ebenfalls Friggs Sohn ist. Genau wie **HERMOD**, der Mutige, von dem noch zu lesen sein wird, wie er aus Liebe zu seinem Bruder Baldur zum Helden wird.

Warum nicht von vornherein klar ist, dass Baldurs Brüder auch Friggs Kinder sind?

Weil es nirgendwo in den alten Texten steht. Und weil Odin noch jede Menge Kinder mit anderen Frauen hat. Mit Göttinnen, mit Riesinnen und, wie man munkelt, sogar mit Menschenfrauen.

Frigg hat damit erstaunlicherweise gar kein Problem. Aus heutiger Sicht betrachtet scheint es sogar fast, als führten die zwei obersten Gottheiten so eine Art ‚offene Beziehung' oder lebten ‚Polyamorie'. Denn auch Frigg werden andere Liebschaften nachgesagt – über die dann wiederum Odin kein Wort verliert. Weswegen es sogar möglich wäre, dass Baldurs Brüder zwar Frigg als Mutter, aber andere Väter haben.

Zum Beispiel ausgerechnet Odins Brüder Vili und Ve!

Damals ging es allerdings um wesentlich mehr als nur um ein lustiges Abenteuer für Frigg.

Wie Frigg Vili und Ve überlistete

Odin war von einer seiner Reisen nämlich eine halbe Ewigkeit nicht zurück nach Asgard gekommen. Er hatte auch niemandem Bescheid gesagt, wo er hingegangen war. Frigg wusste es ja ohnehin und alle anderen hatte es nicht zu interessieren.

Auch nicht seine Brüder Vili und Ve. Weshalb, je länger der Allvater wegblieb, ein verhängnisvoller Gedanke in ihren Köpfen zu rumoren begann: Was, wenn jetzt vielleicht einer von ihnen an Odins Stelle zum Obergott aufsteigen könnte? Natürlich nur als Notlösung. Einer musste den Job ja machen, jetzt, wo Odin ziemlich sicher tot war. Und wer sollte das tun, wenn nicht sie? Schließlich hatten Vili, Ve und Odin damals gemeinsam die Welten erschaffen.

Frigg, die natürlich wusste, dass ihr Mann lebte, beobachtete die Begehrlichkeiten der Brüder mit Sorge. Odin würde noch eine ganze Weile wegbleiben – und da es nur einen Obergott geben konnte, würden Vili und Ve sicher bald anfangen, um die Macht in Asgard zu streiten. Beide waren ähnlich temperamentvoll wie Odin. Es war nicht auszuschließen, dass sie gegeneinander kämpfen würden – und vielleicht sogar versuchen würden, einander zu töten. Und selbst, wenn sie nur versuchten, andere Gottheiten für die Unterstützung ihrer Sache zu gewinnen – in Asgard und Vanaheim würde eine Zeit großen Unfriedens anbrechen. Vielleicht sogar ein Krieg.

Nicht nur Menschen, sondern auch Götter mussten manchmal vor sich selbst geschützt werden.

Weswegen Frigg beschloss, Vili und Ve zu überlisten, und die beiden zu sich rief. Um ihnen, mit entsetzlich trauriger Miene, mitzuteilen, dass es wohl Zeit war, sich mit dem Tod ihres geliebten Mannes und Bruders abzufinden und einen neuen Obergott zu erwählen. Schon vor langer Zeit, log sie, habe Odin Vorkehrungen für den Fall getroffen, dass er von einer seiner Reisen nicht zurückkehrte. Dann sollte derjenige seiner Brüder Obergott werden, der die Liebe Friggs für sich gewinnen konnte. Schließlich war sie noch immer die oberste Göttin. Daran änderte auch Odins Tod nichts. Sie allein musste entscheiden, wer neben ihr auf dem Thron Hlidskjalf sitzen sollte.

Da Frigg, wie wir ja bereits wissen, eine ganz hervorragende Lügnerin war, zweifelten Vili und Ve nicht einen Augenblick an Odins vermeintlichem Plan. Um so weniger, als Frigg ihnen mit einem einzigen, verführerischen Lächeln die Sinne vernebelte.

Schon bald überboten sich die Brüder darin, Frigg Geschenke zu machen und Feste für sie zu geben. Wann immer es ging, versuchten sie, Zeit mit ihr zu verbringen und dann ganz besonders zuvorkommend, liebevoll, einfallsreich und faszinierend zu sein, um sie zu einer Entscheidung zu bewegen.

Was für Frigg, obwohl sie Odin sicher vermisste, wohl nicht die schlimmste Art von Zeitvertreib bedeutete. Schließlich mochte sie ihre zwei Schwager. Zumal beide Odin nicht ganz unähnlich waren und die Sehnsucht nach ihrem Mann so zumindest ein klein wenig gemildert wurde.

Allerdings wären Vili und Ve nicht Odins Brüder gewesen, wenn sie nicht schon bald auch ungeduldig geworden wären.

Deshalb machte Frigg, sobald sie zu viel Wut oder Verzweiflung spürte, beiden immer aufs neue ein klein wenig Hoffnung. Erst nur mit einer zufälligen Berührung, dann mit einer zarten Umarmung, später mit einem vorsichtigen Kuss …

Viele Jahre vergingen auf diese Weise. So viele, dass die anderen Gottheiten irgendwann zu tuscheln begannen. Um so mehr, als Frigg irgendwann dazu überging, immer abwechselnd eine Nacht bei Vili und eine bei Ve zu verbringen.

»Frigg ist so mannstoll, dass sie sich gar nicht entscheiden will«, stichelte **LOKI**, der Feuergott. Und obwohl alle anderen Gottheiten empört protestierten, dachten sie heimlich dasselbe.

Was Frigg natürlich wusste. Weil sie aber ebenso wusste, dass es noch nicht an der Zeit war, schwieg sie nur und nahm die Vorwürfe mit einem Lächeln.

Frigg

So lange, bis sich eines Morgens am Ende der Regenbogenbrücke ein Wanderer näherte. Der trug einen blauen Mantel und einen Schlapphut, zwei Raben flogen um ihn herum, und vor ihm und hinter ihm bewachten zwei Wölfe jeden Schritt.

Odin war zurück!

Heimdall bekam auf seinem Wachtposten den Mund nicht mehr zu vor Staunen und riesiger Freude – weswegen ganz Asgard und Midgard plötzlich aussahen, als hätten die Zwerge es über Nacht mit rotem Gold überzogen. Weil Heimdall goldene Zähne besaß, die nun mit **DELLING**, dem Gott der Morgenröte und der aufgehenden Sonne, um die Wette strahlten.

Und mit Frigg, die angerannt kam und ihren geliebten Mann mit weit offenen Armen am Fuß der Brücke empfing.

»Wie geht es dir?«, fragte Odin, vom ersten, langen Kuss noch ein wenig außer Atem.

»Ich habe Asgard vor einem Krieg bewahrt«, antwortete Frigg und lächelte.

Odin verstand sofort, was seine Frau damit meinte – und musste durchatmen. Weil dem wütendsten aller Götter Eifersucht natürlich nicht fremd war.

Dann aber erinnerte er sich an das, womit er selbst die vergangenen Jahre verbracht hatte. Und daran, dass Frigg jede Einzelheit davon wusste. Wahrscheinlich sogar noch genauer als er selbst.

»Und? Hat es Spaß gemacht?«, fragte er deshalb nur und lächelte zurück.

»Vielleicht«, meinte Frigg. Und ihr Lächeln wurde zu einem breiten Grinsen.

Heimdall, der weiter Wache gehalten und versucht hatte, die zwei Liebenden dabei möglichst wenig zu stören, fing an zu lachen. Vor Erleichterung, dass Odin zurückgekehrt war – und, weil er mit einem Mal endlich verstand, weshalb Frigg sich die ganze Zeit so seltsam verhalten hatte.

»Du hast eine tolle Frau!«, flüsterte er Odin ehrlich beeindruckt zu.

»Ich weiß«, schmunzelte der Allvater und küsste Frigg gleich noch einmal.

Nicht nur Odin und Frigg, auch die meisten anderen Gottheiten scheinen sich in Liebesdingen eine Menge Freiheiten zu lassen.

Was dazu führt, dass es unter den Asen, Wanen und Riesen jede Menge Halbgeschwister gibt – und teilweise derart verworrene Patchwork-Familienverhältnisse, dass man kaum mehr durchblickt.

Zum Beispiel streiten Experten, Gelehrte und andere Interessierte seit langer Zeit leidenschaftlich über die Verwandtschaftsangelegenheiten der Erdgöttin **FJÖRGYN**.

Bevor er Frigg geheiratet hat, war Odin nämlich mit Fjörgyn zusammen, und die beiden haben einen gemeinsamen Sohn.

Aber es ist ausgerechnet Frigg, die in der Edda den Beinamen ‚Frigg Fjörgynsdottir' trägt. Also ‚Fjörgyns Tochter'.

Wie jetzt? Heißt das etwa, Odin hat ein Kind mit der Mutter seiner Frau?!

»Auf keinen Fall!«, protestieren die einen.

Und sind fest davon überzeugt, dass Friggs Fjörgyn gar nicht Odins Fjörgyn ist, sondern ein Mann! Ein männlicher Gott namens Fjörgyn, der zwar nirgendwo sonst erwähnt wird, erstaunlicherweise aber denselben Namen trägt wie die alte Erdgöttin und Friggs Vater ist.

Allerdings wohnen in Island auch so einige Menschen, deren Nachname sich aus dem Namen der Mutter ableitet. Weswegen es heutzutage auch eine Menge Menschen gibt, die glauben, dass Odin – als Extrem-Patchworkvater – tatsächlich ausgerechnet die Tochter seiner Exfreundin geheiratet und mit ihr mindestens ein Kind gezeugt hat!

Wer recht hat?

Lassen wir die anderen darüber streiten und widmen uns lieber diesem Sohn Fjörgyns und Odins, der – möglicherweise – auch gleichzeitig der Halbbruder der Frigg ist.

THOR heißt er.

Und wer weiß, ob es uns Menschen ohne diesen stärksten und großherzigsten aller Asen überhaupt noch gäbe. Denn es ist Thor, der unsere Menschenwelt mit seinem Wunderhammer Mjöllnir vor dem überschäumenden Temperament der Riesen beschützt. Wenn er gegen sie kämpft, donnert und blitzt es bei uns in Midgard, weswegen er in manchen Gegenden auch Donar – der Donnergott – genannt wurde. Zum Dank für seinen Schutz haben die Menschen, die einander von Yggdrasil erzählten, damals den Donarstag ausgerufen – der uns bis heute als Donnerstag erhalten geblieben ist.

Genau wie sein Vater Odin ist auch Thor ein Patchworkvater. Seine Frau **SIF** hat von einem anderen Mann schon ihren Sohn **ULLR**, den Wintergott, mit in die Ehe gebracht, und gemeinsam haben sie eine Tochter, die **THRUD** heißt. Später werden wir hören, dass Ullr sich mit der schönen Riesin Skadi zusammentut, die ihrerseits Kinder von Odin hat, womit – um das Familien-Patchwork auf die Spitze zu treiben – Thors Vater Odin auch gleichzeitig der Schwiegervater von Thors Stiefsohn ist. Und für alle, die dachten, dass sei schon kompliziert genug, soll auch nicht verschwiegen werden, dass Thor vor seiner Ehe mit Sif noch zwei Söhne namens **MAGNI** und **MODI** mit der Riesin **JARNSAXA** gezeugt hat … Puh!

Erstaunlicherweise – da haben die Gottheiten und Riesen uns Einiges voraus – liest man eigentlich nirgendwo in den uralten Texten von Streit, der wegen dieser ja doch ganz schön verschachtelten Familienverhältnisse entstand.

Es gab ja auch wirklich Wichtigeres zu tun. Für Thor zum Beispiel Asgard und Midgard zu beschützen.

So wie damals vor dem Riesen **HRUNGNIR**.

Warum Thor einen Wetzstein im Kopf hat

Hrungnir war nicht irgendein Riese. Er war der gewaltigste und stärkste Riese von allen. Welcher Riesenart er genau angehörte, hat niemand aufgeschrieben, aber es wird erzählt, dass er nicht nur einen steinernen Schädel und einen steinernen Schild besaß, sondern auch ein Herz aus Stein. Was zum einen darauf hindeutet, dass er nicht besonders mitfühlend war und zum anderen wohl ein Fels- oder Geröllriese.

Diese gigantischen Kreaturen lebten meist einsam in den kargen Gebirgen Utgards und sahen nicht viel von der Welt. Weil sie sich eigentlich nur laufend fortbewegen konnten – normale Pferde konnten ihre Körpermassen schließlich nie im Leben tragen oder in einer Kutsche ziehen.

Um so stolzer war Hrungnir, dass er ein Pferd besaß, das dafür stark genug war. Gullfaxi hieß es, und es war nicht nur das gewaltigste Ross von ganz Yggdrasil, sondern erstaunlicherweise auch eines der schnellsten. Weswegen Hrungnir so ziemlich jede Gelegenheit nutzte, sein Pferd in allen Details mit anderen Pferden zu vergleichen und mit Gullfaxis Stärke und Schnelligkeit zu prahlen. So wie es heutzutage bei uns in Midgard die Menschenmänner tun, wenn sie ein besonders vortreffliches Auto oder Motorrad besitzen.

Da sich seine Burg aber ganz am äußeren Rand Jotunheims befand, hatte er dazu nicht so oft Gelegenheit.

Um so mehr begannen Hrungnirs Augen vor Freude zu glänzen, als Odin auf einer seiner Reisen an das Tor seiner Burg klopfte und der Riese vom Burgwall herunter Sleipnir, den prächtigen Hengst des Obergottes, erblickte.

»Hübsches Pferdchen hast du da«, rief Hrungnir sofort spöttisch zu Odin herunter, »nur leider sieht es aus wie ein Verlierer.«

»Ach ja?«, entgegnete der Allvater belustigt. Denn ganz offensichtlich hatte der Riese keine Ahnung, wen und wessen Pferd er da vor sich hatte.

»Oh ja! Ein Verlierer! Mein Pferd Gullfaxi beschleunigt in anderthalb Sekunden von Null auf tausend und hat dich schon abgehängt, bevor deine olle Mähre überhaupt losgelaufen ist«, tönte der Riese weiter.

Was er möglicherweise gelassen hätte, wenn er Odins Ross nicht von oben, sondern von der Seite gesehen hätte.

Wahrscheinlich wäre dann auch ihm aufgefallen, dass Odins Hengst **SLEIPNIR** nicht nur vier, sondern gleich acht Beine besaß – was ihn zum unangefochten schnellsten Pferd in ganz Yggdrasil machte. Und zu einer echten Berühmtheit. Nicht einmal der Wind, ein Blitz oder das Eichhörnchen Ratatösk, so sagte man in sämtlichen neun Welten, schafften es, Sleipnir einzuholen.

»Wenn du meinst.«, meinte Odin und grinste siegessicher. »Nichts gegen dein Pferd, aber ich würde meinen Kopf darauf verwetten, dass es ein Rennen gegen meines verliert.«

»Deinen Kopf?«, der Riese lachte hämisch. »Dann genieße jetzt die letzten Minuten deines Lebens!«

Ganz kurz tauchte Hrungnir hinter seinem Burgwall ab, es rumpelte fürchterlich – und schon im nächsten Augenblick hatte der Riese auf seinem gigantischen Ross seine eigene Burgmauer übersprungen! In rasendem Tempo stobten Ross und Reiter auf und davon.

Achselzuckend sah Odin den beiden hinterher.

»Das war nicht sehr gastfreundlich«, seufzte er. »Ich habe Durst.«

Sehr langsam und mit einem leisen Ächzen bestieg er dann seinen achtbeinigen Hengst …

… und hatte Hrungnir im nächsten Augenblick eingeholt!

»Was … was machst du hier?!«

Beinahe wäre Hrungnir vom Pferd gefallen, als er Odin bemerkte, so fassungslos war er. Wütend trat der Riese Gullfaxi in die Seiten, damit dieser schneller lief, aber Odin ritt immer direkt neben ihm. Seelenruhig und mit einem breiten Grinsen in seinem Gesicht.

»Schneller!«, brüllte Hrungnir, gab Gullfaxi Klapse auf den Hintern, bis das arme Tier Schaum vor dem Maul hatte, aber es half alles nichts. Um so weniger, weil Odin jetzt direkt vor ihnen ritt und Hrungnir die Unmengen von Staub und Sand, die Sleipnirs acht Hufe aufwirbelte, direkt in seine Augen bekam. Rasend vor Schmerz und Ärger peitschte der Riese sein Pferd weiter, sah aber immer nur Odins Rücken und Sleipnirs Hinterteil, umwabert von einer riesigen Staubwolke.

Bis Odin schließlich stehenblieb.

Vor Schreck bockte Gullfaxi, warf Hrungnir in hohem Bogen vom Pferd – und mit einem furchtbaren Getöse krachte der Felsriese mitten in einen prachtvoll geschmückten Innenhof.

Odin stand dort bereits und lehnte pfeifend an einem vergoldeten Mauervorsprung.

Ziemlich benommen rieb Hrungnir seine schmerzenden Knochen, rappelte sich auf, sah sich um – und erkannte entsetzt, wo es ihn hinverschlagen hatte.

Asgard!

Seufzend rieb Hrungnir sich den Staub aus den Augen.

»Ich hab´s geahnt«, schnaufte er dann, als er Sleipnirs acht Beine und mit ihnen auch den Allvater erkannte.

»Das … das war unfair, Odin! Du hättest mir auch einfach sagen können, wer du bist!«

»Du hättest mich nur zu fragen brauchen«, schmunzelte Odin und holte den Pferden frisches Wasser. Nicht nur Sleipnir, sondern auch Gullfaxi, man war schließlich gastfreundlich in Asgard.

»Aber du hast dich wirklich nicht übel geschlagen.«

Odin grinste. »Wie wäre es, wenn wir den Wettstreit einfach hier beenden und du stattdessen heute Nacht mein Gast bist?«

Hrungnir fühlte sich von so viel Freundlichkeit erst recht gedemütigt.

»Damit dein Sohn Thor mir eins mit seinem Hammer über den Schädel zieht?«, engegnete er mürrisch. »Keinen Augenblick will ich dort zu Gast sein, wo jemand uns Riesen so hasst.«

»Was für ein Blödsinn!«, meinte Odin. »Thor hat zwei Kinder von einer Riesin! Außerdem ist er gerade sowieso nicht hier.«

»Ach? Wo ist er denn?«

»Im Osten.«

»Und was macht er da? Hä?«

»Phh …«, suchte Odin etwas verlegen nach Worten.

»Riesen töten«, fiel Thors Frau Sif Odin grinsend ins Wort. Mit einem großen Horn Met in der Hand hatte sie sich unbemerkt aus einer Seitengasse genähert und half Hrungnir hoch. »Aber nur solche, die sich schlecht benehmen.«

»Na schön«, seufzte der Riese, verzaubert vom Charme der Göttin. Und leerte, weil er von dem vielen Staub wirklich zu großen Durst bekommen hatte, um das Angebot auszuschlagen, das Horn in einem Zug.

Sofort rief Odin alle Asen und Wanen in seine große Halle. Eine Riesenmenge göttlich leckerer Speisen wurden aufgetragen und der Met floss in Strömen.

Genau damit konnte Hrungnir, der draußen in Jotunheim nur sehr selten in den Genuss von Honigwein kam, aber leider absolut nicht umgehen. Gierig schüttete er Horn für Horn in sich hinein, und schon bald war er so betrunken, dass er nur noch lallte – und jegliche Selbstbeherrschung verlor.

»Vielleichhh … hatddein Pffferd mein Pffferd besssiegt, Odin«, mit glasigen Augen und bereits gefährlich schwankend beugte der Riese sich zu Odin herüber. »Abber michh … ! Michhh würdesssu … niiieee besiegn, niiiieeeemals, ddu … duuuuuuu…« Mit einem grässlichen Schlürfen sog der Riese ein ganzes Horn Met auf einmal ein. »Dddddduuuu… eeinäugige … Pissnelke, ddu!«

»Was?«

Odin war fassungslos. Kein Gast jemals hatte es gewagt, den Allvater derart zu beleidigen. Wütend wollte er ihm etwas Passendes entgegenbrüllen, konnte sich aber einen Moment zu lange nicht zwischen »dreckiger Steinscheißer« und »strunzdummer

Felsenkacker« entscheiden. Weshalb Frigg es gerade noch schaffte, dazwischenzugehen und ihrem Mann beruhigend die Hand auf den Arm zu legen.

»Warte damit lieber, bis Thor zurückkommt«, flüsterte sie.

Odin erschrak. Er hatte ganz vergessen, dass sein Sohn noch immer draußen in Utgard war! Zwar waren die Asen, Männer wie Frauen, allesamt sehr tapfere, geübte Kämpfer, aber ohne Thors Hammer Mjöllnir war ein Exemlar wie Hrungnir nicht in den Griff zu bekommen.

Eilig wechselte Odin einen Blick mit Heimdall. Der Wächter des Bifröst hatte Ohren wie ein Luchs und natürlich gehört, was Frigg gesagt hatte. Er verstand sofort. Thor musste her! Schnell!

»Ich geh dann mal wieder auf meinen Wachtposten«, meinte der Götterwächter so beläufig wie möglich, nickte dem Allvater noch einmal zu und verließ möglichst unauffällig die Halle.

Während Odin versuchte, Hrungnir zu beruhigen.

»Lass gut sein«, brummte der Allvater nachsichtig, währed Sif und Freya, die Hrungnir gegenübersaßen, den Met des Riesen heimlich mit Wasser verdünnten.

Was aber nichts half.

Immer mehr prahlte und protzte Hrungnir sich in Rage.

»Wennich … wennich wwollte«, krakeelte er mit schwerer Zunge und so laut, dass die Schilde auf dem Dach Wallhalls zu wackeln begannen, »Wennich wwwollte, kkönntich euchh … aussslöschn könntich euchh! Eeeuch aaalle! Mmmit … eimm einsssigen Fffaussssstschlag … !«

»Pfffffüüüü …«

Odin musste sehr tief durchatmen. Und während Loki, der Feuergott, und die Götterbotin Gna sich bemühten, ein etwas hysterisches Kichern zu unterdrücken, beschloss der Allvater, ganz leise ‚Isa', die Rune des Eises und der Ruhe, vor sich hinzusummen, um seiner immer größer werdenden Wut entgegen zu wirken.

»Iiiiisssssaaaaaaa…«

»Jawwwohl! Ausssslöschnnn! Alle! Bissssauf die beidn Mädelssss da!«

Schielend zeigt Hrungnir auf Freya und Sif.

»Dddie Mmmädlsss … ddie nehmmich mmit! Sssu mmir! Un dddie … ganzze Hhhalle vvon Wwallhalll! Dddie nehmmmich aauch mmit! Ssu mmir …«

»Iiiiiiiiiisssssssaaaaaa…«

»Abbber vvorher … ssauffich euch hier alles weg! Euren gansssen Schheiss Met sssauffich euch wweg! Ssso wwie Wasser sssauffich den!«

»Pfüüüüüüüü… iiiissssssaaaaaaaa…«

»Ich finde Steinscheißer übrigens besser.«

Frigg hatte so laut gesprochen, dass alle es hatten hören können und sie erschrocken ansahen.

Drohend baute sich Hrungnir vor Odin und Frigg auf.

»Wwwwwas hassssu ggessssagt?«, brüllte er.

Aber Frigg grinste nur. Weil sich jetzt direkt hinter Hrungnir das Tor der großen Halle öffnete – und der Gott eintrat, den alle Riesen am meisten fürchteten.

»Steinscheißer hat sie gesagt!«, röhrte Thor in die Halle, so laut, dass der Zauber-eber Sährimir an seinem Spieß vibrierte.

»Und jetzt mach ich dich zu Kies!«

Drohend schwang Thor seinen Hammer Mjöllnir, den Zermalmer, in der Luft.

Einen kurzen Augenblick hatte es dem Riesen die Sprache verschlagen, so erschrocken war er. Aber der viele Alkohol hatte ihn furchtlos gemacht, weswegen er plötzlich anfing, etwas schief zu grinsen.

»Mmmmomment mmmaaaal«, lallte er. »Iiich … iich bbin … kkomplett … ooohnnne Wwwwaffn hhier … hhier hhhergerittn! Dddu…. dddu bisssdoch … wwwohl nnichsso eeehrlos unnn … unnn eeerhebsss ddein Hhhhammer… ggegn … gegggnnn … eeeinnnn Uuunbewafffnetn!«

Stille.

Nur ganz leise war weiter Odins Durchatmen zu hören. So tief er nur konnte.

Denn so betrunken Hrungnir war und so viel er auch ohne Waffen in Asgard hätte kaputtmachen können: Der Riese hatte leider recht. Man erhob seine Waffen nicht gegen Unbewaffnete. Das war ehrlos. Und was nun?

»Iiiiich … iiich fffordere Thhhor … sssum Ddduell!«, grölte Hrungnir die Lösung des Problems gleich selbst hinterher. »Jjjawwohl! Mmmmoorgn fffrrrühh … eeeein Dddduelll! Mmmit Thhhhooor! Ddeeer aaaltn … Pppisssnnnellkke«

»WAS?!«, donnerte Thor und wollte sofort wieder zu seinem Hammer greifen. Aber Odin tat es seiner Frau gleich und legte ihm beruhigend die Hand auf den Arm. »Lass gut sein. Er kennt nur das eine Schimpfwort.«

Ein Riese hatte Thor zu einem Zweikampf herausgefordert? Wie ein Lauffeuer verbreitete sich die Sensation unter den anderen Riesen in Jotunheim. Nie zuvor hatte einer von ihnen sich so etwas getraut. Weil der Donnergott, solange er seinen Hammer Mjöllnir dabei hatte, eigentlich als unbesiegbar galt. Aber immerhin war Hrungnir der stärkste und gewaltigte Riese von allen. Was, wenn es doch möglich war, Thor endlich loszuwerden? Dann könnte man sich unten in Midgard endlich mal ungestört amüsieren, anstatt den Tod fürchten zu müssen, sobald man sich in den neun Welten mal frei bewegen wollte.

Voller Groll gedachten sie der vielen Riesen, die Thor bereits auf dem Gewissen hatte und beschlossen, Hrungnir zu unterstützen.

Ganz sicher würde es helfen, dem verhassten Riesentöter erst einmal ordentlich Angst einzujagen. Sehr geschäftig begannen sie deshalb, Unmengen an Lehm zusammenzutragen. So viel, dass ein Berg entstand, der fast bis zum Himmel reichte.

In aller Frühe – Delling, der Gott der Morgenröte war gerade erst dabei, den Nachthimmel am unteren Ende ein wenig lila zu färben – kam Thor mit seinen Dienern, den Menschenkindern Thjalfi und Röskwa, auf einem riesigen abgeernteten Feld an. Hier sollte in ein paar Stunden der Zweikampf stattfinden. Angst hatte der Riesentöter keine. Er hatte schließlich noch nie einen Kampf gegen einen Riesen verloren.

Aber Hunger hatte er. Also erst einmal frühstücken. Denn neben Thors Stärke und seiner Gutmütigkeit war es eine seiner herausragendsten Fähigkeiten, so viel essen zu können – und zu wollen – wie niemand sonst in allen neun Welten.

Was auf Reisen eigentlich ein ziemliches Problem gewesen wäre. Wegen der Unmengen an Proviant, die er hätte mitnehmen müssen. Zum Glück gab es da aber noch die Ziegenböcke Tanngniostr und Tangrisnir. Ihre Namen bedeuteten so viel wie ‚Zähneknirscher' und ‚Zähneknisterer', was das elektrische Knistern von Blitzen beschrieb. Genauso blitzschnell konnten die zwei Böcke nämlich laufen, und wo immer sie entlanggaloppierten, brannte die Erde von der Reibungshitze unter ihren Hufen, und sie hinterließen eine Spur aus verkohlter Erde. So als hätte dort gerade ein Blitz eingeschlagen.

Was das alles mit Thors Proviant zu tun hat?

Zähneknirscher und Zähneknisterer waren der Proviant! Denn genau so wie der Koch Andhrimnir den Eber Sährimir in Walhall konnte Thor die beiden immer aufs neue schlachten, grillen und verspeisen. Schon ein paar Stunden nach dem Essen standen Tanngniostr und Tangrisnir wieder quicklebendig vor ihm, warteten darauf, an ihren Streitwagen angeschirrt zu werden und den Donnergott in vollem Galopp ans nächste Ziel zu tragen – oder erneut geschlachtet zu werden.

Allerdings – und das war wichtig – mussten ihre Häute und alle ihre Knochen unversehrt bleiben.

Eine Bedingung, die dem kleinen Thjalfi beinahe zum Verhängnis geworden wäre, als er den Donnerer zum ersten Mal getroffen hatte.

Damals war Thor, zusammen mit Loki, dem Feuergott, nämlich in Midgard bei Thjalfis Familie zu Gast gewesen. Da der größte Freund der Menschen aber wusste, wie arm seine Gastgeber waren, hatte er nicht bewirtet werden wollen, sondern stattdessen lieber für alle ein Festmahl aus Zähneknirscher und Zähneknisterer zubereitet. Dankbar für die herrliche Mahlzeit hatten die armen Bauern den ganzen Abend mit Thor und Loki zusammengesessen, das Fleisch genossen und die Asen und Wanen gepriesen.

Vor dem Essen hatte Thor allerdings alle streng ermahnt, das Skelett der Tiere unbedingt heil zu lassen. Aber Thjalfi war vor Hunger zu unvorsichtig gewesen. Aus Versehen hatte er mit seinem Messer einen der Unterschenkelknochen aufgebrochen, und – weil er nun ja ohnehin kaputt war – gleich noch das leckere Mark herausgeschlürft, bevor die Reste unauffällig zwischen den anderen verschwanden.

Am Morgen waren dann alle von Thors Gebrüll aufgewacht. Tanngniostr hatte gelahmt! Jemand musste gedankenlos mit den Knochen umgegangen sein! Vor lauter Wut griff Thor – obwohl doch der Beschützer der Menschen – unwillkürlich zu seinem Hammer. So fest, dass seine Knöchel ganz weiß wurden, die armen Bauern verzweifelt ihren ganzen Besitz als Entschädigung anboten und weinten vor Angst. Am meisten natürlich Thjalfi, wegen seines furchtbar schlechten Gewissens – und seine kleine Schwester Röskwa, vor Entsetzen über die Tränen ihres großen Bruders.

Menschen weinen sehen – das konnte der großherzige Donnergott noch nie. Schon gar keine Kinder. Weswegen er sich sofort wieder beruhigte und einen Vorschlag machte: Wie wäre es, wenn Thjalfi und Röskwa ihn ab jetzt als Diener begleiteten? Dann könnten sie jeden Tag das gute Fleisch der beiden Böcke essen – und Thjalfi könnte seinen Fehler wieder gut machen.

Seitdem waren Thjialfi und Röskwa mit an Thors Seite schon in unzählige Abenteuer gezogen. Nur, wenn der Donnerer befürchtete, dass es zu gefährlich werden könnte, nahm er sie nicht mit.

Heute nach dem Frühstück aber, wenn Thor dem aufgeblasenen Hrungnir zeigte, wo der Hammer hing, würde es sicher vor allem lustig werden.

Doch das Feuer für den Bratspieß war gerade angefacht, als sich mit einem Mal der Himmel verdunkelte. So sehr, als wäre plötzlich Nacht. Verwundert blickten Thor, Thjalfi und Röskwa nach oben – und einen kurzen Moment lang erstarrten sie vor Schreck.

Denn vor – oder besser über ihnen – stand der mit Abstand gigantischste Riese, den sie alle jemals gesehen hatten. Bis hoch in die Wolken reichte sein ungeheurer Körper, und seine Füße waren größer als Walhall.

»Wer stört mich da beim Frühstück?«, fand Thor aber schnell seine Fassung wieder, griff nach seinem Hammer und holte drohend aus.

Seltsamerweise stand der Riese aber einfach nur da und rührte sich nicht. Er machte auch keinerlei Anstalten, Thor anzugreifen.

Verwundert – und schon wesentlich weniger erschrocken – schlich Röskwa sich zu einem der Füße des Riesen und betastete sie.

»Der ist aus Lehm«, stellte sie verwundert fest. »Habt ihr jemals einen Lehmriesen gesehen?«

Thor zuckte die Achseln. Öfter mal was Neues. Sehr entschlossen baute der Donnerer sich vor dem Riesen auf und brüllte nach oben: »Wer bist Du? Und was willst du hier?«

Es dauerte eine Weile, bis der Riese reagierte. Zunächst hörte man von hoch oben ein langes Röcheln. Und dann, wesentlich später, eine leise, sehr kränkliche Stimme:

»Mein Name ist Mökkurkalfi. Das bedeutet«, der Riese machte einen angestrengten Atemzug, so, als bekäme er kaum Luft, »das bedeutet ‚Nebelkalb'. Und ich bin hier, um euch zu erschrecken. Die Riesen in Jotunheim haben mich extra dafür gebaut.«

Thor musste grinsen.

»Tut mir leid, aber wirklich erschreckend siehst du nicht aus, mein Lieber. Du bist zwar sehr groß, aber wenn du schon Mühe beim Sprechen hast … Wie soll das erst beim Kämpfen werden?«

»Das … das ist«, schnaufte es erschöpft vom Himmel, »das ist nicht nett. Ich kann doch nichts dafür, dass ich ein viel zu kleines Herz bekommen habe für meinen riesigen Körper! Ein Pferdeherz haben die Riesen mir eingesetzt. Ein ganz normales Pferdeherz.«

»Wieso das denn? Du Armer!«

»Etwas anderes war nicht da auf die Schnelle.«

Thor, dessen Herz im Gegensatz zu dem Mökkurkalfis groß genug war, selbst die gigantischsten Riesen bisweilen darin wohnen zu lassen, sah voll ehrlichen Mitleids zum Nebelkalb auf.

»Lass dir von deinen Riesen ein größeres Herz geben. Vorher kämpfe ich nicht mit dir. Das wäre einfach nicht fair.«

»DANN KÄMPFE DOCH – MIT MIR!«

Hrungnir, der hinter Mökkurkalfi aufgetaucht war, hatte so laut gebrüllt, dass sich von der Erschütterung Risse in den Füßen des Lehmriesen gebildet hatten. Einmal mehr fuhr der Schreck Thor, Thjalfi und Röskwa in die Knochen. Gegen jede Abmachung war der Geröllriese viel zu früh hier – und sah wirklich furchterregend aus. Als Waffe hatte er einen gebirgsgroßen Wetzstein dabei und zur Abwehr einen steinernen Schild, so groß wie ein halbes Land.

Sofort griff Thor zu seinem Hammer und wollte ihn in Hrungnirs Richtung schleudern, da hatte Röskwa eine Idee …

»WO BIST DU, DONNERER! JETZT BIST DU FÄLLIG!«

Wütend sah Hrungnir sich um. Aber Thor war nirgendwo mehr zu sehen. Was nicht besonders schwer zu bewerkstelligen gewesen war: Er hatte sich lediglich hinter Mökkurkalfis rechtem Fuß verborgen.

Dort, wo Thor und Hrungnir zum Duell verabredet waren, stand nur Thjalfi. Mutig sah der Junge zum Geröllriesen auf.

»Haaaallooooo«, rief er.

»WAS WILLST DU? DU WURM!«, brüllte Hrungnir zu Thjalfi herunter.

»Ich warte hier auf Thor, meinen Herrn«, antwortete der Junge, während er vor Angst zitterte. »Der Donnergott hat gesagt, dass er sich durch die Erde zu deinen Füßen hindurchgräbt. Um dich in ein paar Minuten von unten zu überraschen.«

»Thjalfi, oh nein! Das solltest du doch nicht verraten!« Erschrocken kam Röskwa vom Rand das Stoppelfeldes angerannt und schob ihren Bruder beiseite.

»Aber natürlich solltest du das. Das ist sehr interessant«, grinste Hrungnir hämisch. »Zum Dank für den Hinweis töte ich erst Thor, bevor ich dich zermalme.«

»Oh nein!«, begann Thjalfi zu schluchzen. »Jetzt habe ich aus Versehen Thors Geheimnis verraten. Jetzt werden wir alle sterben.« Und wie immer, wenn Thjalfi weinte, schluchzte Röskwa sofort hemmungslos mit.

Dass das Gewimmer der Kinder sich irgendwie künstlich anhörte, viel zu laut und viel zu übertrieben, bemerkte Hrungnir nicht. Stattdessen ließ er mit einem ohrenbetäubenden Rumms seinen steinernen Schild fallen und stellte sich darauf.

»Dann grab dich mal schön durch den Fels, Donnergott«, spottete der Geröllriese. »Ich habe zwar davon gehört, dass du nicht der Hellste sein sollst. Aber dass du so dämlich bist …«

»Wenn hier einer dämlich ist«, mit stolz gerecktem Kinn kam Thor hinter Mökkurkalfis Fuß hervor, »dann DU!«

Mit aller Kraft schleuderte Thor seinen Hammer dem Kopf des Riesen entgegen, der ohne Schild gänzlich schutzlos vor ihm stand.

»Na warte!«, brüllte Hrungnir und schleuderte im Gegenzug seinen riesigen Wetzstein in Richtung Thor.

Ein ohrenbetäubender Knall …

Hammer und Stein hatten sich genau in der Mitte getroffen!

Die Wucht des Aufpralls zerriss den Stein in zwei Teile. In entgegengesetzte Richtungen schossen sie davon.

Die eine Hälfte krachte mit riesigem Getöse auf Midgard und wurde dort zu einem Gebirge, aus dem bis heute alle Wetzsteine geschlagen werden.

Die andere Hälfte aber raste auf Thor zu!

»Was?«, konnte der Donnergott gerade noch sagen – da hatte sich der riesige, spitze Fels bereits ungebremst in seine Stirn gebohrt!

»Oh nein!«

Entgeistert rannten Thjalfi und Röskwa auf ihren Herrn zu, wichen im letzten Moment Hrungnirs Kopf aus, der gerade zu Boden donnerte. Da Thors Hammer nie sein Ziel verfehlte, war Mjöllnir nach dem Zusammenprall mit dem Wetzstein einfach weitergeflogen – und hatte den Riesen erschlagen!

Doch Thor ging es zu schlecht, um den Sieg feiern zu können. Schwer atmend lag er am Boden und konnte sich kaum rühren. Um so weniger, als jetzt noch ein Teil von Hrungnirs Bein auf Thors Nacken krachte und er ohnmächtig wurde.

»Hol Hilfe!«, rief Thjalfi Röskwa zu, die sofort nach Asgard rannte, um den anderen Göttern Bescheid zu sagen. Thjalfi baute sich unterdessen breitbeinig vor Mökkurkalfis rechtem Fuß auf.

»Wage es nicht, den Donnerer anzugreifen! Sonst … sonst breche ich dir den großen Zeh!«, brüllte er dorthin, wo er hoch in den Wolken Mökkurkalfis Kopf vermutete.

»Das … das ist so gemein!«, kam es von dort oben zurück. Bevor noch etwas anderes von nicht ganz so weit oben kam. Ein riesiger Schwall Wasser. Das sehr gelb war und nicht gut roch.

Aus Angst vor dem kleinen Thjalfi hatte Mökkukalfi sich in die Hose gemacht!

»Du … PISSNELKE!«, brüllte Thjalfi, während er wütend seinen Mantel auswrang.

»Hhhhhhhhh!«

Dem Lehmriesen entfuhr ein furchtbar erschrockenes Schnaufen. Vor Schreck begann er zu schwanken, verlor das Gleichgewicht – und schon im nächsten Augenblick krachten die Lehmmassen seines Körpers mit solcher Wucht auf Jotunheim herunter, dass dort die gesamte Erde bebte.

Stille. Der Kampf war vorbei.

Aber Thor, auf dessen Nacken noch immer Hrungnirs gigantisches Felsenbein lag, war noch immer ohnmächtig.

Rasend vor Verzweiflung versuchte der kleine Thjalfi, den riesigen Steinblock beiseite zu schieben, warf sich erfolglos gegen den Fels, bis er überall blaue Flecken bekam.

»Lass das mal uns Männer machen.«

Mit mildem Lächeln schob Odin den Jungen beiseite.

Endlich! Röskwa hatte es geschafft, alle Asen und Wanen zu Hilfe zu holen.

Doch weder Odin, noch Heimdall oder Baldur und nicht einmal der starke Hödur schafften es, das Bein auch nur einen Millimeter zu bewegen.

Und jetzt?

Ratlos standen alle um Thor herum. Dessen Gesicht war mittlerweile beängstigend blau angelaufen, weil das Felsenbein bei ihm die Luft abdrückte.

»Thor! Zum Donner nochmal!«

Völlig außer Atem und in größter Sorge kam nun die Riesin Jarnsaxa, Thors Exfreundin, auf Thjalfi, Röskwa und die Asen zugelaufen. Da sie in Jotunheim wohnte, hatte Röskwa ihr nicht Bescheid sagen können. Aber die Nachricht, dass Thor nach dem Duell mit Hrungnir am Boden lag, hatte sich wie ein Lauffeuer im Land der Riesen verbreitet und sie war sofort losgerannt.

Zusammen mit ihren Söhnen Magni und Modi, die nun beide sehr erschrocken vor ihrem Vater standen.

»Papa blau!«, rief Magni, der mit seinen drei Jahren zwar schon Riesenkräfte besaß, aber noch nicht wirklich gut reden konnte …

… und dann hob der Kleine das gigantische Felsenbein hoch und warf es einfach beiseite. So als wäre es ein Kiesel.

»Hurraaaaaa!«, jubelten alle Asen gleichzeitig vor Erleichterung.

Woraufhin Thor aus seiner Ohnmacht erwachte.

»Mein Sohn!«

Überglücklich, noch am Leben zu sein, schloss der Donnerer Magni in die Arme – und schenkte ihm, zum Dank dafür, dass er ihm so schnell zu Hilfe gekommen war, gleich darauf Hrungnirs gigantisches Pferd Gullfaxi, das der Geröllriese in einiger Entfernung an einem Felsen festgebunden hatte.

»Danke, dass du mich vorher gefragt hast«, knurrte Odin giftig, »Ist ja nicht so, dass ich das Wettrennen gegen Hrungnir gewonnen hätte. Und dass Gullfaxi nicht eigentlich mir zustünde.«

»Aber du hast doch schon ein Pferd, Papa!«, protestierte Thor – und hielt sich dann ächzend die Schläfen. Wegen des Wetzsteins, der noch immer in seinem Kopf steckte und ihm rasende Schmerzen bereitete.

Odin, der erst jetzt gesehen hatte, dass sein Sohn verwundet war, vergaß sofort den Zank um das Pferd. Thor brauchte Hilfe!

Voller Sorge betrachtete **EIRA**, die Göttin der Heilkunst, die Wunde am Kopf des Donnergottes.

»Medizin hilft da nicht«, seufzte sie. »Aber ich kenne in Midgard eine Zauberin, die sich darauf spezialisiert hat, Dinge aus Köpfen herauszuzaubern. Normalerweise eher Zeug wie Äxte, Pfeile oder Messer, aber vielleicht schafft sie es auch mit einem Wetzstein.«

»Her mit der Frau!« rief Odin und schickte sofort die Götterbotin Gna auf ihrem Pferd Hofhwarfnir nach Midgard, um die Zauberin zu holen.

Groa, so hieß die Zauberin, wollte erst einmal aber gar nicht mitkommen. Gramgebeugt und völlig abgemagert saß sie vor ihrem Haus und war so schwach, dass sie nicht mehr laufen konnte. »Ich kann niemandem mehr helfen«, seufzte sie, »mir geht es selbst viel zu schlecht.« Unter Tränen erzählte Groa dann von ihrem geliebten Mann Aurvandill. Der war nun schon seit fünf Jahren nicht nach Hause gekommen. Und nicht ein einziges Lebenszeichen hatte es von ihm gegeben. Seit Monaten hatte Groa deshalb fast keine Nacht mehr geschlafen und so gut wie nichts mehr gegessen.

»Wenn du Thor hilfst, wird er dir vielleicht auch helfen«, gab Gna zu bedenken.

»Meinst du?«, schöpfte Groa neue Hoffnung. Und kletterte dann mit letzter Kraft auf Gnas Pferd.

Mit von Fieber glänzenden Augen und entsetzlichen Schmerzen lag Thor im Krankenzimmer der Göttin Eira.

Seine ganze Familie kümmerte sich dort liebevoll um ihn. Sif hielt seine Hand und legte ihm kühle Kompressen auf die glühende Stirn, Jarnsaxa kochte Unmengen von Essen, um Thor damit von seinen Schmerzen abzulenken, Fjörgyn schüttelte ein ums andere Mal die Felle seines Lagers auf, Odin sang Heilungszauber und die Kinder Thrud, Magni, Modi, Thjalfi und Röskwa sangen Lieder zur Aufmunterung. Aber all das half nichts. Der Donnerer wurde schwächer und schwächer und die Sorge um ihn größer und größer.

Um so dankbarer waren alle, als endlich Gna und Groa in der Tür standen. Mit Kennerblick begutachtete die Zauberin den Wetzstein, begann erst leise etwas zu murmeln, dann immer lauter zu singen. Von Befreiung und Heilung, von Loslassen und neuer Kraft.

Und tatsächlich!

Ganz langsam begann der Wetzstein in Thors Stirn sich zu bewegen. Wanderte Zentimeter für Zentimeter nach vorn, so weit, bis der Stein fast gar nicht mehr in seinem Gehirn, sondern nur noch in seinem Schädelknochen steckte.

Schlagartig wurde Thors Blick wieder klar, seine Kräfte kehrten zurück.

»Ich fühle mich wie neu geboren!«

Überglücklich schloss der Donnerer Groa in die Arme. So fest, dass er sie fast zerdrückte. Und in sein Herz. So fest, dass er ihr unbedingt auch etwas Gutes tun wollte.

»Zum Dank«, meinte er gerührt und vergaß dabei, dass der Rest des Steins ja noch immer in seinem Kopf steckte, »habe ich eine gute Nachricht für dich. Dein Mann Aurvandill wird bald nach Hause zurückkehren. Ich selbst habe ihn neulich in einem Korb ein Stück zurück in Richtung seiner Heimat getragen.«

»Ist das wirklich wahr?« Groa war so fassunglos, dass sie zitterte.

»Ja!«, lachte Thor. »Leider ist beim Überqueren eines eisigen Flusses eine seiner Zehen erfroren – und abgebrochen, als sie aus einem Loch im Korb herausgeguckt hat. Aber ich hoffe, du nimmst Aurvandill trotzdem zurück. Immerhin ist die Zehe nicht verlorengegangen, sondern ich habe sie als Stern an den Himmel geworfen. Du kannst Aurvandills Zehe also immer sehen, wenn du nachts nach oben guckst.«

»Das … das ist …«, Groa weinte vor Freude, »Ich weiß nicht, was ich sagen soll«, schluchzte sie und umarmte den Donnerer ein ums andere Mal.

»Vielleicht solltest du einfach den Rest deines Zauberspruches sagen«, meinte Odin. »Und wenn der Wetzstein ganz aus Thors Kopf herausgezogen ist, feiern wir mit einem Festmahl, dass alles so gut ausgegangen ist.«

»Na … natürlich«, meinte Groa. Sehr entschlossen atmete sie durch, fing erst an zu murmeln, dann an zu singen.

Aber der Wetzstein bewegte sich keinen Millimeter mehr.

Sehr verwundert blickte Thors gesamte Familie Groa an.

Und sehr verlegen blickte die in die Runde.

»Ich fürchte, ich … habe wohl … vor lauter Freude den Zauberspruch vergessen«, nuschelte sie kleinlaut. »Vielleicht … kann man den Wetzstein ja … irgendwie abschleifen. Oder … kaschieren. Mit einer Haarsträhne.«

Seit diesem Tag hat Thor wegen seines riesigen Herzens einen Wetzstein im Kopf und in Midgard nennt man ihn ehrfürchtig ‚Hrungnirs Schädelspalter'.

Nur manchmal, wenn die anderen Asen den Donnerer ärgern möchten, kommen sie darauf zu sprechen, dass man das mit dem Stein in seinem Schädel vielleicht doch irgendwie merkt. Also … beim Denken.

Aber Thors Herz ist so groß, dass solche Gemeinheiten einfach an ihm abprallen. Wer muss denn auch schnell denken, der so tief fühlen kann wie der beste Freund und Beschützer aller Menschen.

CHAOS UND KREATIVITÄT

Auch wenn Thor uns zum Glück Tag für Tag vor der Urgewalt der Riesen schützt –
böse sind die Riesen trotzdem nicht. So wie Naturgewalten ja auch nicht böse sind, nur bisweilen eben gefährlich. Heutige Psychologen würden von ihnen vielleicht sagen, sie besäßen nur geringe Impulskontrolle.

Aber sie sind auch unendlich nützlich. Was wären wir Menschen zum Beispiel ohne das Feuer? Ohne die Kraft der Felsen, aus denen wir unsere Häuser und Straßen bauen? Ohne den Wind, der früher unsere Kornmühlen angetrieben hat und uns heute Ökostrom schenkt?

So einfach ist das eben nicht mit dem gut und böse. Auch nicht bei uns Menschen. Schließlich handeln auch wir häufig alles andere als weise und vernünftig – und viel zu oft ist das Ergebnis dann entsetzlich und schmerzvoll. Aber gäbe es ohne die richtige Portion Unvernuft, Übermut, Egoismus, Neid oder Zorn überhaupt irgendwelchen Fortschritt? Wie immer kommt es wohl auf das richtige Maß an, auch was unseren eigenen Charakter angeht. Die göttlichen Anteile an ihm – und die riesischen Anteile.

Wobei göttlich ja bei Weitem nicht immer auch vernünftig bedeutet. In unserem Wissensdrang sind wir Menschen dem Gott Odin zwar beinahe ebenbürtig – aber damit auch genauso selbstzerstörerisch. Googelt man nur kurz die Worte »Erfinder, die ...« , ergänzt das die Suchmaschine sofort mit »... die an ihren Erfindungen gestorben sind« und zeigt 113.000 Treffer.

Und ebenso, wie zur Selbstzerstörung neigen wir zu riesenhaftem Chaos. Seit unserem allerersten Tag ...

Wie die Menschen gemacht wurden

Als Yggdrasil, der allererste Baum, der jemals irgendwo gewachsen ist, noch ganz jung war, gab es zwar schon eine Menge Welten, den Himmel, die Berge, die Wolken und das Meer. Auch Götter, Alfen, Riesen und Zwerge waren schon da, aber die Menschen, die gab es noch nicht. Und sicher hatten die Asengötter Odin, Hönir und Lodur auch noch gar nicht darüber nachgedacht, ob es sie geben sollte, als sie am Morgen aus ihren wunderschönen Palästen in Asgard aufbrachen. Sie hatten nämlich einfach nur vorgehabt, einen Tag am Strand zu verbringen, so wie wir Menschen es ja auch gerne tun, wegen der guten Luft und des beruhigenden Rauschens der Wellen.

Allerdings wären die Asen keine echten Asen gewesen, wenn ihnen dort am Wasser nicht ziemlich schnell langweilig geworden wäre.

Nachdem sie ja bereits den Himmel, die Berge, die Wolken und unzählige andere Teile der neun Welten erschaffen hatten, waren sie einfach daran gewöhnt, kreativ zu sein und unablässig an etwas Neuem zu werkeln. Worin wir Menschen ihnen ja durchaus ähnlich sind. Setzt man uns – natürlich ohne Smartphone, Buch oder irgendeine andere Ablenkung – an einen Strand, fangen die meisten von uns schließlich auch sofort damit an, im Sand zu buddeln, Kiesel zu Türmchen aufeinanderzusetzen oder Mosaiken aus Muscheln zu legen, ganz egal, ob wir alt oder jung sind und aus welchem Teil Midgards wir stammen.

Was möglicherweise damit zu hat, dass die Asen an diesem einen, denkwürdigen Tag dort am Strand uns Menschen erschaffen haben. Aus demselben Grund, aus dem wir heute Sandburgen bauen. Einfach weil sie es konnten.

Wer von den drei Asen als erster die zwei großen Stücke Treibholz entdeckte, die in der Brandung herumdümpelten, ist heute nicht mehr bekannt. Aber man weiß, dass es der Ast einer Esche und der Ast einer Ulme waren, die dort an Land gespült wurden. Wahrscheinlich hatte ein heftiger Sturm beide von ihren Bäumen abgerissen.

ODIN

Einst Teil eines großen, stolzen, lebendigen Wesens, waren sie nun tot und den Wellen hilflos ausgeliefert.

Neugierig beobachteten die drei Götter, wie das Holz in den Wellen tanzte. Fast, als wäre es doch noch lebendig.

»Erwecken wir die zwei Äste doch wieder zum Leben«, meinte Odin, der schon damals ein großer Zauberer war und solche Dinge mit links hinbekam.

Ohne weiter darüber nachzudenken, hauchte er den zwei Hölzern eine Seele ein. Und tatsächlich – die Äste begannen, sich zu bewegen! Sie fingen an zu atmen und wateten aus dem Meer Richtung Strand. Odin gefiel das sehr. Sicher würde es ein großer Spaß sein, den beiden zuzusehen – und vielleicht würde er den lustigen Dingern einige seiner vielen Weisheiten beibringen können, die er sich in seinem unendlichen Wissensdurst bereits angeeignet hatte.

Hönir allerdings beäugte die beiden Astwesen eher skeptisch. Was Odin und Lodur nicht weiter verwunderte. War Hönirs göttliche Superkraft doch die Vernunft. Niemand konnte die Dinge so durchdenken und abwägen wie er. Und natürlich begann er deshalb sofort, sich vorzustellen, was diese beiden Dinger für entsetzliches Unheil anrichten könnten, wenn man sie unkontrolliert auf die neun Welten losließ!

Spaßbremse nennen das die einen. Die, denen Vernunft nicht so wichtig ist. Reif oder erwachsen finden es die anderen.

So oder so entschied Hönir, dass das Risiko möglichst klein gehalten werden müsse. Und weil er, auch wenn er ein schweigsamer Charakter war, der nicht viel Aufhebens um sich machte, ebenfalls über große magische Fähigkeiten verfügte, gab er den zwei lebendigen Ästen ein wenig von seiner Vernunft ab. Er hatte davon schließlich mehr als genug. Genau wie von seiner Fähigkeit, die Dinge zu durchdenken.

Die teilte er jetzt ebenfalls mit den Holzgeschöpfen – und sofort hielten die beiden Wesen inne, begannen mit ihren seitlichen Ästen den Sand zu betasten und sich wesentlich vorsichtiger vorwärts zu bewegen, nachdem sie zuvor schon mehrmals gestolpert waren.

»Findet ihr nicht, dass die beiden aussehen, als hätten sie Arme und Beine, so wie wir?«, meinte Lodur dann.

»Willst du uns beleidigen?«, protestierte Hönir, der nicht nur sehr vernünftig, sondern auch besonders stark und schön war.

»Natürlich nicht«, antwortete Lodur, der Feuergott. Und weil er nun einmal ein feuriges Temperament hatte, fackelte er nicht lange und flüsterte den beiden lebendigen Holzstücken ebenfalls einen Zauberspruch zu. »Guck doch hin, sie sehen aus wie Götter!«, meinte er dann verschmitzt und tat, als wäre gar nichts gewesen.

Odin und Hönir staunten nicht schlecht! Denn tatsächlich besaßen die beiden neuen Kreaturen mit einem Mal echte Arme und Beine. Ihr Körper war mit weicher, warmer Haut überzogen, die sie an sich selbst mit ihren neuen Händen jetzt andächtig betasteten. Mit vor Staunen offenstehenden Mündern – denn auch die hatten sie natürlich bekommen. Genau wie Nasen und Ohren, Füße, mit denen sie jetzt vor Freude über ihr Dasein in die Luft sprangen, und ein Geschlecht. Da sie beide nackt waren, konnte man deutlich sehen, dass Lodur dem Eschenast den Körper eines Mannes und dem Ulmenast den Körper einer Frau gegeben hatte.

»Dir ist schon klar, dass es dann bald viel mehr von denen geben wird?«, mahnte Hönir. »Wer weiß, wo das wieder hinführt?«

Odin nahm seinen Freund Lodur in Schutz: »Ich finde, wir haben genug Platz in Yggdrasil. Wie wäre es, wenn wir den beiden und ihren Nachkommen eine eigene Welt als Wohnung schenken? Wir könnten Midgard, den Mittelgarten gleich unter Asgard, für sie freiräumen. Dann sind die beiden bei uns in der Nähe, und wir können immer gucken, was sie so treiben.«

»Du meinst so wie Haustiere«, grinste Lodur, der sich als Feuergott gern auch mal ein klein wenig den Mund verbrannte. Zwar brachte ihm diese Bemerkung einen strafenden Blick von Odin und Hönir ein, Odin allerdings musste auch zugeben, dass Lodur vielleicht gar nicht so unrecht hatte. Haustiere waren schließlich alles andere als lächerlich. Im Gegenteil. Odin liebte seine Raben und seine Wölfe sehr und auch andere Götter waren ganz vernarrt in ihre tierischen Freunde.

»Wenn wir sie mitnehmen, brauchen sie aber Namen«, meinte Hönir und machte gleich einen Vorschlag: »Wir nennen den Mann Ask, das bedeutet Esche, und die Frau soll Embla, die Ulme, heißen. Dann erinnern sich die beiden immer daran, woher sie kommen und was sie uns zu verdanken haben.«

»Oder sie hassen uns, weil ihr neues Leben so mies ist«, ätzte Lodur. Aber nur, weil es nun einmal seine Natur war. Eigentlich fand auch er die Namen sehr passend.

Äußerst zufrieden mit dem, was sie wieder geleistet hatten, gingen die drei Götter zurück nach Asgard. Zusammen mit Ask und Embla, den zwei ersten Menschen, die ihnen bereitwillig folgten und sofort damit anfingen, ihren drei Schöpfern alles möglichst ganz genau nachzumachen. Noch heute besitzen wir Menschen deshalb einen fast ebenso großen Wissensdrang wie Odin und sind oftmals auch genauso aufbrausend und wütend wie er. Aber zum Glück besitzen wir ja auch die Vernunft und den Hang zum ewigen Abwägen und Grübeln, den Hönir uns mitgegeben hat.

Und Lodur? Seltsamerweise wird Lodur, der Feuergott, in den alten Quellen nur an dieser einen, einzigen Stelle erwähnt. Und das, wo er doch so unglaublich wichtig war für uns Menschen. Ganz genau wissen können wir das heute natürlich nicht mehr, aber es deutet einiges daraufhin, dass Lodur nur ein Zweitname ist. An anderer Stelle in den Eddas und auch noch in einem etwas jüngeren Volkslied von den Faröer Inseln ziehen Odin und Hönir nämlich mit einem anderen Gott herum, dessen Name ebenfalls mit der Silbe Lo beginnt.

Die Rede ist von Loki.

Loki, dem Feuergott, dem Gott des Chaos, dem Trickster, dem ewigen Unruhestifter. Eigentlich als Riese geboren, ist er trotzdem einer der wichtigsten und bekanntesten Asengötter und hat, genau wie Thor, seinen Weg sogar in die *Marvel*-Comics und *Avengers*-Filme unserer Zeit gefunden. Auch im berühmten Hollywood-Blockbuster *Die Maske* spielt er eine tragende Rolle. Und schon in den Eddas gibt es über kaum einen Gott so viel – und so viel Lustiges – zu erzählen.

Wenn Loki uns tatsächlich mit erschaffen hätte, würde das die Natur des Menschen zumindest gut erklären. Wissensdrang und Verstand gepaart mit dem ewigen Drang, sich nicht an Regeln zu halten und Unruhe zu stiften …

Aber auch wenn nicht – in jedem Fall erschafft Loki unsere Geschichten.

Schließlich beginnt doch so gut wie jedes Abenteuer mit diesem einen chaotischen Moment oder der einen unbedachten Tat. Erst das Chaos macht uns zu Helden und bereitet den Boden für Wunder. Auch wenn es zum Anfang noch so schmerzt.

Das Wettschmieden der Zwerge

Eines Morgens, Delling war gerade am Himmel erschienen, kam Thor von einem seiner üblichen Kämpfe mit den Riesen nach Hause. Erschöpft nach getaner Arbeit öffnete er die prächtig verzierte Tür seines Palastes Bilskirnir – da drang plötzlich ein gellender Schrei aus einem der Zimmer!

Entsetzt erkannte Thor die Stimme seiner geliebten Frau Sif und rannte ins Haus.

»Siiif! Wo bist du?!«

Keine Antwort.

Voller Sorge blickte der Donnerer sich um. Wo sollte er anfangen zu suchen? Bilskirnir hatte 540 Räume – und Sif liebte es, immer wieder woanders zu schlafen, wenn er nicht zu Hause war.

»Siiiiiif!«

Nichts.

Angestrengt lauschte Thor in die langen, prachtvoll verzierten Flure, bereit, jeden zu erschlagen, der ihm in die Quere kam.

Da! Durch eine Tür gleich in seiner Nähe drang leises Weinen und Wimmern!

Sofort schoss Thor darauf zu, riss an der Klinke …

… und hatte sie gleich darauf in der Hand. Jemand hatte die Tür abgeschlossen – was für den Stärksten der Asen aber kein Hindernis war!

Wütend stieß Thor mit seiner gewaltigen Rechten das Türblatt aus den Angeln. In hohem Bogen flog es durch den Raum, krachte auf den Boden und brach dort auseinander.

Direkt neben einem Lager aus weichen Fellen und Decken, auf dem jemand lag. Eine Frau! Ihr Gesicht in einem Schafsvlies vergraben, schluchzte sie vor Verzweiflung.

Und Thor hielt verwirrt inne. Weil die Stimme der Frau zwar noch immer klang wie die seiner Gattin Sif, aber die hatte üppiges, goldblond glänzendes Haar, das ihr bis zu den Hüften reichte. Der Schopf der Frau auf dem Lager dagegen sah aus wie ein abgeerntetes Kornfeld: fingerlange, wild zerzauste Stoppeln, dazwischen kahle Stellen, als hätte noch dazu ein Sturm darin gewütet.

»Bitte, geh weg, du sollst mich so nicht sehen!«

Das hatte jetzt aber unzweifelhaft nach Sif geklungen! Sehr erschrocken setzte der Donnerer sich neben seine Frau und legte, viel sanfter, als man es dem rotbärtigen Hünen je zugetraut hätte, seine große, starke Hand auf ihren Rücken.

»Liebste, was ist passiert?«

Noch immer schluchzend setzte Sif sich auf, blickte Thor aus wund geweinten Augen an und fand keine Worte.

Genauso wenig wie Thor.

Stumm vor Schreck betastete er stattdessen die nicht nur erschreckend kurzen, sondern auch noch entsetzlich unregelmäßig abgeschnittenen Überreste ihres Haars. Gestern, vor seinem Aufbruch nach Riesenheim, hatte er noch zärtlich über seidige, lange Strähnen gestrichen.

»Sieht es … sehr schlimm aus?«, schniefte Sif verzweifelt.

Thor biss sich auf die Lippen und suchte viel zu lange nach einer passenden Antwort.

Was dann auch eine war – wegen der Sif nun um so heftiger weinte.

»Hast du … das selbst gemacht?«, fragte der Donnerer. Sehr leise und voller Angst, seine Frau noch einmal zu kränken.

»Bist du verrückt …?«, heulte Sif. »Ich bin eben so aufgewacht. Was glaubst du, weshalb ich so geschrien habe!«

»Du meinst, jemand hat dir die Haare abgeschnitten, während du geschlafen hast?«

Sif nickte. »Irgendwer muss sich heimlich ins Zimmer geschlichen haben.«

»Aber die Tür war verschlossen.«

»Ich weiß«, schluchzte Thors Frau. »Ich kann es mir ja auch nicht erklären.«

Einigermaßen ratlos atmete der Donnerer durch – und schien dann ganz plötzlich eine Ahnung zu haben.

»Wo bist duuu…«, grollte er leise. Ganz langsam, den Körper nun aber angespannt, als wäre er auf der Jagd, richtete er sich auf und blickte sich um. Aber im Zimmer war nichts, hinter dem jemand sich hätte verstecken können. Nur einen Kamin gab es und Sifs Lager. Auch von draußen war der Zugang unmöglich. Die Burg besaß nur ganz schmale Fensterschlitze, durch die höchstens kleine Vögelchen hindurchpassen.

Erstaunlicherweise saß genau ein solches jetzt auch draußen auf einem der Simse, zwitscherte leise und lugte neugierig ins Zimmer.

»LOOOOOKIIIII!«

Außer sich vor Wut packte der Donnerer den Vogel mit einer Hand und griff mit der anderen geschickt nach einem seiner Flügel.

»Zeig dich, du Mistkerl«, brüllte er dann und hielt den Vogel an seinen Schwungfedern über den Kamin, »oder du wirst gegrillt!«

»Ich bin ein Feuergott, da kann das sehr lange dauern mit dem Grillen«, piepste das Vögelchen, woraufhin Thor endgültig explodierte.

»Raus da! Du Feigling! Was immer du meiner Frau angetan hast, du wirst dafür bezahlen!«

Mit voller Wucht warf Thor den Vogel gegen die Zimmerwand. So heftig, dass Sif entsetzt aufschrie, obwohl auch sie längst begriffen hatte, wer sich hinter dem so harmlos aussehenden Piepmatz verbarg.

»Das war nicht nett«, ächzte Loki, der Gestaltwandler, rieb sich wimmernd die vom Aufprall heftig schmerzenden Glieder und rappelte sich von den Bodendielen auf.

»DAS war nicht nett!«, donnerte Thor und zeigte drohend auf das, was von Sifs Haaren übrig geblieben war.

»Das war ein Versehen!«, beteuerte Loki. »Ich wollte Sif nur einen Gefallen tun.«

»Wie bitte?«

»Ja!«, Loki setzte seine unschuldigste Miene auf, »Gestern habe ich von einem Zwerg in Schwarzalfheim eine goldene Schere erstanden. So scharf, dass man gar nicht spürt, wenn einem eine Haarsträhne abgeschnitten wird. Ein richtiges Wunderding.«

»Und natürlich konntest du sie nicht an deinem eigenen Haar ausprobieren?«

»Wollte ich ja!«, wie ein Lämmchen plinkerte Loki mit großen Augen unter seinen langen, dunkelbraunen Locken hindurch, die ihm üppig ins Gesicht fielen. »Aber dann bin ich an Thors Palast vorbeigelaufen und habe dich aus einem der Fenster schimpfen hören. Dass deine Haare beim Kämmen immer so ziepen.«

»Da hast du sie mir im Schlaf alle einfach abgeschnitten? Ohne mich vorher zu fragen?!« Sif war fassungslos – aber wenigstens wieder in der Lage zu sprechen.

»So war das doch nicht geplant! Ich wollte dein Haar doch nur ein bisschen kürzen. Damit es sich besser kämmen lässt. Als Überraschung.«

»Die ist dir gelungen«, ächzte Thors Frau.

»Erst habe ich links ein bisschen was weggeschnitten. Dann musste rechts natürlich auch etwas weg. Da war es dann aber wieder kürzer als links und so weiter. Aber ich habe es nur nett gemeint. Ehrlich!«

Thor allerdings kannte Loki gut genug, um zu wissen, wann der log.

»Warrrr es nicht doch ein bisschen anderrrrs?«, knurrte er drohend.

»Würde ich dich jemals belügen, mein Freund?«, zwitscherte Loki, als wäre er noch immer das Vögelchen.

Donnergrollen.

Aber nicht draußen am Himmel, sondern drinnen im Zimmer, in dem es jetzt auch eigenartig dunkel wurde.

»Ich sag dir jetzt mal, wie es warrrr.« Thors Stimme klang heiser und begann beim Sprechen zu zischen wie Dampf aus einem viel zu heißen Kessel. »Dieser saudämliche Zwerg hat dir die Schere überlassen. Und seit dem ersten Moment, in dem du sie in den Fingern hattest, hast du überlegt, wem du damit den übelsten aller Streiche spielen kannst.«

»Wieso fragst du mich überhaupt, wenn du es schon selber weißt?«

»Duuuuuuuuuu…«

Thor war vor Wut so so viel Blut ins Gesicht geschossen, dass nicht mehr zu unterscheiden war, wo sein roter Bart anfing und wo seine glühenden Wangen aufhörten. Weshalb Sif, die wusste, was jetzt kam, unter einem großen Rinderfell in Deckung ging.

»DUUUUUUU MACHST DAS WIEDER GUT! MIR VÖLLIG EGAL, WIE DU DAS MACHST, ABER DU MACHST DAS WIEDER GUT!«, brach der Zorn des Donnerers über Loki herein. Blitze schossen durch den Raum, krachten zu den Füßen des Chaosgottes in die Fußbodendielen, schleuderten ihn in hohem Bogen erst gegen die eine Wand, dann gegen die andere, dann gegen die Decke.

»Huiiiii, das macht Spaaaaaß!«, versuchte Loki Haltung zu bewahren, obwohl er schon jetzt mit Schrammen und blauen Flecken übersät war. »Mal ordentlich durchgerüttelt werden … herrrrlich!«

Linke Zimmerwand, rechte Zimmerwand, Zimmerdecke … und noch einmal … und noch einmal.

So lange, bis der Feuergott dann doch zu wimmern und zu flehen begann. »Auaaaaa… auuuufhöööreeen! Bitteeee! Bitteeee, ich … ich lass mir was einfallen. Ich mache es wieder gut! Ich … ich schwöööore!«

»Also gut.«

Schlagartig verschwand das Gewitter und schlaff wie ein Mehlsack plumpste Loki von der Zimmerdecke auf den Boden.

Denn ein Eid war ein Eid. Selbst für den ewig tricksenden, mogelnden und Chaos verbreitenden Gott des Unfugs.

»Oh, oh weh, oh weh ... «

Wimmernd und gramgebeugt stand Loki schon wenig später vor der Höhle des Zwergs Ivald. Dem Schmied, von dem er gestern die verhängnisvolle, goldene Schere erstanden hatte. »Wir aaarmen, aaarmen Leute! Was haben wir nur getan, dass uns solches Leid zugefügt werden soll ... solch uneeeeendliches Leid ... ohwehohwehohweeeeeh!«

Es dauerte eine Weile, bis Ivald, der in seiner Schmiedewerkstatt zwischen Hammerschlägen, Ambossklirren und dem Zischen des heißen Metalls so gut wie nichts von draußen hörte, überhaupt mitbekam, dass Loki dort stand.

Da wimmerte der Chaosgott schon nicht mehr, sondern brüllte. So laut, als würde er bei lebendigem Leibe aufgespießt.

»Aaaaaaaaah!«

Sehr verwundert schlurfte Ivald zum Höhleneingang und musterte den brüllenden Loki von oben bis unten. Der Feuergott hatte zwar eine Menge blaue Flecken, dafür, dass er so schrie, sah er dann aber doch zu unversehrt aus.

»Aaaaaaaaah!«, röhrte Loki trotzdem weiter.

»Aaaah?«, fragte Ivald verwundert.

»Wir werden sterbeeeen!«

»Was?«

»Jaaaaaaaa!«

Um seine Stimme zu schonen ging Loki vom Schreien nun wieder ins Wimmern über. »Nuhuur ... wegen deiner Scheheeereeee...!«

»Was bitte ist schlimm an meiner Schere?«, protestierte Ivald, »Sie ist schärfer als jedes Rasiermesser, liegt bestens in der Hand und sieht noch dazu wunderschön aus.«

»Aber sie macht sich selbstständig!«, log Loki, und hätte es in Ivalds Höhle irgendwo Balken gegeben, hätten sie sich jetzt gebogen.

»Was?!«

»Oooh ja! Heute Nacht hat sich das verdammte Ding in den Palast meiner Mitgötter Thor und Sif geschlichen und Sif die Haare abgeschnitten. Ihre wunderschönen, goldblonden Haare …«

»Oh nein!«

Ivald war entsetzt – und eine sehr ehrliche Haut, weswegen er keine Sekunde in Betracht zog, dass Loki ihn hätte belügen können.

»Ich … ich kann mir das nicht erklären.«, beteuerte der Zwerg stattdessen verzweifelt. »Jemand muss die Schere verzaubert haben.«

»Du hättest mich warnen müssen, wie gefährlich dieses Mistding ist.«, setzte Loki nach. »Weißt du, wie wütend Thor jetzt ist? Auf mich … und auf dich? Und auf deine ganze Familie …?«

Der Zwerg wurde blass.

»Warte hier! Ich … ich kriege das wieder hin«, beteuerte Ivald, rannte zurück in seine Werkstatt und dort panisch auf seine beiden Söhne zu.

»Schmiedet um euer Leben!«

»Besser ist das …«, gurrte Loki leise und machte es sich mit sehr zufriedenem Grinsen auf einem kleinen Felsvorsprung bequem.

»Wir sind fertig!«

Loki schreckte hoch. Die stickige Luft und das monotone Klirren der Schmiedehämmer hatten ihn einschlafen lassen.

Jetzt aber war er sofort wieder hellwach. Weil es aus der kleinen Schatulle, die Ivalds ältester Sohn mit feierlicher Miene in seinen Händen hielt, wirklich sehr vielversprechend glänzte. Und hell! Fast so hell, als würde ein Feuer darin brennen. Neugierig lugte Loki in die kleine Kiste hinein und sah – Haare! Aber keine gewöhnlichen Haare, sondern lange, seidenweiche Strähnen aus purem Gold.

»Auf ihnen liegt ein Zauber«, erklärte der Zwerg stolz. »Sobald Sif sie in die Nähe ihres Kopfes bringt, werden sie dort festwachsen und sich anfühlen, als wären sie ihre eigenen.«

Loki staunte – und war so erleichtert, dass er die Zwerge am liebsten umarmt hätte, singend vor Freude.

Dann aber entdeckte er, dass die Zwerge noch etwas anderes mitgebracht hatten. Einen Speer mit goldener Spitze, der hinter ihnen in einer Ecke stand. Zu große Begeisterung bedeutete ganz sicher weniger Geschenke. Deshalb atmete der Feuergott durch, spitzte etwas die Lippen, um noch ein wenig vornehmer zu erscheinen und näselte nur ein leises »Nicht ganz übel«.

Iwald seufzte. Ganz offensichtlich hatte er ein wenig mehr Euphorie erwartet. »Um meinen Fehler mit der Schere wieder gutzumachen«, meinte der Zwerg dann zerknirscht, »würden wir Thor und Sif gern auch noch zwei andere Geschenke mitgeben, wenn du erlaubst.«

»Das ist wahrscheinlich keine allzu schlechte Idee«, säuselte Loki mit besorgter Miene und nickte.

Allerdings griff Ivald daraufhin nicht zu dem Speer, sondern in seine Manteltasche und holte dort etwas heraus, das aussah wie ein Stückchen gefaltetes Segeltuch.

»Unser erstes Geschenk heißt Skidblatner. Am besten, du probierst es selbst aus«

»Was soll das denn sein? Ein Taschentuch?«, mokierte sich Loki, nahm das Tüchlein etwas widerwillig entgegen und faltete es auseinander. Erst einmal. Dann noch einmal. Dann noch einmal … und noch einmal … und noch einmal … und plötzlich …

… stand vor ihm ein Schiff! Kein Modell von einem Schiff, sondern ein richtiges, fahrtaugliches Schiff mit Segeln und Planken und Rudern und so viel Platz, dass nicht nur alle Asen hineinpassten, sondern auch noch Gäste.

Loki war sprachlos. Und das kam wirklich nicht oft vor.

Da strich Ivald sanft die Außenwand des Schiffes mit beiden Händen, als würde er sie vorsichtig zusammenknüllen wollen – und ehe Loki sich's versah, hatte sich die riesige Kostbarkeit wieder zusammengefaltet, schneller als ein Wimpernschlag, und war nun erneut nur noch so groß wie ein kleines Taschentuch!

»Das … das ist …«, schnappte der Feuergott vor lauter Begeisterung nach Luft, pustete diese aber im letzten Augenblick wieder aus, weil der Speer schließlich noch übrig war. »Das ist … pffüüü … recht anständig.«

Ivald nahm Lokis ja immerhin ebenfalls positiven Kommentar erleichtert zur Kenntnis und bedeutete seinem jüngeren Sohn, nun ebenfalls vorzutreten und sein Geschenk zu überreichen.

»Bist du hungrig, Loki?«, fragte der junge Zwerg und griff zu dem Speer hinter sich. Loki nickte.

»Wie wäre es, wenn du uns schnell ein Mittagessen jagst?«, meinte Ivalds Sohn. »Dort um die Ecke auf der Waldlichtung scharren fünf Hühner im Sand.« Loki verstand nicht.

»Hier, wirf ihn einfach«, meinte der Zwerg und gab dem Feuergott sein Geschenk.

»Das ist Gungnir«, erklärte Ivald »Er findet immer sein Ziel. Auch noch um tausend Ecken. Und sein Stoß endet erst dann, wenn alles durchbohrt ist, was durchbohrt werden soll.«

Ungläubig nahm Loki den Speer, balancierte ihn kurz mit seiner Rechten aus – und warf ihn dann völlig ziellos hinter sich.

Wenige Augenblicke später hörte man in ziemlicher Entfernung sehr aufgeregtes Gackern und Flattern, dann war Stille.

»Ihr … ihr mfeid wirkmlich …«, beteuerte Loki begeistert zwischen zwei mächtigen Bissen Brathühnchen, »… ihr mfeid mbie allerbefften Schmiede, mbie … mbie alle mneun Weltm je gemsehem habm!«

»Das will ich wohl meinen«, meinte Ivald lachend und sehr erleichtert, Thors Zorn wohl noch einmal abgewendet zu haben.

Bester Laune verabschiedete Loki sich nach dem Essen von den besten Schmieden der neun Welten. Nach einem kleinen Spaziergang zum Meer würde er mit Skidblatner über die Wellen nach Hause fahren.

Fröhlich lief er auf seinem Weg zum Strand einen kleinen Weg zwischen zwei Felsen entlang.

»Ksss ksss!«, hörte er plötzlich ein feines Zischeln. Loki blickte sich um, konnte aber zunächst nichts entdecken.

»Kss, ksss! Hier oben!«

Der Feuergott legte seinen Kopf in den Nacken – und blickte jetzt auf einen kleinen Fuß.

Der zu einem Zwerg gehörte. Direkt über Lokis Kopf saß er in der Felswand und sah sehr verärgert aus.

»Hast du das gerade ernst gemeint?«, schnarrte der Kleine grimmig.

»Was?«

»Glaubst du wirklich, Ivald, dieser Pfuscher, und seine beiden missratenen Söhne wären die besten Schmiede der neun Welten?«

»Glaubst du es denn nicht?«

»Oh nein!«

Amüsiert musterte der Chaosgott den Zwerg von oben bis unten – und er wäre nicht Loki gewesen, hätte er nicht sofort die Gelegenheit gewittert, gleich noch ein paar mehr Zwergengeschenke günstig abzustauben.

»Wer, glaubst du, ist dann der beste Schmied? Du etwa?«

»Nicht ich allein. Aber das, was ich, Brock der Zwerg, gemeinsam mit meinem Bruder Sindri erschaffe, schlägt die Machwerke dieser Dilettanten um Längen!«

»Wetten nicht?«

Loki grinste.

»Wetten, doch?«

»Also gut«, erklärte der Chaosgott siegessicher, »du hast drei Stunden Zeit. Für drei Kunstwerke. Wenn sie nicht so gut sind wie die von Ivald und seinen Söhnen, musst du sie mir schenken. Wenn sie besser sind ... darfst du mir den Kopf abschlagen.«

»Es wird mir ein Fest sein«, entgegnete Brock, grinste wölfisch und kletterte dann ohne ein weiteres Wort die Felswand nach oben in Richtung seiner Werkstatt.

Auch Loki grinste. Äußerst zufrieden. Aber nur, bis ihm auffiel, wie beschwerlich es sein würde, Brock hinterher zu klettern. Schließlich tat ihm von Thors morgendlicher Attacke noch alles weh. Am liebsten hätte sich der Feuergott deshalb einfach wieder auf einen Felsvorsprung gesetzt, ein wenig gedöst und sich dann von neuen Wunderdingen überraschen lassen. Da er aber leichtsinnigerweise seinen Kopf als Gewinn ausgelobt hatte, galt es zu handeln.

Leise ächzend kniete sich Loki also auf den Boden, stellte sich dann auf alle Viere ...

... und hatte sich im nächsten Augenblick in eine Pferdebremse verwandelt. In eines dieser graubraunen, eigentlich ganz unauffällig aussehenden Insekten, die man viel zu leicht mit großen Schmeißfliegen verwechselte.

»Summmmmmmm«, voller Tatendrang flog Loki die Felswand nach oben.

Er erreichte die Werkstatt der Zwerge gerade in dem Moment, als Sindri, Brocks Bruder, mit viel Mühe eine große, goldene Schweinehaut in die Esse beförderte, die Feuerstelle, in der das tausend Grad heiße Schmiedefeuer brannte. Brock stand daneben am Blasebalg. Mit aller Kraft drückte er dessen Griffe wieder und wieder zusammen, pustete so Luft in die Glut, um sie auf genau der richtigen Temperatur zu halten.

»Es ist sehr wichtig, dass du ganz gleichmäßig bläst, sonst ist das Stück ruiniert«, ermahnte Sindri seinen Bruder, bevor er an die frische Luft schlurfte, um nach dem Gerangel mit der Schweinehaut einen Moment Pause zu machen.

Ganz gleichmäßig? Das ließ Loki, die Pferdebremse, sich nicht zweimal sagen. Blitzschnell sauste der Feuergott um Brock herum, kitzelte ihn erst an der Nase, dann am Ohr – und stach dem armen Zwerg schließlich so fest er konnte in die Hand.

Brock schrie auf!

Was nur verständlich war. Wer einmal von einer Bremse gestochen wurde, weiß, dass ein solcher Stich schlimmer brennt als alle Wespen-, Hornissen- und Bienenstiche zusammen.

Weil Brock aber ein sehr guter Schmied war, betätigte er den Blasebalg trotz der entsetzlichen Schmerzen ganz gleichmäßig weiter. Und die Schweinehaut kam vollkommen makellos aus der Esse.

Etwas verärgert, dann aber ehrlich staunend beobachtete Loki, wie Sindri aus dem Stück Metall mit unzähligen Hammerschlägen einen prächtigen, goldenen Eber formte.

Brock kühlte unterdessen seine zu doppelter Größe angeschwollene Hand in einem Wassereimer.

»Wollen wir nicht besser eine Pause machen?«, fragte Sindri besorgt.

»Niemals!«, protestierte Brock. »Wir haben nur drei Stunden und hier geht es um unsere Ehre!«

»Wenn du meinst.« Achselzuckend legte Sindri jetzt einen unscheinbaren, goldenen Ring in die Esse. »Und immer dran denken, ganz gleichmäßig«, mahnte er wieder, bevor er nach draußen ging.

Brock begann zu pumpen. So gleichmäßig, als wäre er eine Maschine. Auch noch, als er voller Entsetzen hörte, dass sich sein geflügelter Quälgeist aufs Neue näherte. »Suuuuuummmmmmmmm«

»Hau aaaab!«, brüllte der Zwerg und versuchte, die Bremse durch Pusten von sich wegzuhalten. Aber Loki, listig wie er war, setzte sich dorthin, wohin Brock nicht pusten konnte. Auf seinen Hals!

Wie ein Dolch fuhr der Schmerz in Brocks Körper, erneut schrie er auf. So laut, dass Sindri entgeistert angelaufen kam. Erschrocken sah er, wie Blut am Hals und am rechten Arm seines Bruders herunterlief. Bremsenstiche tun schließlich nicht nur furchtbar weh, sondern bluten zudem auch noch heftig nach. Auch die Griffe des Blasebalgs waren bereits rot verschmiert.

Brüllend vor Wut und Schmerz pumpte Brock trotzdem weiter, obwohl seine Hände beinahe abzurutschen drohten und er fast ohnmächtig wurde vor Schmerz.

»Sind zwei Kunstwerke denn nicht genug?«, seufzte Sindri, während er begann, mit feinsten Hämmerchen den kleinen Goldring zu bearbeiteten, der tatsächlich ohne jeden Fehler aus der Esse gekommen war.

»Nein!«, ächzte Brock entschlossen, schleppte sich nach draußen und stellte sich dort unter einen Wasserlauf, um seine Halswunde und die noch immer stark geschwollene Hand zu kühlen.

»Du bissssst mir ein kleinessss Bisssssschen tzzzzu tapfer«, sirrte Loki, während er mit seinen sechs Beinen an der Höhlendecke hin- und her krabbelte. Mittlerweile etwas nervös. Schließlich hatte er nur noch eine einzige Möglichkeit, seinen Kopf zu retten.

Als Brock zurückkam, legte Sindri den eisernen Rohling eines Hammers ins Feuer.

»Beim Eisen ist es sogar noch wichtiger, dass du gleichmäßig bläst«, meinte er voller Sorge, »schaffst du das wirklich?« Brocks Hand und sein Hals sahen mittlerweile aus, als hätte jemand Luft hineingepustet, so stark waren sie geschwollen. »Ich schaffe das«, knurrte er trotzdem energisch und begann zu pumpen.

»Sssssuuuuuummmmmmmm«

»Hau aaaaaaaaaaabbbbb!«

Verzweifelt warf Brock beim Pumpen seinen Kopf hin- und her, pustete, schrie, schüttelte sich – und doch schaffte es Loki, genau den richtigen Moment abzupassen, sich auf Brocks Stirn zu setzen und genau in der Mitte zuzustechen, so tief er nur konnte.

Der Zwerg aber hatte sich mittlerweile so sehr in Rage gebrüllt, dass der Schmerz beinahe auszuhalten war. Doch dann lief dem armen Brock das Blut in beide Augen und brannte so furchtbar, dass er reflexartig eine Hand vom Blasebalg nahm, um es wenigstens ganz kurz wegzuwischen …

»Summmmm!«

Sehr zufrieden surrte Loki nach draußen. Wie es aussah, hatte er seinen Kopf dann doch noch mal gerettet.

»Wir wären dann soweit.«

Tatsächlich hatte Loki es geschafft, immerhin noch ein paar Minuten zu dösen, bevor die Zwerge zurückgekommen waren.

»Und, was habt ihr für mich?«, fragte er scheinheilig.

»Lass dich überraschen«, entgegnete Brock siegessicher und lief los.

»Wo wollt ihr hin?«

»Nach Asgard«, Sindri grinste herausfordernd. »Du glaubst doch nicht im Ernst, dass wir dich selbst entscheiden lassen, wo es doch um deinen Kopf geht.«

»Na schön«, seufzte der Chaosgott und lächelte. Aber ihm schwante nichts Gutes …

»Wehe, du sagst was Falsches«, zischte Loki Odin zu, während der auf einem großen Podium Platz nahm, das Sindri und Brock eilig aus ein paar Baumstämmen errichtet hatten. Neben den Allvater setzten sich nun noch Thor und der Wanengott **FREY**. Diese drei, so hatten es sich die Zwerge ausgesucht, sollten nun im Beisein aller anderen Götter über ihre Schmiedekünste urteilen.

Und damit über Lokis Kopf.

»Ich sage das, von dem ich denke, dass es stimmt«, entgegnete Odin, und genoss, dass Loki jetzt doch ein wenig blass wurde.

Auch, wenn die beiden seit frühester Jugend befreundet waren und sogar Blutsbrüderschaft geschlossen hatten – Lokis Vorliebe für groben Unfug konnte wirklich mal einen kleinen Dämpfer gebrauchen. Außerdem tat Sif ihm leid. Ihren Kopf in ein großes Tuch gehüllt saß Odins Schwiegertochter beschämt in der hintersten Reihe und wollte von niemandem gesehen werden.

Loki atmete durch. Eigentlich wäre es besser gewesen, zunächst die Zwerge ihre Kostbarkeiten präsentieren zu lassen und dann hinterher mit denen von Ivald und seinen Söhnen aufzutrumpfen. Zur Not hätte er noch ein paar erstaunliche Details dazu schwindeln können, um Skidblatner, Gungnir und das goldene Haar sogar noch erstaunlicher erscheinen zu lassen, als sie ohnehin schon waren.

Da aber nicht nur Thor, sondern auch Odin und sogar Frey wegen der Sache mit der Schere noch immer sehr wütend waren, beschloss Loki, zunächst diese Scharte auszuwetzen und trat als erster vor.

»Liebe Sif«, begann er feierlich und mit der schuldbewusstesten aller Mienen, »was ich dir angetan habe, mache ich nun wieder gut. Dank der unglaublichen Schmiedekunst des Zwerges Ivald und seiner Söhne.«

Ein wenig übertrieben theatralisch ging er dann vor Thors Frau auf die Knie, überreichte ihr die kleine Holzschatulle mit dem Goldhaar …

… und nur Augenblicke später fiel Sif Loki überglücklich um den Hals.

»Die sind viel schöner als die alten!«, seufzte sie selig, nachdem **IDUNA**, die Göttin der ewigen Jugend, ihr einen Spiegel gereicht und Sif hineingeblickt hatte. Ganz hingerissen strich Thors Frau sich mit vor Aufregung zitternden Händen wieder durch ihr funkelnagelneues, glänzendes Haar, das sich tatsächlich sofort wie ihr eigenes angefühlt hatte und auch genauso aussah. Nur besser.

»Da hast du ja gerade noch die Kurve gekriegt«, knurrte Thor, der sich aus Prinzip bemühte, noch nicht allzu begeistert auszusehen – obwohl er zugeben musste, dass das Goldhaar seiner Frau wirklich ganz hervorragend stand.

Loki seufzte. Warum nur hatte er sich auf die dämliche Wette mit Brock eingelassen? Wäre er stattdessen einfach nach Hause gefahren, wären jetzt alle zufrieden gewesen – und er hätte Gungnir den Speer und Skidblatner, das Wunderschiff, für sich behalten können.

Nun aber galt es, neben Thor und Odin noch Frey zufriedenzustellen, nur, damit sein Kopf dort blieb, wo er ohnehin schon war.

»Was soll´s …«, seufzte er leise, zog widerwillig das Wunderschiff aus seiner Tasche, holte dann den Zauberspeer unter seinem Mantel hervor und legte Gungnir vor Odin und Skidblatner vor Frey auf den Boden.

»So etwas Wundervolles! Mir … mir fehlen die Worte!«, stammelte Frey, während er das Wunderschiff immer und immer wieder auseinander und zusammenfaltete.

Odin hatte Gungnir unterdessen nach einem Schwarm Tauben geworfen und betrachtete nun die fein säuberlich hintereinander aufgereihten Vögel, die den Zauberspeer aussehen ließen wie einen übergroßen Schaschlikspieß. »Das ist irgendwie grausam«, sinnierte der Allvater. »Aber gegrillt sicher sehr delikat.«

Sehr zufrieden genoss Loki die mittlerweile herrlich entspannte Stimmung. Völlig egal, was Sindri und Brock anschleppten, seine Geschenke würden nicht zu übertreffen sein.

Brock schien das aber ganz anders zu sehen.

»Ich unterbreche nur ungern«, machte der Zwerg sich etwas ungehalten bemerkbar, »aber jetzt sind wir dran.«

Er wartete einen Augenblick, bis das Publikum zur Ruhe gekommen war, dann schnippste er einmal mit den Fingern – und in vollem Galopp stob aus dem benachbarten Wald ein goldener Eber so rasend schnell vor das Podium, dass selbst Frigg zusammenzuckte – obwohl sie ihn längst hatte kommen sehen.

»Darf ich vorstellen«, der Zwerg deutete auf den Eber, »das ist Gullborste. Er ist schneller als jedes Pferd und kann unter Wasser genauso laufen wie an Land. Sogar in stockdunkler Nacht, weil er so hell leuchtet, dass man auf dem Weg in Umkreis von hundert Metern noch jede Ameise erkennen kann.« Die Asen staunten, sahen aber noch nicht ganz so begeistert aus, wie Brock es gern gehabt hätte. Weswegen er beschloss, noch ein weiteres Opfer für den Sieg zu bringen.

»Eigentlich«, meinte der Zwerg feierlich, »hatten wir vorgehabt, unsere Kunstwerke nur vorzuführen und wieder mitzunehmen. Aber soeben haben wir uns umentschieden – und schenken sie euch.«

Anerkennendes Raunen im Publikum. Loki schnaufte.

Hämisch grinsend schnipste Brock dann einmal mehr mit den Fingern, und schon schoss Gullborste auf den Gott Frey zu, um sich zu dessen Füßen auf den Boden zu legen.

»Von jetzt an gehorcht er dir aufs Wort«, erklärte Brock – und Frey strahlte vor Freude mit dem Eber um die Wette.

»Typisch Frey!«, zischte Loki. »Diese Lusche hat mit der ganzen Sache nichts zu tun und zockt wieder die besten Geschenke ab …«

Es war kein Geheimnis, dass die beiden Götter sich nicht mochten. Sie waren einfach zu unterschiedlich.

Der Fruchtbarkeitsgott hatte vor einiger Zeit sogar sein Schwert verschenkt, so friedlich war er – was Loki für gewöhnlich mit den Worten »dämliches Weichei« zusammenfasste.

»Beim nächsten Mal eben erst denken, dann wetten«, wisperte Frigg, die Allwissende, genüsslich in Lokis Richtung, und der Feuergott biss sich auf die Lippen. Weil die Obergöttin natürlich Recht hatte. Wie immer. Was er genauso hassenswert fand wie Freys Unbedarftheit. Mindestens!

Zu allem Übel war der kleine, unscheinbare Goldring, den Sindri und Brock geschmiedet hatten, jetzt auch noch weit spektakulärer als zunächst erhofft.

»Das …«, erklärte Sindri feierlich und hielt das Kunstwerk in die Höhe, »ist Draupnir – der Tröpfler. Der Ring heißt so, weil jede Nacht acht gleichartige Ringe aus ihm heraustropfen. Wer ihn besitzt, hat für immer und ewig Gold im Überfluss.«

Mit einer kleinen Verbeugung steckte der Zwerg nun dem Allvater das Kunstwerk an den Finger, und der betrachtete es ehrlich beeindruckt. »Das wird keine einfache Entscheidung«, grinste er dann, mit einem deutlichen Seitenblick zu Loki, und dem wurde mulmig.

Um so mehr, als Brock in Richtung des Feuergottes nun mit hämischem Grinsen ein »Kopf ab«-Zeichen machte. Was wegen seines noch immer furchtbar geschwollenen Halses zwar ziemlich albern aussah, Loki aber daran erinnerte, dass es spätestens jetzt an der Zeit war, sich etwas einfallen zu lassen.

»Als Letztes hätten wir hier noch ein kleines Geschenk für Thor!«

Etwas umständlich nestelte Sindri in seinem Mantel und holte einen winzigen Hammer heraus.

»Dieser Hammer heißt Mjöllnir, der Zermalmer«, fuhr Sindri fort. »Leider ist sein Stiel etwas kurz geraten, wegen eines fiesen Insekts, das meinen Bruder beim Schmieden gepiesackt hat. Trotzdem liegt er sehr gut in der Hand.«

»Und was kann er?«, neugierig drehte Thor den Mjöllnir in seinen mächtigen Händen. Dabei bemerkte er bereits staunend, dass Mjöllnir ganz von selbst größer und kleiner werden konnte.

»Wirf ihn einfach mal«, lächelte Sindri. »Vielleicht nimmst du als Ziel einfach diesen Berg dort hinten.« Mit seinem kleinen Zeigefinger deutete er auf einen Gipfel in Jotunheim, der so weit entfernt war, dass man gerade noch einen winzigen Umriss am Horizont erkennen konnte.

Einigermaßen skeptisch holte Thor aus, warf den Hammer grob in die Richtung des Berges …

… und nur wenige Augenblicke später stieg dort, wo eben noch ein Berg gewesen war, eine mächtige Staubwolke in den Himmel …

… während der Hammer bereits kehrtgemacht hatte, schnell wie der Blitz zu Thor zurückgeflogen war, einen Meter vor ihm schlagartig abgebremst hatte und sich nun sanft wieder in die Hand des Donnergottes schmiegte.

Thor – und auch alle anderen Götter – waren sprachlos.

»Er trifft immer sein Ziel, egal, wie weit es entfernt ist, und kommt danach sofort zu Thor zurück«, erklärte Brock seelenruhig und genoß sichtlich die Verblüffung aller Anwesenden. »Damit wird es für dich ein Kinderspiel sein, jeden noch so großen Riesen kleinzukriegen.«

»Das ist … der … der Hammer!«, stotterte Odin vor Begeisterung. Auch das Publikum war außer sich. Sämtliche Gottheiten johlten und klatschten.

»Auch, wenn der Stiel zu kurz geraten ist«, befand Odin, nachdem alle sich wieder beruhigt hatte. »Dieses Kunstwerk ist so unendlich nützlich und erstaunlich, dass es alle anderen Kostbarkeiten in den Schatten stellt.«

Loki war fassungslos. Das konnte nicht Odins Ernst sein. Sie waren Freunde! Wütend wollte der Feuergott auf den Allvater losgehen, besann sich dann aber doch lieber auf sein Verhandlungsgeschick.

»Wie wäre es«, schlug er den Zwergen deshalb mit etwas schiefem Grinsen vor, »wenn ich euch eure Geschenke einfach bezahle?« »Dann sind wir wieder quitt, und wenn ihr wollt, seid ihr heute Abend meine Gäste …«

»Vergiss es«, entgegnete Brock genüsslich.

Woraufhin Loki davonrannte, so schnell er nur konnte.

Was sehr schnell war, weil er Zauberschuhe besaß, in denen er nicht nur über Land, sondern auch durch die Luft und über Wasser laufen konnte.

Brock tobte.

»Haltet ihn auf!«, brüllte er. »Oder wir nehmen unsere Geschenke wieder mit!«

»Auf keinen Fall!«, rief Thor, griff nach seinem neuen Wunderhammer und rannte Loki hinterher.

»Also gut, ihr könnt mir den Kopf abschlagen. Das war so abgemacht und da halte ich mich auch dran.«

Mehr als widerwillig kniete Loki vor den Zwergen und beugte sein Haupt. Woraufhin Odin dann doch Angst bekam. Zwar hatte der Feuergott wirklich eine Abreibung gebrauchen können, und der Allvater war auch ehrlich begeistert über den Hammer gewesen – aber den Sieg hatte Odin doch nur deshalb Sindri und Brock zugesprochen, weil seinem Freund Loki im letzten Moment doch immer noch ein rettender Einfall kam.

So war es zumindest bisher gewesen.

Jetzt aber ergab der Chaosgott sich völlig kampflos seinem Schicksal. Das hatte er noch nie getan. Voller Sorge wechselte der Allvater einen Seitenblick mit Thor, der ebenfalls schon bitter zu bereuen schien, dass er Loki nicht hatte entkommen lassen.

Um so mehr, als Brock nun mit sehr entschlossenem Grinsen ein kleines, goldenes Messer aus seiner Tasche zog – das sich im nächsten Augenblick in ein mächtiges Beil verwandelte.

»Ich habe es extra nicht nachgeschärft, damit die Klinge ein bisschen länger braucht«, fauchte Sindri hämisch, und Brock holte aus.

»Haaaaalt!«, rief Loki.

»Was?«

»Ich hätte da noch eine kleine Frage.«

Brock wollte gar nicht darauf eingehen und gleich zuhauen. Aber Odin hielt ihn zurück.

»Er hat da noch eine Frage.«

»Na schön.«

»Womit genau soll die Klinge länger brauchen?«, erkundigte sich Loki dann mit der ihm größtmöglichen Unschuldsmiene.

»Damit, deinen Hals zu durchtrennen, du Idiot«, knurrte Brock.

»Moooment mal!«, Loki sprang auf. »Der Hals war nicht Teil unserer Abmachung! Ich habe nur von meinem Kopf gesprochen.«

»Puh!«, atmete Odin erleichtert durch und versuchte, sich ein Grinsen zu verkneifen. Genau das war der rettende Einfall, auf den er gewartet hatte.

»Halt die Klappe und knie dich wieder hin!«, schimpfte Sindri.

Doch Odin ging dazwischen: »Nach allem, womit ihr uns beschenkt habt, sage ich das nur sehr ungern«, erklärte er dann und bemühte sich, dabei möglichst allväterlich und ehrwürdig zu wirken, »aber Loki hat Recht. Wenn ihr seinen Kopf nicht abschlagen könnt, ohne seinen Hals zu verletzen, müsst ihr leider darauf verzichten.«

»WAS?«

»Ist, wie es ist. Tut mir leid.«

»Ihr … ihr habt uns reingelegt! Geht man so mit seinen Gästen um? Oder überhaupt mit irgendjemandem?!«

Hilflos und außer sich vor Wut blickten Sindri und Brock in die Runde. Aber alle Asen, sogar Frey und der gutmütige Baldur wichen ihren Blicken aus und spitzten die Lippen, um sich ihr Grinsen zu verkneifen.

»Wir könnten seinen Kopf einfach halbier…«

»… kein schlechter Gedanke«, unterbrach Odin Brock vorsichtshalber sofort, »aber soweit ich mich erinnere, hat Loki nur von ‚Kopf abschlagen' und weder von ‚Halbieren', noch von ‚Zerhacken' gesprochen. Also besteht diese Möglichkeit leider nicht.«

»Na schön«, zischte Sindri durch die Zähne, »Ihr habt gewonnen. Aber wenn ich nicht seinen Kopf haben kann, will ich wenigstens sein dummes Geschwätz los sein!«

Blitzschnell griff er in seine Tasche, dann flirrte etwas durch die Luft.

»Sssssssuuuuuuummmmmmmm…«

Keine Bremse. Sondern eine verzauberte Nadel. Mit einem dicken, festen Faden daran …

»Mpffffff pffff mmmmpffffff hmmmpffff pmffffmmmfff!«, protestierte Loki. Schon seit über drei Stunden.

Leider war sein »Hilft mir vielleicht mal jemand? Aber Dalli!« aber nicht zu verstehen. Genauso wenig, wie alles andere, was Loki seit ein paar Stunden vor sich hin schrie, schimpfte, fluchte, wimmerte und bettelte.

Weil Brocks verzauberte Nadel seinen Mund zugenäht hatte. So schnell, dass ihm keiner seiner Götterkollegen hatte zu Hilfe kommen können.

Oder wollen.

»Ist heute wirklich herrlich ruhig hier«, lächelte Sif und strich sich durch ihr Goldhaar.

Ob Loki seine Lehren aus diesem Abenteuer gezogen hat? Natürlich nicht. Auch, wenn die Wunden an seinem Mund nach dem Herausreißen der Fäden sicher noch lange weh getan haben.

Sein immerwährender Hang zu Unfug und Chaos ist schließlich keine Schwäche, sondern seine göttliche Superkraft. Mit der er, zumindest behaupten das viele, noch heute die neun Welten durcheinander wirbelt und immer aufs Neue dafür sorgt, dass es nicht langweilig wird.

Genau deshalb hat Odin damals ja schließlich auch mit Loki, dem Riesen, Blutsbrüderschaft geschlossen und ihn zu den Asen geholt. Weil der Feuergott nun einmal auch der Gott der Spannung und der zündenden Ideen ist.

Und so unmöglich sich Loki auch benimmt, die Asen wissen, was sie an ihrem Blutsbruder haben. Was wäre Thor schließlich ohne seinen Hammer, Odin ohne Gungnir und Frey ohne seinen Eber Gullborste?

Allerdings treibt es der Chaosgott bisweilen auch ganz schön doll …

Wie Loki seinen Freund Thor dem Riesen Geirröd auslieferte

Eines Morgens, Odin Allvater und Frigg, die Allwissende, saßen gemeinsam auf Hlidskjalf und blickten auf die neun Welten, schlich sich Loki in Friggs leeren Palast. Natürlich nicht unbemerkt – Frigg wusste ja schließlich, dass er kommen würde.

Weswegen Loki es auch nicht für nötig hielt, sie zu fragen, ob er sich heute ausnahmsweise etwas von ihr ausleihen dürfte.

»Wenn sie etwas dagegen hätte, wäre sie hier und würde mich daran hindern«, befand er – und holte eines ihrer kostbarsten Besitztümer aus ihrer Kleidertruhe: Friggs Falkengewand.

Ein mehr als magisches Kleidungsstück. Wer es anzog, konnte sich ohne jeden Aufwand in einen Falken verwandeln und durch sämtliche neun Welten fliegen. Zwar war Loki Gestaltwandler, es war ihm also ohnehin möglich, so gut wie jedes nur erdenkliche Erscheinungsbild anzunehmen, aber sein Aussehen längere Zeit zu ändern, war sehr anstrengend und erforderte große Konzentration.

In Friggs Falkengewand dagegen konnte man stunden- oder sogar tagelang ganz entspannt durch die neun Welten fliegen. So unkompliziert, dass es sogar noch möglich war, sich nebenbei neuen Unfug auszudenken.

Oder zum Spaß Riesen zu ärgern.

Tatsächlich war Loki in Friggs Gewand in kürzester Zeit bis nach Jotunheim geflogen und dort in die kärgste und unwirtlichste Gegend. Dorthin, wo der Riese Geirröd und sein ebenso riesenhafter Diener auf den fast gänzlich nackten Felsen vor ihrer Burg gerade Ausschau nach einem Mittagessen hielten. Mit gebücktem Rücken suchten die beiden die wenigen grünen Fleckchen nach Wurzeln, Beeren oder essbaren Gräsern ab. Etwas anderes gab die Ödnis einfach nicht her.

Es sei denn, es kam zufällig ein Falke vorbei.

»Fang ihn! Schnell!«, rief Geirröd seinem Diener zu, als er sah, dass Loki sich oben in der großen Halle in eines der Fenster gesetzt hatte.

Mit knurrendem Magen und voller Vorfreude auf den gegrillten Vogel sprang Geirröds Diener sofort in den erstbesten Mauervorsprung und begann die Wand hochzuklettern. Wobei er sich alles andere als geschickt anstellte und furchtbar keuchte, schwitzte und ächzte.

Grinsend genoss Loki das unverhoffte Schauspiel. Er ließ Geirröds Diener näher und näher kommen, freute sich diebisch auf dessen langes Gesicht, wenn er im letzten Moment wegfliegen würde …

… und bemerkte zu spät, dass er festhing! Im Fenster der uralten Burg hatte ein kleiner Strauch Wurzeln geschlagen, in dem seine Vogelkrallen sich verfangen hatten.

Erschrocken flatterte Loki aufgeregt mit den Flügeln, um sich loszureißen – aber da hatte die riesige Hand des Dieners ihn bereits gepackt und seinen Körper so sehr zusammengequetscht, dass er kaum noch Luft bekam.

»Das hast du gut gemacht«, lobte Geirröd seinen Getreuen, warf einen Blick auf den Vogel – und stutzte. »Siehst du, was ich sehe?«, fragte er – denn er war zwar grobschlächtig, aber sehr schlau.

»Nein«, antwortete der Diener, der nur grobschlächtig war.

»Diese Augen«, erklärte Geirröd. »Das sind nicht die Augen eines Vogels. Ich bin sicher, da steckt jemand anderes drin. Jemand, der uns wesentlich mehr nützen kann, wenn wir ihn nicht essen, sondern ein Lösegeld für ihn fordern.«

Zwar verstand der Diener nicht, was Geirröd meinte. Weil das aber häufiger vorkam, fragte er nicht weiter nach und übergab seinem Herrn den Vogel, statt ihn in der Küche auf einen Bratspieß zu stecken.

»Dann wollen wir doch mal sehen, wer sich hier als Falke verkleidet hat.«

Mit hämischem Grinsen zerrte Geirröd an Lokis Gefieder und versuchte, ihm das Falkengewand auszuziehen. Was ihm aber nicht gelang. Schließlich war der Feuergott Schmerzen gewohnt und durch ein bisschen Ziepen nicht aus der Ruhe zu bringen. Auch nicht durch ein bisschen mehr Ziepen. Oder durch noch ein bisschen mehr.

»Na schön«, grollte Geirröd. »Dann eben anders.«

Wütend stopfte er den armen Feuergott in einen kleinen Holzkasten, der so eng war, dass Loki sich nicht im geringsten rühren konnte.

»Irgendwann wirst du essen oder trinken müssen«, knurrte der Riese. »Sobald du dich zu erkennen gibst, bist du mein Gast. Tust du es nicht, verhungerst und verdurstest du hier drin.«

Der Feuergott schwieg – weil er fest damit rechnete, sich schnellstmöglich in ein Würmchen oder eine Fliege verwandeln und durch das winzige Luftloch ins Freie gelangen zu können. Doch dann schloss Geirröd den Deckel – und Loki stellte erschrocken fest, dass er sich kein bisschen rühren – und so auch das Falkengewand nicht ausziehen konnte. Er war gefangen.

Trotzdem war so ein Feuergott zäh und auch ziemlich tapfer – weshalb es geschlagene drei Monate dauerte, bis Loki schließlich, völlig abgemagert und fast am verdursten, um etwas zu essen und zu trinken bat.

»Wo warst du denn so lange?«, kopfschüttelnd begrüßte Thor den Feuergott, der über die Regenbogenbrücke zu Fuß nach Asgard zurückkam. »Frigg ist schon ganz sauer. Sie will endlich ihr Falkengewand wiederhaben!«

»Das muss ich erstmal waschen, ich hatte es … etwas zu lange an«, ächzte Loki und schnüffelte angewidert an der Tasche, in der er das Vogelkleid mit sich trug. »Vorher, mein Freund, musst du aber mal kurz mit mir mitkommen.«

»Wieso das denn?«

»Nur so. Geht ganz schnell.«

Und ehe Thor sich's versah, hatte Loki seine Zauberschuhe an, schob den Donnerer mit jeder Menge Nachdruck erst über die Regenbogenbrücke nach Midgard und von dort Richtung Jotunheim.

»Was soll das? Ich war mit Sif zum Essen verabredet!«, beschwerte sich Thor.

»Überraschung! Wir essen heute Abend in Jotunheim!«

Loki grinste – aber sein Grinsen sah irgendwie schief aus.

»Du spinnst wohl! Ich habe nicht einmal meinen Hammer dabei!«

»Das ist guuut!«, freute sich Loki. »Geirröd, der liebe, sehr gastfreundliche Riese, bei dem wir eingeladen sind, würde es ohnehin als Beleidigung empfinden, wenn du bewaffnet bei ihm aufkreuzt.«

»Irgendwie habe ich das Gefühl, dass etwas nicht stimmt, Loki«, meinte Thor.

Womit der Donnerer zweifelsohne Recht hatte.

Auch, wenn er natürlich nicht wusste, dass Geirröd für Lokis Freilassung einen Preis verlangt hatte.

Nämlich den, ihm Thor auszuliefern. Unbewaffnet!

Leider hatte Loki darauf sogar einen Eid schwören müssen. Und ein Eid war nun einmal ein Eid. Auch für den Gott des Chaos und des Unfugs.

Aber all das sagte Loki dem Donnerer natürlich nicht.

»Das Ganze wird ein großer Spaß!«, beteuerte der Feuergott stattdessen. »Vertraue mir!«

»Ich habe Hunger!«

Thor war verärgert. Schließlich waren sie jetzt bereits mehrere Stunden gelaufen, und Spaß hatte er nun wirklich noch keinen gehabt.

»Na schön!«, seufzte Loki und sah sich etwas hilflos um. Wenigstens war in diesem Teil von Jotunheim die Landschaft noch nicht ganz so karg wie in der Heimat Geirröds. Hier und dort gab es zwischen den Felsen noch kleine Wäldchen – und am Rand des einen stand ein Haus. Eines, das sogar recht einladend aussah.

»Ihr wollt wirklich zu Geirröd?«

Erschrocken schüttelte die Riesin Grid, der das Haus am Waldrand gehörte, ihr gigantisches Haupt. »Tut das nicht! Er ist ein Schurke, richtig gefährlich! Wenn ihr jemals aus seinem Palast wieder herauskommt, dann tot!«

»Wie bitte?«

Thor erschrak.

Woraufhin Loki so tat, als ob er erschrak: »Du meinst, Geirröd hat mich reingelegt, als er uns so freundlich zum Essen eingeladen hat? Das wäre ja furchtbar!«

»Ich meine, du hast deinen Freund Thor hereingelegt«, entgegnete Grid ungerührt.

Loki fuhr erschrocken zusammen. Dann aber bemerkte er erleichtert, dass Thor gar nicht verstanden hatte, was Grid meinte. Wegen des Wetzsteins in seinem Schädel war er in solchen Dingen manchmal zum Glück etwas langsam.

Grid nahm Loki um so wütender beiseite. »Wie kannst du deinem Freund so etwas antun?«, schimpfte sie. »Geirröd ist heute schon in ganz Jotunheim herumgelaufen und hat damit geprahlt, dass er Hrungnir rächen wird. Er will Thor erschlagen, wenn er unbewaffnet zu ihm kommt.«

»Ich habe das nicht freiwillig getan!«, versuchte Loki sich zu erklären. Mit Unschuldsmiene erzählte er Grid dann die Geschichte vom Falkengewand, seiner Gefangennahme und seinem Eid – und hinterher noch ein wenig von hilflosen Katzenbabies, armen, alten Mütterchen und goldlockigen Königskindern, die er auf seiner Reise angeblich alle gerettet und für die er sich noch dazu heldenhaft aufgeopfert hätte.

Grid, die sehr einsam lebte und nur selten Besuch bekam, schluchzte vor Rührung.

»Ich helfe dir«, schniefte sie, »und ich helfe Thor!«

Sehr entschlossen öffnete die Riesin dann eine große, schon ziemlich eingestaubte Kiste hinter ihrem Esstisch und holte einen Stab, einen geschmiedeten Gürtel und Eisenhandschuhe heraus. »Diese drei Dinge haben meinem verstorbenen Mann gehört. Er braucht sie nicht mehr, jetzt sollt ihr sie haben.«

»Das war aber eine nette Frau«, fand Thor, als sie wenig später in Richtung der Jotunheimer Einöde auf den Fluss Wimur zuliefen. »Und jetzt, wo ich wieder bewaffnet bin, freue ich mich richtig darauf, diesem Geirröd eins auf die Nase zu hauen. Als Strafe dafür, dass er uns reinlegen wollte.«

»So gefällst du mir«, entgegnete Loki, voller Hoffnung, die ganze Geschichte trotz seines Eides noch zu einem glimpflichen Ende zu bringen.

Weil das Wasser des Wimur ganz ruhig floss und so niedrig stand, dass es Thor nur bis zur Hüfte ging, beschlossen die beiden Götter, einfach hindurch zu waten. Loki, der kleiner war als der Donnerer, sollte sich dabei sicherheitshalber an Thors neuem Gürtel festhalten.

Zwar war das Flussbett ziemlich breit, aber die beiden Götter kamen gut voran und hatten schon fast die Mitte erreicht – da begann plötzlich das Wasser zu steigen.

Thor

Erst bis zu Thors Bauch, dann bis zu Thors Schultern. Und bis zu seinem Hals! Mit aller Kraft kämpfte der Donnerer sich vorwärts, konnte sich in der immer mehr anschwellenden Strömung kaum mehr auf den Beinen halten. »Lass dir was einfallen, Loki! Sonst ertrinken wir hier!«, brüllte er gegen das Dröhnen der Wellen an.

»Ich versuch's ja!«, brüllte Loki zurück, klammerte sich verzweifelt am Gürtel von Grids Mann fest, hatte aber ausnahmsweise so gar keine rettende Idee.

Immer reißender wurde der Fluss. Und plötzlich auch immer gelber! Und seltsamerweise begann er auch immer mehr zu stinken!

»Da obeeen!«, schrie Loki entgeistert und zeigte in Richtung der Quelle des Flusses. Dorthin, wo jetzt eine sehr wütende Riesin auf einem Steinhaufen stand – und einen scharfen, dottergelben, nicht enden wollenden Strahl Riesinnenpisse in den Wimur sprudeln ließ!

»Das ist widerliiiich!«

Rasend vor Ekel griff Loki nach einem großen Stein, der in der Pisse gerade an ihm vorbei strudelte, schleuderte ihn mit voller Kraft in Richtung des Riesenmädchens – und traf es genau am Hinterkopf!

»Auuuuuuuuuu!«, schrie die Riesin, rutschte auf den glatten Steinen aus und fiel kopfüber in die von ihr erschaffenen, gelben Wassermassen …

Tropfnass, schlotternd vor Kälte und furchtbar stinkend kamen Thor und Loki schließlich an Geirröds Palast an.

»Ich hoffe, der kleine Willkommensgruß meiner Tochter Gjalp hat euch ein wenig gefallen«, begrüßte der Riese sie mit hämischem Grinsen. »Aber ich will nicht unfair sein, wärmt euch erstmal auf. Die Tiere hier drin duften genauso gut wie ihr.«

Unsanft schaufelte Geirröd die beiden Götter mit einer seiner Riesenpranken in einen Ziegenstall.

»Heeey! Mal was von Gastfreundschaft gehört?«, empörte sich der Feuergott lautstark. Thor dagegen freute sich. »Ich mag Ziegen! Außerdem ist es hier drin schön warm. Vielleicht ist Geirröd doch nicht so ein Schurke, wie Grid behauptet.«

Dankbar für etwas Ruhe setzte der Donnerer sich auf den einzigen Stuhl und schoss auf diesem im nächsten Augenblick in rasendem Tempo Richtung Decke! Als würde unter der Sitzfläche plötzlich eine Säule wachsen, die ihn gnadenlos an den Dachbalken zu zerquetschen drohte.

Erstaunlicherweise blieb Thor aber völlig gelassen – dank der göttlichen Superkraft seines gemächlichen Gehirns. Was er nicht in Gänze verstand, konnte ihn schließlich auch nicht in Panik versetzen.

»Der Stuhl ist komisch, irgendwie …«, schnaufte er stattdessen nur verdattert. Dann griff er seelenruhig zu dem Stab, den Grid ihm geschenkt hatte und den er noch an seinem Gürtel trug, drückte damit von unten gegen das Dach und sich selbst samt Stuhl wieder auf den Fußboden zurück.

So kraftvoll, dass es unter ihm jetzt erstaunlich laut krachte und knackte.

»Was machen die denn da?!«

Nun doch etwas erschrocken blickte Thor auf die Dielen. Dort, wo bis eben nur Stroh und Ziegenköttel gewesen waren, lagen jetzt zwei Riesinnen! Leblos ineinander verknäuelt, mit ungesund verdrehten Gliedmaßen – und gebrochenem Genick: Geirröds Töchter Gjalp und Greif.

»Ich fürchte«, ächzte Loki, »die beiden haben sich unsichtbar gezaubert und hier unter dem Stuhl auf dich gewartet. Um dich dann an der Decke zu zerquetschen. Das war wirklich fies.«

»Nein, das war dämlich«, stellte Thor ungerührt fest und ging mürrisch nach draußen.

»Ich habe Hunger, Geirröd!«, brüllte er dann in den Hof. »Was ist mit dem Essen, das du mir versprochen hast? Oder soll ich deine Ziegen schlachten?«

»Hiiier geht's laaaang!«

Geirröd, bessessen von dem Gedanken Hrungnir zu rächen und damit der berühmteste aller Riesen zu werden, dachte keinen Augenblick daran, vielleicht mal nach seinen Töchtern zu sehen. Stattdessen führte er Thor mit süßlichem Lächeln in eine benachbarte Halle.

»Lass uns, bevor das Festmahl beginnt, noch ein wenig spielen«, schlug der Riese dann dem Donnerer vor. Mit so verschlagenem Grinsen, dass jeder andere sofort misstrauisch geworden wäre. Thor aber freute sich über die willkommene Abwechslung.

»Was spielen wir denn?«

»Fangen!«, rief Geirröd. Unter hönischem Gelächter holte er dann mit einer langen Zange ein riesiges Stück weiß glühendes Eisen aus dem Kaminfeuer und warf es in Richtung des Donnergottes.

»Au ja!«, juchzte Thor, zog voller Vorfreude und in aller Ruhe Grids Eisenhandschuhe an, fing damit den zischenden Metallklumpen …

… und warf ihn wieder zurück.

»Die Riesen von heute halten aber auch gar nichts mehr aus!«

Ein wenig enttäuscht betrachtete Thor das riesige Loch in Geirröds Brustkorb, das an seinen Rändern noch immer heiß dampfte.

»Und ihre Burgen auch nicht«, feixte Loki und deutete auf ein fast ebenso großes Loch in der Wand. Von dessen Rändern tropfte geschmolzenes Gestein auf den Boden – dort wo der glühende Eisenkloß die Mauer zur Küche durchschlagen hatte.

»Weißt du was? Langsam glaube ich, Grid hatte Recht. Dieser Geirröd war wirklich ein ganz besonders hinterlistiger Schurke. Guck mal!«

Aufgebracht zeigte der Donnerer durch das Loch in die Küche – über deren Feuern nicht ein einziger Kessel hing.

»Kein Essen! Nirgendwo! Nicht das kleinste Bisschen!«

»Das ist wirklich sehr, sehr hinterhältig! Was für ein mieser Halunke! Wie gut, dass wir ihn gerade noch rechtzeitig durchschaut haben, diesen Gauner!«, schimpfte

Loki. Ein wenig zu überschwänglich, aber – schließlich entbrannte auch und gerade ein Feuergott bisweilen in freundschaftlicher Liebe – voller Mitgefühl für seinen arglosen, treuherzigen Freund mit dem Wetzstein im Kopf.

»Und wo kriege ich jetzt was zu essen her? Wenn ich nur daran denke, dass Sif seit heute Mittag zu Hause diesen riesigen Kessel Gulasch … Mir ist schon ganz schwindelig vor Hunger!«

»Bist du sehr geruchsempfindlich?«

»Nein, wieso?«

»Dann fliegen wir. Das geht schneller.«

Drei Monate Dauerbetrieb, ein Bad in Riesenpisse, und als Krönung war Friggs Falkengewand jetzt auch noch komplett ausgeleiert, nachdem Loki und Thor sich gemeinsam hineingezwängt hatten.

»Mir völlig egal, wie lange du schrubbst«, Frigg lächelte so eisig, dass ein Blick in ihre Augen sich anfühlte wie Hirnfrost, »es wird aussehen wie neu, wenn du es zurückbringst. HAST DU DAS VERSTANDEN?«

Wimmernd hielt Loki sich den schmerzenden Hinterkopf. »Du hast doch gewusst, was passieren wird! Wieso hast du zugelassen, dass ich mir dein Falkenkleid leihe, wenn du jetzt so zickig reagierst?«

»Weil es dreckig war und ich einen Dummen brauchte, der es wäscht.«

»Was?«

»Ja, das ist schrecklich aufwändig. Aber wirst du ja jetzt selbst merken.«

»Und wenn ich mich weigere?«

»Dann verrate ich Thor, wer der wirkliche Halunke war.«

Woraufhin Loki, während Thor im Kreise seiner Lieben endlich etwas zu essen bekam, sich zähneknirschend an die Arbeit machte.

Eines muss man zugeben: So hinterlistig und gemein Loki bisweilen ist – er lässt sich in den meisten Fällen auch wirklich etwas einfallen, um die Asen aus jeder Art von Schlamassel wieder herauszuboxen.

Sogar aus Schlamassel, den er – auch das gibt es – gar nicht verursacht hat. Erstaunlicherweise bekommt es der Feuergott dann sogar fast immer so hin, dass die ganze Sache am Ende noch irgendetwas Gutes hat.

Für alle – außer für Loki.

Wie Loki Iduna entführt und einen Mann für Skadi findet

Auf einer ihrer Wanderungen hatten Odin, Hönir und Loki sich weit in das Gebiet der Hrimtursen, der mürrischen, äußerst streitlustigen Frostriesen vorgewagt. Der Ritt durch vereiste Schluchten und über verschneite Bergkämme war äußerst beschwerlich, und alle bekamen viel schneller Hunger als erwartet.

Wie gut, dass die drei, etwas versteckt in einem kleinen Tal, einige wilde Rinder vorfanden.

Schon wenig später stapelte sich eine ansehnliche Menge Fleisch in dem großen Kessel, den die drei zur Zubereitung ihres Proviants immer dabei hatten. Wasser für eine leckere Brühe gab es dank des vielen Schnees ja genug, und Hönir hatte sogar noch ein paar Kräuter und etwas Salz zum Würzen in seiner Manteltasche gefunden.

Jetzt fehlte nur noch ein Feuer, um das Ganze zum Kochen zu bringen.

Und genau das war das Problem. Denn bis auf eine uralte Eiche, deren Äste so hoch hingen, dass keiner der drei Götter an sie herankam, gab es weder oben auf den Bergkämmen, noch unten im Tal auch nur das kleinste bisschen Feuerholz.

»Uns bleibt nur, das Fleisch klein zu hacken und roh zu essen«, schlug Hönir vor. Und bemerkte daran, wie angewidert Loki das Gesicht verzog, dass der Vorschlag vielleicht doch verbesserungswürdig war. Einigermaßen ratlos starrten die drei Götter auf den eiskalten Kessel.

Da flog von etwas weiter oben im Tal ein Adler auf sie zu und landete oben in der Eiche. »Braucht ihr Feuerholz? Ich kann euch gern helfen und im benachbarten Tal etwas sammeln«, begann der Vogel zu sprechen.

Für einen Adler klang er dabei außergewöhnlich freundlich, was sofort Lokis Misstrauen weckte: »Was ist der Preis dafür, dass du uns hilfst?«

»Gebt mir einfach ein paar Stücke Fleisch ab«, antwortete der Adler. »Dann haben wir alle etwas davon.«

Odin und Hönir freuten sich über die willkommene Unterstützung, und schon bald machten es sich alle am prasselnden Feuer bequem. Auch Loki. Im Gegensatz zu seinen beiden Freunden beobachtete er den Adler aber trotzdem mit Argwohn. Weil er nun einmal am besten wusste, wie Leute sich benahmen, die etwas im Schilde führten. Ganz egal, ob Götter, Riesen, Menschen, Zwerge – oder Adler.

Und tatsächlich!

Odin wollte nur eben nachsehen, ob das Fleisch schon gar war, da hatte der Adler sich blitzschnell bereits die besten Stücke herausgepickt und wollte mit ihnen davonfliegen.

»Das ist unser Filet!«, schrie Loki wütend, schnappte sich ebenso blitzschnell einen großen Bratspieß aus dem Küchenzubehör und stieß ihn dem Adler kräftig in die Federn.

Allerdings war Loki ein wesentlich besserer Unruhestifter als Jäger. Weshalb er den Adler zwar durchbohrte, aber an einer so falschen Stelle, dass der Adler nicht nur noch lebte, sondern es sogar schaffte, sich in die Luft zu erheben. Zu allem Übel vergaß Loki dann noch vor Schreck, rechtzeitig wieder loszulassen, hing nun an seinem

Bratspieß hoch oben in der Luft und wurde von dem riesigen Vogel in Windeseile ins nächste Tal verschleppt.

»Hilfeeeee!«, schrie der Feuergott um sein Leben, aber der Adler war schon viel zu weit weg, als dass Odin und Hönir ihn noch hätten hören können.

»Der schafft es schon alleine nach Hause!«

Nachdem sie den Himmel kurz abgesucht und Loki nicht mehr gesehen hatten, beschlossen sie, lieber gemütlich aufzuessen, statt Weiteres zur Rettung des Feuergottes zu unternehmen. Danach ritten sie noch etwas weiter und kehrten schließlich in gemächlichem Tempo nach Asgard zurück, während Loki weiter verzweifelt an seinem Bratspieß hing.

»Lass mich runter, du verdammtes Vieh«... »Landen habe ich gesagt!«... »Bist du taub, Mann?«... »Ich reiße dir jede Feder einzeln aus, wenn ich dich in die Finger kriege!«.... »Thor reißt dir jede Feder einzeln aus, wenn er dich in die Finger kriegt ...«

Zwar hatte Loki den Adler in den letzten Stunden unablässig beschimpft, beleidigt und bedroht, aber alles hatte nichts geholfen, und mittlerweile fühlte es sich an, als würden seine Arme gleich an den Schultern abreißen.

Weswegen der Feuergott sich nun schweren Herzens zu dem Schritt durchrang, mit dem das Unheil für gewöhnlich seinen Lauf nahm: »Lass mich runter! Bitte! Du bekommst von mir, was du willst! Alles! Ich schwöre!«

Am nächsten Morgen – tatsächlich hatte sich niemand darüber gewundert, wie schnell Loki dann doch wieder nach Hause zurückgekehrt war –, passte der Feuergott **IDUNA**, die Göttin der ewigen Jugend, auf dem Rückweg von ihrem Obstgarten ab.

Wie immer hatte sie einen großen Korb frisch geernteter, goldener Äpfel dabei. Denn obwohl Iduna als Tochter des Zwerges Ivald von sehr kleiner, zarter Statur war, hatte sie bei den Asen eine der größten und gewichtigsten Aufgaben: Sie war dafür zuständig, dass die Gottheiten nicht alterten. Denn auch, wenn die Körper der Asen wesentlich widerstandsfähiger waren als die von uns Menschen – ohne Idunas Hilfe wären auch Odin, Frigg, Loki, Freya, Heimdall und all die anderen innerhalb einiger Jahrhunderte an Altersschwäche gestorben.

Genau das aber wusste Iduna, die Verjüngende, durch ihren Obstgarten zu verhindern. Bewässert von einem Jungbrunnen pflegte sie dort einige ganz besondere Apfelbäume. Goldene Früchte hingen das ganze Jahr über in deren Zweigen, und wer von ihnen auch nur den kleinsten Bissen aß, dessen Knochen und Muskeln wurden wieder kräftig, alle Falten und Fettpölsterchen verschwanden wie von Zauberhand, eingefallene Wangen wurden wieder prall und rosig, und graue Haare bekamen ihre alte Farbe zurück.

Ohne diesen Bissen allerdings alterten die Asen aufgrund ihrer unzähligen Lebensjahre mittlerweile wie im Zeitraffer. Weswegen es in Asgard kaum eine wichtigere Aufgabe gab als Idunas allmorgendlichen Spaziergang zum Apfelgarten.

Aber nur die reifsten, ganz frisch geernteten Äpfel entfalteten ihre volle Zauberkraft. Wollte man auf Reisen gehen, musste man deshalb für die Zeit des Fortseins Äpfel im Voraus essen, weil es so gut wie unmöglich war, die Früchte zu lagern.

»Iduna, du liebreizendste aller Göttinnen, hättest du einen Moment Zeit?«

Mit seinem charmantesten Lächeln kam Loki hinter einem Baum hervor und hakte sich bei der Göttin der Jugend unter.

»Was willst du?«, fragte Iduna skeptisch, denn sie kannte Loki gut genug, um zu wissen, dass er so gut wie nie grundlos freundlich war.

»Ich würde dir gern etwas zeigen«, erklärte der Feuergott und versuchte, dabei möglichst ehrlich und unschuldig auszusehen. »Eine Lichtung mit wilden Apfelbäumen, gleich am inneren Rand von Jotunheim, also gar nicht weit entfernt. Die Bäume sehen aus, als wären es genau solche Zaubergewächse wie die in deinem Garten. Vielleicht hast du ja Lust, sie umzupflanzen. Dann hättest du Ersatz, falls einer deiner Bäume einmal eingeht.«

Iduna staunte. So vorausschauend kannte sie Loki gar nicht. Um so mehr, als der Feuergott ihr vorschlug, sicherheitshalber jetzt gleich mit den Äpfeln ganz kurz mal bei den wilden Bäumen vorbeizugehen. So könnten sie am besten vergleichen, ob es tatsächlich dieselbe Sorte war.

Zwar warteten in Asgard alle Gottheiten auf ihre tägliche Verjüngungsration. Aber ein paar Minuten Umweg konnten ja eigentlich kein Problem sein …

Sehr aufgeregt – die Göttin der Jugend konnte sich für seltene Pflanzen mindestens so sehr begeistern wie andere Leute sich für Fußball oder ihre Lieblingsband – kam Iduna wenig später mit Loki dort an, wo die Zauberbäume hätten stehen sollen.

Aber nicht standen.

Etwas verwundert sah Iduna sich um. Die einzigen Bäume, die sie sah, waren große, dunkle Tannen, die die Lichtung umringten.

Aus deren Zweigen jetzt ein großer Adler auf sie zuflog, sie mit seinen scharfen Krallen packte, dann die zarte, kleine Göttin mitsamt ihren goldenen Äpfeln hoch in die Lüfte hob und mit ihr in den Bergen verschwand.

»Hilfeeeeeeeeeee!«, schrie Iduna. Doch genau wie Loki am gestrigen Tag war sie bereits viel zu weit oben in der Luft, als dass sie jemand hätte hören können.

Wobei Loki natürlich mitbekommen hatte, was gerade passiert war. Anstatt der armen Göttin zur Hilfe zu kommen, winkte der Feuergott dem Adler aber sogar noch freundlich zum Abschied zu.

»Siehst du, ein Schwur ist ein Schwur!«, rief er und ging dann erleichtert zurück nach Asgard.

Dort dauerte es – im Gegensatz zu Lokis gestrigem Abenteuer – aber nur wenige Stunden, bis die Asen anfingen, sich große Sorgen um die kleine Göttin zu machen. Allen voran ihr Mann **BRAGI**, der Gott der Dichtkunst. Wie alle Dichter neigte er ohnehin zur Schwermut und befürchtete sofort das Schlimmste.

»Sie ist so klein und zart«, seufzte er. »Was, wenn sie jemand entführt hat?«

»Oh nein!«, entfuhr es Odin. Noch nicht wirklich aus Sorge um Iduna, sondern weil er nach einem Blick in den Spiegel eine dicke Falte auf seiner Stirn und riesige Tränensäcke unter seinen Augen entdeckt hatte.

»Wer immer sie entführt hat – dem schlage ich den Schädel ein«, drohte Thor, nahm seinem Hammer – und hielt sich gleich darauf seinen entsetzlich schmerzenden Rücken.

»In hohem Alter sollte man nun einmal nicht mehr so schwer heben«, frotzelte Sif, bevor sie entgeistert feststellte, dass sich auch auf ihrem Gesicht bereits tiefe Furchen zeigten. Wenigstens blieben ihre Haare vom Ergrauen verschont, weil pures Gold nun einmal nicht alterte.

Dafür passte Thors Gürtel Megingjarder, der seine Asenkraft verdoppelte, ihm jetzt nicht mehr, weil er ein kleines Bäuchlein bekommen hatte, und die Hände des Donnerers waren so knochig geworden, dass die Eisenhandschuhe, mit denen er den Mjöllnir zu greifen pflegte, von seinen Fingern rutschten.

»Wir müssen etwas tun!«

Frigg, die natürlich wusste, was passiert war, aber wie immer nicht darüber redete, riet Odin, den Rat der Götter einzuberufen. Wenn sie herausbekamen, wo und mit wem Induna zuletzt gesehen worden war, würde es sicher auch irgendwie möglich sein, sie schnell wiederzufinden.

Es dauerte wesentlich länger als sonst, bis alle Gottheiten auf dem Thingplatz am Fuß Yggdrasils angekommen waren. Ein Meer aus schlohweißen Haaren, gebeugten Rücken, schlaffen Hälsen und langen, faltigen Ohren.

Einzig Loki sah irgendwie seltsam aus.

So jugendlich frisch.

Im Gegensatz zu allen anderen hatte er nämlich heute morgen bereits heimlich von einem der frisch geernteten Äpfel abgebissen. Was, wie er jetzt feststellte, ziemlich gedankenlos gewesen war …

Schweigend – und sehr wütend – starrten ihn nun alle anderen Gottheiten an.

»Ich bring's wieder in Ordnung.«

Ganz langsam und mit sehr schiefem Grinsen entfernte sich Loki rückwärts aus dem Kreis der Anwesenden – und zischte dann auf seinen Zauberschuhen davon.

Und jetzt?

Loki würde so schnell wie möglich nach Jotunheim fliegen müssen.

Trotz des Ärgers beim letzten Mal beschloss der Feuergott, sich einmal mehr ein Falkengewand zu leihen. Diesmal aber lieber nicht von Frigg. Sondern von **FREYA**, der kriegerischen Wanengöttin der Schönheit und Sexualität, die ebenfalls eines besaß und aus lauter Verzweiflung über ihr Spiegelbild gar nicht zum Thing erschienen war.

»Was wird **OD** sagen, wenn er ausgerechnet heute wiederkommt und mich so sieht«, schluchzte sie, auf ihrem Bett in einen Berg Kissen vergraben.

Tatsächlich hatte nämlich ausgerechnet Freya, die als die hübscheste und erotischste aller Göttinnen galt, fortwährend Liebeskummer. Ihr Mann Od war nämlich ein furchtbarer Herumtreiber und hatte Freya nach der Geburt ihrer gemeinsamen Töchter Hnoss und Gersimi die meiste Zeit alleingelassen.

Weshalb Freya ohnehin viel weinte, noch mehr wartete – und die anderen Götter bereits tuschelten, Od sei in Wahrheit Odin, der seine Affäre mit Freya aber vor Frigg nicht zugeben wollte. Beide Göttinnen waren nämlich gut miteinander befreundet.

»Och, ich finde im Gegensatz zu den anderen hast du dich echt gut gehalten«, log Loki.

»Du lügst!« Außer sich vor Wut warf Freya ihren Brustpanzer nach dem Feuergott – allerdings in die falsche Richtung, weil sie ihn nicht mehr sah. Wegen des grauen Stars, der ihre Augen getrübt und sie ihrer Sehkraft beraubt hatte.

»Ich leih mir das mal kurz«, nuschelte Loki schnell und huschte mit dem Falkengewand aus dem Zimmer.

»Waaas?«, hakte Freya nach, weil das Altern sie hatte schwerhörig werden lassen.

Glücklicherweise war das Falkengewand im Gegensatz zu Freya jung geblieben und so dauerte es nicht lange, bis Loki Jotunheim erreicht hatte.

Und dort die Burg von Thiassi – dem Riesen, der sich in einen Adler verwandelt hatte, um den Asen erst die besten Stücke ihres Essens zu rauben und sich dann die Göttin Iduna samt ihren Zauberäpfel zu holen.

Nein, nicht zu rauben.

Schließlich hatte Thiassi die kleine Göttin ganz rechtmäßig zugesprochen bekommen. Von Loki.

Denn genau das war Thiassis Forderung gewesen. Gestern auf ihrem gemeinsamen Flug, als Loki an seinem Bratspieß Thiassi, dem Adler geschworen hatte, er könne von ihm haben, was er wolle.

Für einen Riesen war es Thiassi sogar erstaunlich wichtig, fair zu sein und sich an Abmachungen zu halten. Deshalb hatte er Iduna bisher durchaus auch sehr zuvorkommend und höflich behandelt. Er wolle sie auch gar nicht zur Frau, erklärte er, schließlich wäre sie ja schon verheiratet. Stattdessen bat Thiassi die Göttin lediglich, von nun an ihre goldenen Äpfel in seinem eigenen Obstgarten anzubauen, um ihm die längst verlorene Jugend zurückzubringen.

Was allerdings, wie Iduna ihm erklärte, nicht ganz einfach werden würde. In seinem riesischen Übermut hatte Thiassi nämlich sofort nach der Ankunft in seiner Burg alle goldenen Äpfel bis auf einen aufgegessen.

»Ach, du wirst dir schon was einfallen lassen«, fegte Thiassi Idunas Bedenken in jugendlichem Leichtsinn beiseite. Und weil er sich so gut fühlte, wie seit vielen Jahren nicht mehr, beschloss er, sich erst einmal ein bisschen zu bewegen und fischen zu gehen. Bis zu seiner Rückkehr würde die Göttin dann auch sicher einen Weg gefunden haben, die Wunderäpfel unter den erschwerten Bedingungen anzupflanzen.

Stattdessen hielt Iduna aber lieber Loki eine ordentliche Strafpredigt, als der angeflogen kam, um sie zu befreien.

»Dass du es überhaupt wagst, hier aufzukreuzen! Zur Strafe gebe ich dir die nächsten zehn Jahre nur noch faule Äpfel! Von denen bekommst du dann Warzen! Und Mundgeruch!«

»Können wir das vielleicht klären, nachdem ich dich zurück nach Asgard gebracht habe?«

»Und Schweißfüße!«

Da hörte man es unten am Burgtor rumpeln. Ganz offensichtlich war Thiassi kein besonders ausdauernder Fischer und kam bereits zurück.

In Windeseile verwandelte Loki Iduna in das erstbeste, das er mit seinen Falkenklauen greifen konnte – eine Nuss.

Hektisch nahm er diese in die Krallen und flog mit der Göttin zurück zu den goldenen Palästen Asgards.

Doch kurz vor den Toren der Götterwelt bemerkte Loki, dass Thiassi ihm in seinem Adlergewand gefolgt war!

Entsetzt blickten auch die Asen, die aus ihren trüben Augen noch etwas sehen konnten, zu dem großen Greifvogel, den kaum mehr zwanzig Meter von Loki trennten – und von der Nuss in seinen Klauen.

Was jetzt? Weder konnte Thor seinen Hammer heben, noch Odin seinen Speer.

In schrecklicher Angst um seine Frau kam Bragi auf die rettende Idee. Auf krummen Beinen humpelte er in Asgards Holzwerkstatt, fegte dort die Hobelspäne zusammen und verteilte sie mithilfe eines ordentlichen Windstoßes, den die Göttin RAN vom Meer herüberschickte, nun auf dem gesamten Burgwall.

Loki, der im Gegensatz zu allen anderen Asen noch sehr scharfe Augen besaß, begriff sofort, was die Asen vorhatten.

»Eins … zwei …«, zählte der Gott des Feuers leise, als er in rasendem Tempo den Burgwall überflog …

… warf dann auf »drei« einen kleinen Feuerball in das staubtrockene Holz …

… und im nächsten Augenblick schoss aus dem Burgwall eine gigantische Flammenwand hoch in den Himmel. Entgeistert flog Thiassi in seinem Adlergewand darauf zu – und konnte nicht mehr bremsen.

»Irgendwie tut er mir leid.«, traurig streichelte die Göttin der ewigen Jugend, die es hasste, wenn jemand sterben musste, die Flügel des toten, gänzlich verkohlten Adlers. »Wir sollten ihm zumindest eine anständige Bestattung zukommen lassen, findet ihr nicht?«

Niemand antwortete. Stattdessen kauten alle Asen stumm und sehr dankbar auf winzigen Stückchen des letzten Apfels herum, den Iduna mit zurück nach Asgard gebracht hatte. Nach und nach wurden alle dabei endlich wieder jünger.

»Wir könnten den Adler auch essen«, giftete Loki nun. »Schließlich ist er schon fertig gegrillt.«

»Na hör mal! Dafür war er viel zu nett!«

»War er nicht!«

»Du hast da ‘ne Warze! Bestimmt hast du heute Morgen eine faule Stelle erwischt.«

»Dämliche Zicke!«

Da unterbrach plötzlich durchdringendes Hämmern den Streit des Chaosgottes mit der Göttin der Jugend. Irgendjemand schlug mit der Faust gegen das Tor des Burgwalls. So heftig und ausdauernd, dass es kein Gott sein konnte.

Sondern nur ein Riese!

Thor, wieder jugendlich und frisch, griff sofort zu seinem Hammer.

»Vielleicht ist es nur ein Gast«, hielt Odin ihn aber zurück und öffnete dann selbst die großen Türflügel.

Davor stand kein Riese.

Sondern eine Riesin.

Wunderschön sah sie aus, wie alle Riesinnen, aber unendlich traurig. Ihre großen, eisblauen Augen schimmerten, als wären sie bereits voller Tränen, die nun sich wie ein Sturzbach Bahn brachen, als sie die sterblichen Überreste des Adlers vor Iduna und Loki auf dem Boden liegen sah.

»Paaaaaapaaaaaa!«, schrie die Riesenfrau, warf sich verzweifelt über den toten Körper ihres Vaters und schluchzte hemmungslos.

»Er hat euch nichts getan«, brüllte sie. »Überhaupt gar nichts! Ihr hattet kein Recht ihn umzubringen! Ich verlange Rache! Raaaaaaaaacheeeeee!«

Vollkommen außer sich vor Schmerz und Trauer schrie sie so lange, bis sie ganz außer Atem war. Völlig entkräftet und leise wimmernd blieb sie schließlich auf dem leblosen Körper ihres Vaters liegen.

Betreten standen alle Asen um die arme Tochter Thiassis herum. Und nicht nur Loki, sondern auch Odin und Hönir sahen jetzt sehr schuldbewusst aus.

»Leider«, seufzte Odin, »hat die Riesin schon irgendwie recht. Thiassi hat sich die ganze Zeit nur an unsere Abmachungen gehalten.«

»Auch, wenn er am Kessel mit dem Rindfleisch schon ganz schön gierig war«, zischte Loki. Da Odin dieses Argument aber mit einem wütenden Blick in seine Richtung kommentierte, verwarf Loki es wieder und beugte sich stattdessen zu der trauernden Riesin herunter.

»Wir machen die Sache wieder gut. Zumindest so gut, wie es geht.«

Am nächsten Morgen hatte **SKADI**, so hieß Thiassis Tochter, sich zumindest halbwegs wieder beruhigt. Sehr ernst und sehr entschlossen diktierte sie den Asen die Bedingungen zum Begleichen ihrer Schuld.

»Ich will mir unter den Asen einen Mann aussuchen und von nun an eine Göttin sein«, forderte sie mit fester Stimme. »Und ich will zum Lachen gebracht werden. Damit die Trauer um meinen Vater mich nicht so quält!«

Odin, Hönir und Loki waren einigermaßen erleichtert, dass Skadi zumindest nichts völlig Unmögliches forderte. Zumindest, was ihren Wunsch anging, Göttin zu werden. Unter den Asen und Wanen gab es schließlich so einige, die als Riesen oder auch als Zwerge auf die Welt gekommen und nun trotzdem Götter waren.

Denn genauso, wie man heutzutage in Ruanda geboren und trotzdem Deutscher sein kann, zählte auch schon damals bei den Gottheiten in den alten Geschichten nicht die Abstammung, sondern nur das Volk, zu dem man sich bekannte. Das nur als kleiner Hinweis an alle, die es leider noch immer betrifft. Kaum etwas ist so absurd, wie sich als Rassist ausgerechnet auf die Asen und Wanen zu berufen.

Schwieriger als Skadis Einbürgerung bei den Göttern war allerdings die Sache mit dem Ehemann. Denn Heimdall, dessen Ohren so fein waren, dass sie sogar das Gras wachsen hören konnten, hatte die Riesin und zukünftige Göttin heimlich belauscht, als Skadi ihrem toten Vater etwas zugeflüstert hatte. Nämlich, dass sie sich Baldur, der damals noch unverheiratet war, bereits als Wunschkandidaten herausgesucht hatte. Und dass sie – um das Andenken an ihren Vater hochzuhalten, mit dem Sonnengott in Thiassis Palast in Jotunheim leben wollte.

In Asgard wollte aber niemand auf Baldur verzichten. Nicht einmal Loki. Deshalb – auch, wenn er zugegebenermaßen oft ziemlich eifersüchtig auf den allseits beliebten Lichtgott war – nahm er Skadi jetzt beiseite.

»Wenn du«, erklärte er, »dir einen Gott zum Gemahl aussuchen willst, liebe Skadi, musst du es aber nach Art der Göttinnen tun. Nur dann kannst du davon ausgehen,

dass du jemanden findest, der auch wirklich zu dir passt.«

»Ach? Wie suchen sich Göttinnen ihren Mann denn aus?«, fragte Skadi überrascht.

Einmal mehr plinkerte Loki etwas zu unschuldig mit den Augen.

»Sie richten sich nach den Füßen.«

Baldur, Hödur und Hermod, der Götterwächter Heimdall, der Meeresgott Njörd und Odins Brüder Vili und Ve kamen sich dann doch ein wenig komisch vor. Nebeneinander aufgereiht standen sie hinter einer Holzwand, die am unteren Ende einen Spalt breit offen war und den Blick auf ihre Füße freigab.

Auf der anderen Seite der Wand warteten die Göttinnen und alle bereits verheirateten Götter.

Außer Loki.

Der führte Thiassis Tochter Skadi nun gemessenen Schrittes ins Zimmer vor die hölzerne Wand und deutete feierlich auf die Zehen seiner Mitgötter.

»Unter diesen göttlichen Füßen erwähle nun die, die mit dir durchs Leben gehen sollen«, begann Loki mit etwas schwülstigem Unterton, »so, wie es seit jeher Brauch ist bei den Asen und Wanen.«

Skadi sah nicht, wie viele ihrer zukünftigen Mitgöttinnen und -götter sich dabei das Lachen verkneifen mussten. Stattdessen hatte sie nur Augen für das zweite Paar Füße von Links. Weil es – im Gegensatz zu allen anderen – blitzsauber war und rosig und die Haut unendlich zart aussah.

Nur der makellose Baldur konnte so strahlend schöne Füße besitzen. Da gab es gar keinen Zweifel.

»Ich will den da!«

Sehr entschlossen zeigte Skadi auf die schönsten Füße in der Reihe.

Die nun, zusammen mit dem Gott, der sie besaß, vor die Wand traten.

Aber der war nicht Baldur!

Es war Njörd, der Gott des friedlichen, freundlichen Meeres. Zwar war er äußerst liebenswürdig, trotzdem war Skadi enttäuscht. Weil er eben bei Weitem nicht so strahlend aussah wie Baldur, sondern irgendwie ein wenig fischig. Dafür hatte Njörd, weil er ja ständig durchs Wasser watete, nun einmal mit Abstand die schönsten, zartesten Füße. Sogar schöner und zarter als die von Baldur. Genau das hatte auch Loki gewusst – und von Anfang an darauf gehofft, Skadi damit täuschen und den Sonnengott so vor einem Leben in Jotunheim bewahren zu können.

»Ich bin mir sicher, du hast eine sehr gute Wahl getroffen!«, machte der Feuergott Skadi jetzt etwas scheinheilig Mut – aber sie blieb niedergeschlagen. Genau wie Njörd, der sich ganz schön mies dabei vorkam, eine Frau heiraten zu müssen, die ihn eigentlich gar nicht wollte.

Und obwohl Baldur Asgard nun erhalten bleiben würde, herrschte auch unter den anderen Gottheiten mehr als gedrückte Stimmung. Alle blickten betreten auf den Boden und schwiegen. Weil der freundliche Meeresgott ihnen ehrlich leid tat. Schließlich hatte er mit Thiassis Tod so ziemlich am allerwenigsten zu tun gehabt und nun den meisten Ärger.

Ungehalten blickte der Feuergott in die Runde.

»Ist das euer Ernst?«, schimpfte er. »Habt ihr vergessen, dass Skadi zum Lachen gebracht werden wollte? Wie soll das gehen, wenn sogar Thors Ziegenböcke lange Gesichter machen?«

Wütend zeigte er auf Tangrisnir und Tangiostr, die tatsächlich ebenfalls furchtbar trübselig aussahen.

Und Loki genau deshalb auf eine Idee brachten …

Ohne weitere Erklärungen zog der Feuergott sich plötzlich seinen Mantel aus. Dann sein Hemd. Verwundert begannen alle Anwesenden zu tuscheln. Hlin und Lofn zeigten dabei immerhin anerkennend auf Lokis Brustmuskeln, was der geschmeichelt registrierte. Mit großer Geste griff der Feuergott dann nach der Schleife, die seinen Hosenbund zusammenhielt, riss sie mit einem Ruck auf und die Kordel aus ihrem Tunnelzug heraus. Sodass die Hose dem Feuergott von den Hüften rutschte und er plötzlich gänzlich nackt vor seinem Publikum stand!

Fassungslos starrten alle Asen und Wanen, die Wölfe Geri und Freki, die Raben Hugin und Munin und Thors Ziegenböcke Tangniostr und Tangrisnir auf Lokis Gemächt! Und Hlin, Lofn und Saga kicherten leise.

Während Loki nun das eine Ende seiner Hosenkordel um Tangrisnirs Ziegenbart knotete und das andere Ende um – seinen eigenen Hodensack!

»Als Unterhaltungsprogramm für zwischendurch«, verkündete der Gott des Unfugs dann, »präsentiere ich nun einen kleinen Wettstreit in der Disziplin … Sackziehen!«

Breitbeinig wie ein Frosch hüpfte er rückwärts, bis die Kordel zwischen dem Ziegenbart und seinem Gemächt ganz straff gespannt war. Verständlicherweise mochte Tangrisnir es ganz und gar nicht, dass da jemand so unsanft an seinem Bart rupfte – und rupfte zurück.

»Auuuuuuu!«, beschwerte sich Loki, hüpfte froschbeinig ein Stück nach vorn, um Anlauf zu nehmen … und warf sich dann mit so viel Schwung wie möglich und einem gellenden Schmerzensschrei wieder nach hinten.

Einen kurzen Moment waren alle Gottheiten wie erstarrt. Weil es aussah, als würde dem Feuergott gleich – etwas abreißen.

Aber das, was halten sollte, hielt!

»Määääh!«, unwillig schüttelte Tangrisnir sich erneut.

Und alle anderen, auch Skadi, brachen in ohrenbetäubendes Gelächter aus.

»Auuuuu…!«

Loki

»Määääh…!«

»Auuuu…!«

Es dauerte nicht lange, bis alle Tränen in den Augen hatten. Das Publikum vor Lachen.

Und Loki vor Schmerz.

Wieder in wesentlich besserer Stimmung saßen die Asen und Wanen wenig später gemeinsam bei einem Festmahl zu Skadis Ehren. Und zu denen von Thiassi, wofür Odin sich noch etwas ganz Besonderes hatte einfallen lassen. Feierlich bat er um Ruhe.

»Siehst du, liebe Skadi, die zwei Sterne dort oben?«, fragte der Allvater und deutete dann mit seinem Speer Gungnir in den Nachthimmel.

Thiassis Tochter, die wegen der klaren Luft im Gebirge eigentlich alle Gestirne genau kannte, wunderte sich. Die beiden hell leuchtenden Himmelskörper, auf die Gungnirs Spitze zeigte, hatte sie nie zuvor gesehen.

»Das liegt daran, dass sie ganz neu sind«, Odin lächelte. »Ich habe die Augen deines Vaters als Sterne an den Himmel geworfen, damit ihr beide euch von nun an immer sehen könnt.«

Sehr gerührt umarmte Skadi den Obergott. So furchtbar weh die Trauer um ihren Vater tat – das war wirklich eine schöne Geste!

Voller Vorfreude wurde die anstehende Hochzeit geplant. Mittlerweile, nachdem Skadi gemerkt hatte, wie charmant, großzügig, lustig und liebenswürdig Njörd war, hatte sie durchaus großen Gefallen an ihrem zukünftigen Ehemann gefunden. Und er an ihr.

Man entschied, dass Skadi, die ja aus den Bergen stammte und die Kälte und den Schnee liebte, von nun an die Göttin des Winters sein solle. Und dass Njörd und sie nach der Hochzeit immer abwechselnd neun Tage am Meer und neun Tage in

Thiassis Palast in den Bergen leben würden – schließlich hatte Njörd als Meeresgott im Ozean ja doch einiges an Aufgaben zu erledigen.

Eine Zeitlang lebten sie mit dieser Aufteilung auch sehr gut. Skadi wurde schwanger, und die beiden bekamen zwei wunderbare Kinder.

Doch je öfter Skadi Zeit am Meer verbringen musste, desto unglücklicher wurde sie. Das Geschrei der Möwen und das Rauschen der Wellen erschienen ihr immer mehr wie unerträglicher Lärm. Sie sehnte sich nach der Kühle der Berge, den klaren Nächten und dem sanften Heulen der Wölfe. »Können wir nicht nur noch in den Bergen leben, mein Liebster?«, bat sie Njörd. Eine Weile ging der Meeresgott seiner Frau zuliebe sogar auf ihre Bitte ein und versuchte, von den Bergen aus für den Ozean zu sorgen. Doch das Wolfsgeheul und die dunklen, grauen Felsen waren Njörd nur unheimlich, und er verzehrte sich nach der Weite des Himmels, dem Wind und dem Salz auf seiner Haut.

Wo die beiden auch gemeinsam waren, immer war einer von ihnen unglücklich. Bis sie schließlich beschlossen, dass es so nicht weitergehen konnte, und sie sich trennten.

Skadi soll danach kurzfristig ein Verhältnis mit Odin gehabt haben, und aus dieser Verbindung, so erzählt man sich in Skandinavien, sei dann der norwegische König Säming hervorgegangen.

Letzten Endes aber, das findet sich zwar nicht in den alten Geschichten, aber in der Sagenwelt Skandinaviens, habe die Göttin des Winters sich mit Sifs Sohn Ullr, dem Gott des Skifahrens, zusammengetan. Mit ihm konnte sie in ihren geliebten Bergen leben und lange Streifzüge durch die verschneite Landschaft unternehmen.

Njörd hingegen zog zurück ans Meer und blieb allein.

Wobei es da ja immerhin noch die beiden wunderschönen Kinder gab, die aus der Verbindung mit Skadi entstanden waren: Die Geschwister Frey und Freya.

Moment mal! Hatte Loki sich von Freya nicht am Anfang der Geschichte das Falkengewand geliehen? Wie konnte sie dann erst ganz am Ende geboren werden?

Ob dieses Detail, das tatsächlich so in den alten Texten steht, mit Absicht entstanden oder einem Irrtum zu verdanken ist, wissen nur die Menschen, die die Geschichten von Yggdrasil einander vor langer Zeit so weitererzählt und schließlich aufgeschrieben haben. Wobei unsere heutige Wissenschaft ja immer mehr zu der Erkenntnis gelangt, dass unsere Vorstellung von Zeit, in der alles einen unverrückbaren Anfangs– und Endpunkt hat, gar nicht wirklich zutreffend ist. Dass die Zeit stattdessen unterschiedlich schnell und langsam vergeht, vielleicht sogar in Kreisläufen, die wir noch nicht verstehen und dass sie möglicherweise, wie auch immer das zu verstehen ist, die Struktur eines Kristalls besitzt.

Für die meisten von uns Menschen heutzutage ist das alles wohl ähnlich schwer zu erfassen wie früher die Tatsache, dass die Erde keine Scheibe, sondern eine Kugel ist.

Aber wer weiß, ob die Menschen damals von der Beschaffenheit der Zeit nicht vielleicht sogar ein klein wenig mehr wussten als wir.

ZWIETRACHT UND ZUSAMMENHALT

So wie das Bild der Menschen von der Welt und von der Zeit, hat sich auch ihre Vorstellung von den Göttern immer wieder verändert. Auch davon, wer unter ihnen die Obersten sind.

Denn tatsächlich spricht einiges dafür, dass Odin gar nicht immer Chef der Asen und Wanen war. An vielen Universitäten ist man heute stattdessen der Meinung, dass dort, wo heute Deutschland liegt, höchstwahrscheinlich ein anderer Gott als Obergott verehrt wurde: *Tiwaz,* der bei den Sachsen auch *Saxnot* und anderswo auch *Ziu* genannt wurde.

Wann und wo genau Tiwaz als Hauptgott von Odin abgelöst wurde, lässt sich heute nicht mehr nachvollziehen. Aber wie wichtig Tiwaz früher gewesen sein muss, lässt sich schon daran erkennen, dass sein Name mit dem griechischen *Zeus* verwandt ist – und mit dem lateinischen Wort *deus*, das einfach nur *Gott* bedeutet.

Bis heute trägt der Dienstag, früher *Dingesdach* genannt, noch immer einen Teil von Tiwaz' römischem Namen *Mars Thingsus*. Und das englische Wort *Tuesday* bedeutet nicht weniger als *Tag des Ziu*.

In den Geschichten von Yggdrasil ist Tiwaz uns als TYR, Gott des Kampfes, des Sieges und der Thingversammlung, erhalten geblieben. Obergott ist er zwar nicht mehr, dafür aber der, der sich für den Erhalt und Schutz seiner Sippe am allermeisten aufopfert.

Und das, obwohl er, genau wie Skadi, als Riese geboren ist.

Einmal mehr zählt eben, für welche Lebensweise und welche Freunde man sich entscheidet, und nicht der Zufall, wo und von wem man geboren wurde.

Tyr ist nämlich alles andere als riesisch unkontrolliert. Er ist der Gott mit der größten Selbstbeherrschung. Und er kümmert sich, wie die nächste Geschichte zeigen wird, bis zur Selbstaufgabe um das Wohlergehen seiner Wahlverwandten.

Wie Tyr den Fenriswolf zähmte

 Obwohl diese Geschichte von Tyr erzählen soll, beginnt sie – wie so viele Geschichten – mit Loki.

Der Feuergott war mittlerweile mit **SIGYN** verheiratet, der Göttin der ehelichen Treue und bedingungslosen Liebe. Die hielt zu ihm, ganz gleich, welchen Unfug er auch anstellte, und Loki hatte mit ihr zwei prächtige Söhne.

Doch trotz – oder vielleicht sogar gerade wegen – so viel Harmonie hatte es Loki heimlich woandershin gezogen. Nach Jotunheim, zur Riesin **ANGRBODA**, der ‚Kummerbringerin'. Vielleicht war die eheliche Eintracht mit Sigyn einfach zu ungewohnt für ihn. Lokis Mutter **LAUFEY**, der ‚Laubhaufen', pflegte mit Lokis Vater **FARBAUTI**, dem ‚Blitz', schließlich auch ein eher explosives Verhältnis.

Und weil Loki, wenn er sein Leben und das der anderen durcheinanderbrachte, dies immer sehr gründlich tat, waren aus der Affäre mit Angrboda gleich drei Kinder entstanden.

Solange Angrboda sich in Jotunheim um **HEL**, **FENRIR** und **JÖRMUNGANDR** kümmerte, machte sich über die drei erst einmal niemand weiter Gedanken. Dann aber träumte Odin, dass den Asen und Wanen durch Lokis Nachwuchs furchtbares Unheil drohte. Weshalb auf dem nächsten Rat der Götter beschlossen wurde, sich die lieben Kleinen vorsichtshalber einmal genauer anzusehen, und Loki sie nach Asgard brachte.

In der Tat entpuppten die drei sich als weit weniger niedlich und unschuldig als gewöhnliche Neugeborene. Stattdessen hatten Lokis Feurigkeit und Angrbodas Riesinnenkräfte drei so mächtige und so gefährliche Kreaturen entstehen lassen, dass den Asen das Blut in den Adern gefror bei ihrem Anblick.

Wobei Hel, eines der beiden Mädchen, zumindest noch so etwas wie ein göttliches Äußeres besaß. Allerdings nur, solange man ausschließlich ihre linke Seite betrachtete. Die war wunderschön. Hels strahlende Augen, rosige Wangen, sanft geschwungene

Lippen und ihr perfekt geformter Körper zogen alle Blicke auf sich, und man konnte sich kaum sattsehen an ihrer jugendlichen Frische.

Allerdings nur, bis sie sich umdrehte.

Ihre andere Seite nämlich war – bereits tot! Einige wenige, verwesende Fleischfetzen an ansonsten nackten Knochen – das war alles, was von ihrer rechten Körperhälfte noch übrig war.

Bei aller Gastfreundschaft, Lokis Tochter bot einen wirklich verstörenden Anblick.

»Können wir irgendwas für dich tun?«, fragte Tyr, der als Tapferster der Asen zuerst Worte fand.

»Wie wäre es mit sterben?«, antwortete Hel und grinste. So durchtrieben, dass niemand mehr sich traute, noch etwas anderes zu fragen.

Auch, weil Hel noch einen geradezu gewöhnlichen Anblick bot – im Vergleich zu Lokis zweiter Tochter Jörmungardr. Wo Hel zumindest noch Arme, Beine, Hände und ein Gesicht besaß, sah Jörmungardr aus – wie eine Schlange! In der Tat war sie sogar die gigantischste Schlange, die sich jemals durch die neun Welten geschlängelt hatte. Ihr ungeheurer Kopf mit den riesigen Giftzähnen passte schon jetzt nur noch mit viel Quetschen und Ziehen durch die Tore Asgards. Dabei war sie gerade mal einen Tag alt – und Schlangen wuchsen ihr Leben lang!

Auch Hels und Jörmungandrs Bruder Fenris war bereits bei seiner Geburt riesig gewesen. So riesig, dass sein gigantisches Maul mühelos einen Ochsen mit einem einzigen Bissen hatte verschlingen können. Seitdem wuchs er weiter, jede Stunde mindestens einen Meter, zu einem monströs großen Wolf heran. Mit einem noch monströseren Gebiss.

»Eines Tages wird er uns alle fressen«, entfuhr es Sif, die kreidebleich geworden war bei Fenris Anblick. Und das, obwohl Thors Frau, was das Vertilgen großer Essensmengen anging, ja durchaus einiges gewohnt war.

»Und jetzt?«, einigermaßen ratlos nahm Odin seine Mitgötter beiseite.

»Die können hier nicht bleiben«, sagte Hönir in aller Vernunft. »Sie sind viel zu gefährlich!«

»Vielleicht sollten wir sie deshalb vorsichtshalber erschlagen«, überlegte die Göttin Freya, die ohnehin sehr kriegerisch war – und erstaunlicherweise schien Loki, der

sich in der Diskussion auffallend still verhielt, den Vorschlag gar nicht so abwegig zu finden.

»Es sind Kinder unserer Sippe«, gab Tyr trotzdem zu bedenken. »Stellt euch vor, wir würde euren Nachwuchs einfach aus Asgard hinauswerfen!«

»Tyr hat Recht.«, seufzte Odin. »Auch, wenn wir sie bedrohlich finden, sie gehören zu uns, und wir müssen wohl oder übel einen Platz für sie suchen, an dem sie leben können.«

Die Asen beschlossen, Jörmungardr eine Aufgabe zu geben, bei der ihre enorme Größe nützlich sein würde. Also packten alle mit an, schleppten die gigantische Schlange gemeinsam auf eine Klippe nach Midgard und warfen sie dort ins Meer. Sofort schlängelte Jörmungandr sich um die Menschenwelt und biss gierig in das Erstbeste, was ihr vor die Zähne kam – ihren eigenen Schwanz. Wie ein gigantischer Ring hält sie seitdem die Ozeane Midgards zusammen, damit sie nicht in andere Welten fließen, und trägt deshalb auch den Namen ‚Midgardschlange'.

Hel entpuppte sich nach den ersten Anlaufschwierigkeiten eigentlich als recht umgänglich. Allerdings zeigte sie eine so auffallende Faszination für alles, was mit dem Thema »Töten« zu tun hatte, dass die Asen und Wanen beschlossen, sie sicherheitshalber nicht in Asgard wohnen zu lassen.

Sondern so weit weg wie möglich.

Deshalb gaben Odin und Frigg ihr ein eigenes Reich unter der Erde, an einer der Wurzeln Yggdrasils, und machten sie, ihren Neigungen entsprechend, zur Totengottheit.

Natürlich nicht zur einzigen – wer ertrank, blieb noch immer im Meer bei der Göttin Ran, und wer auf den Schlachtfeldern im Kampf fiel, kam entweder zu Freya nach Folkwang oder zu Odin nach Walhall,

Alle anderen aber, die den so genannten »Strohtod« sterben, also friedlich an Altersschwäche, im Krankenbett oder durch Unfälle, ruhen sich bis heute nach dem Ende ihres Lebens bei Hel aus.

Wie genau ihr Totenreich, »die Hel« aussieht, darüber gibt es ganz unterschiedliche Geschichten. An einigen Stellen der Eddas wird sie als nicht gerade freundlicher Ort beschrieben, in den nur böse Menschen kommen. Hels größter Saal soll ‚Elend' heißen, ‚Hunger' die Schüsseln auf ihren Tischen, ‚Einsturz' ihre Schwelle, ‚Kümmernis' ihr Bett und der Vorhang davor ‚dräuendes Unheil'.

Viele Wissenschaftler sind heutzutage allerdings der Meinung, dass die Vorstellung von der Hel als Strafort eine christliche Erfindung ist. Die Menschen, die die alten Geschichten damals aufgeschrieben hatten, opferten schließlich nicht mehr den alten Gottheiten, sondern hofften als Christen darauf, zur Belohnung für ein rechtschaffenes Dasein nach dem Tod ewig im Paradies zu leben. Jede andere Art Totenwelt musste ihnen zwangsläufig sehr unheimlich und bedrohlich und wie eine Strafe erscheinen. Wohl auch deswegen hat sich aus dem Wort *Hel* letzten Endes der christliche Begriff der *Hölle* entwickelt.

Eigentlich bedeutet der Name ‚Hel' aber nichts weiter als ‚das Verborgene'. Und an anderen Stellen in den Eddas können wir auch viel Positives lesen. Dass auch Helden zur Hel gehen zum Beispiel – und sogar, wie wir noch lesen werden, der rechtschaffendste und liebevollste aller Asengötter.

Zudem verhält die Totengöttin, wenn sie in den alten Geschichten auftaucht, sich immer eher mitfühlend und freundlich. Es gibt also so einige Gründe, die Hel nicht zu fürchten, sondern sich vielleicht lieber erst einmal auf das Leben im Hier und Jetzt zu konzentrieren.

So wie die Asen, die – nachdem sie Hel und Jörmungardr ein neues Zuhause gegeben hatten – nicht doch noch von Fenris verschlungen werden wollten.

Zunächst versuchte man den Riesenwolf einfach mit zwei schweren Eisenketten zu fesseln, aber Fenris zerriss sie, als wären sie ein dünner Bindfaden.

Da besann Iduna sich auf die Schmiedekünste ihrer zwergischen Verwandten. Da diese – schließlich waren sie viel kleiner als die Götter – ohnehin fürchteten, von Fenris als Vorspeise verputzt zu werden, brauchten die Asen und Wanen auch nicht lange um Hilfe zu bitten.

So schnell sie konnten, schmiedeten die Zwerge die Wunderfessel *Gleipnir*. Zwar sah sie aus wie ein ganz harmloser Bindfaden – doch ihr Schmied hatte die zähen Sehnen der Bären, den klebrigen Speichel der Vögel, den lautlosen Gang der Katzen, den wundersamen Atem der Fische, die unsichtbaren Bärte der Frauen und die unzerstörbaren Wurzeln der Berge darin verarbeitet.

Was sich durchaus sehr vielversprechend anhörte, wie Odin fand.

Aber würde es reichen, um Fenris zu bändigen?

Mit klopfenden Herzen näherten sich die Asen und Wanen am nächsten Morgen dem ungeheuren Tier, das vor den Toren Asgards auf einer Waldlichtung geschlafen hatte. Um möglichst unverdächtig zu erscheinen, sollte Loki, der zumindest einen halbwegs guten Draht zu seinem Wolfskind hatte, Fenris die Fessel schmackhaft machen.

»Guten Morgen, mein geliebter Sohn!«

»Was willst du?«

So wie die meisten Asen wurde auch der Riesenwolf bei so viel Freundlichkeit seitens des Feuergottes unverzüglich misstrauisch. Zudem hatte er Lokis Schläue geerbt und sofort die anderen Gottheiten entdeckt, die sich ringsum in den Gebüschen versteckten.

»Ich würde dich gern ein wenig schmücken, damit du besser nach Asgard passt«, fuhr Loki unbeirrt fort. »Dieses wunderschöne, glitzernde Band hier haben die Zwerge extra für dich geschmiedet.«

Mit liebevoll-väterlichem Lächeln hielt der Feuergott seinem Sohn die Fessel Gleipnir vor die Nase. Tatsächlich sah das dünne Fädchen ganz harmlos und richtig hübsch aus.

Wovon Fenris sich aber nicht täuschen ließ.

Als Sohn seines Vaters fing er stattdessen an, wölfisch zu lächeln.

»Ihr alle ringsum in den Büschen«, meinte er, blickte sich um, und die Götter in ihren Verstecken erstarrten, »habt sicher nichts gegen eine kleine, vertrauensbildende Maßnahme.«

»Die wäre?«, fragte Loki und ihm schwante Schlimmes.

»Ich möchte, dass jemand von den Asen seine Hand in mein Maul legt, während du mir den Schmuck umbindest«, Fenris grinste scheinheilig. »Wenn ich merke, dass ihr mich hereinlegen und mit dem Ding fesseln wollt, beiße ich zu.«

»Aber gerne doch«, antwortete Loki und blickte sich um. Mit Schweißperlen auf der Stirn und einem Gesichtsausdruck, als hätte er Magenschmerzen – schließlich würde es absolut unmöglich sein, Fenris so mit Gleipnir zu fesseln. »Wer von Euch tritt vor, um meinem Sohn zu beweisen, dass niemand ihm etwas Böses will?«

Stille.

Loki schnaufte.

»Danke, dass ihr mich hängen lasst«, wollte er gerade zischeln, weil er natürlich bereits vergessen hatte, wer für die ganze Misere verantwortlich war – da raschelte es vor ihm im Gebüsch, und jemand trat auf die Lichtung.

Tyr, der tapferste der Asen.

Wortlos und ohne weiter zu zögern ging er auf Fenris zu und legte ihm seinen rechten Arm ins Maul, wovon der Wolf so überrascht war, dass er es zunächst gar nicht mehr zubekam.

Dann allerdings legte Loki seinem Sohn vorsichtig die Fessel um und ganz lautlos, unsichtbar und wundersam wand sich die klebrigste, zäheste, unzerstörbarste Fessel der neun Welten um alle vier Beine und das riesige Maul des Monsterwolfes und schnurrte schlagartig so fest zusammen, dass Tyr keine Chance mehr hatte, seinen Arm rechtzeitig wieder herauszuziehen!

Entgeistert schrien alle Asen auf, EIRA, die Göttin der Heilkunst schoss aus dem Gebüsch auf den tapfersten der Asen zu, zerrte ihn von der Lichtung um dort die Blutung zu stillen, wo bis eben noch ein Arm gewesen war – und jetzt nur noch eine entsetzliche Fleischwunde.

»Ist er gefesselt?«, flüsterte Tyr mit letzter Kraft.

Eira nickte. Und der tapferste aller Asen wurde ohnmächtig.

»Ihrrr… habt mich rrreingelegt!«, knurrte Fenris, der nur noch Trippelschritte machen und sein Maul einen kleinen Spalt breit zum Essen und Trinken öffnen konnte.

»Ist, wie es ist, mein Sohn«, seufzte Loki und versuchte, eine schuldbewusste Miene aufzusetzen. Aber ihm – und auch allen anderen Asen und Wanen – war die Erleichterung anzusehen.

Dank Eiras Heilkünsten ging es Tyr auch schon bald wieder gut, und von nun an wurde er ehrfürchtig »Der Einarmige Ase« genannt.

Aus Dankbarkeit für das Opfer, das er für seine Sippe gebracht hatte – obwohl er doch als Riese geboren war.

Tyrs Treue kann – im Gegensatz zu der von Loki – sogar der Kontakt mit seinen Blutsverwandten nicht erschüttern. Wobei der Einarmige – ebenso wie Loki – ganz offensichtlich in eher schwierigen Verhältnissen aufgewachsen ist. Seine Mutter ist zwar **ALLGOLDEN**, eine bezaubernde Riesin mit schneeweißen Augenbrauen, die ihren Sohn über alles liebt, Tyrs Vater allerdings ist **HYMIR**, ein ungehobelter, grantiger, grausamer Kerl.

Ägirs Gastmahl – oder wie Tyr seinen Freund Thor mit zu seinen Eltern nahm

Mitten im Winter vor vielen hundert Jahren veranstalteten die Asen eine große Jagd. Weil die Eichen im Herbst doppelt so viele Eicheln getragen hatten, waren auch doppelt so viele Wildschweine ganz prächtig gediehen, und alle Gottheiten hofften, mit reicher Beute zurückzukehren.

Die Unmengen an Fleisch, die sich am Abend dann in den Vorratsräumen türmten, übertrafen aber ihre kühnsten Erwartungen.

»Wie wäre es«, schlug Frigg vor, »wenn wir mit einem Teil davon etwas Besonderes machen. Ein Festmahl!«

»Aber nicht in Asgard, sondern am Meer! Irgendwo, wo es gerade nicht so kalt ist wie hier«, bat Frey, der sich nach dem Frühling sehnte.

Da auch alle anderen Asen eine Pause von der Winterkälte gebrauchen konnten, wurde beschlossen, das Fest weit im Süden, beim Ozeanriesen **ÄGIR** und seiner Frau Ran, zu veranstalten. Da die beiden gleich neun Töchter hatten, die alle Riesenportionen vertilgten, gab es ohnehin nicht oft Gelegenheit, mit ihnen zu feiern, und viele hatten sie schon viel zu lange nicht gesehen.

Mit riesigen Mengen an bestem Wildfleisch fuhren die Asen auf Freys Schiff Skidblatner wenig später über den Ozean. Sie waren schon fast bei Ran und Ägir angekommen, als Odin plötzlich etwas auffiel:

»Hat jemand an die Getränke gedacht?«

Jede Gottheit blickte erschrocken ihre Nebengottheit an – und zuckte die Achseln. Wie so oft hatten alle gedacht, dass die anderen sich schon darum kümmern. Und jetzt, wo das Fest unmittelbar bevorstand, saß man komplett auf dem Trockenen!

»Du musst leider noch Bier brauen!«, begrüßte Odin den Meeresriesen etwas verlegen. Ägir, der auf ein paar entspannte Tage gehofft hatte, war alles andere als begeistert. Zwar freute er sich auf das Fleisch, aber ganz sicher nicht darauf, dass die Asen beim Gelage saßen, während er den Braumeister geben musste. Weswegen Ägir, wie es nicht nur Menschen, sondern auch Riesen und Götter gern einmal tun, eine passende Ausrede bemühte: »Ich würde ja sehr, sehr, sehr gern. Aber leider, leider, leider sind alle Kessel, die ich besitze, viel zu klein.«

Und jetzt?

Mimir, der Riese, schlug vor, einfach Wasser zu trinken – woraufhin Thor mit einem »Ich trinke nichts, wo Fische reinscheißen!« angewidert seinen Unwillen ausdrückte – was Ägirs Töchter wiederum als Beleidigung ihres Lebensraumes empfanden und kurz davor waren, wütend die Halle zu verlassen.

Weswegen Tyr schließlich ein Machtwort sprach.

»Meine Eltern«, meinte er, »wohnen hier ganz in der Nähe. Sie besitzen einen gewaltigen Kessel. Ich werde ihn einfach ausleihen.«

Thor, der wusste, dass Tyr nicht gerade das beste Verhältnis zu seinen Eltern hatte, war vom Angebot des Einarmigen so gerührt, dass er sofort anbot, ihn zu begleiten.

»Das ist … sehr nett von dir, aber … ich … weiß nicht«, druckste Tyr daraufhin herum. Wobei er eigentlich »Bist du wahnsinnig?« hatte sagen wollen. Tyrs Vater Hymir hasste die Asen. Bis heute war er zutiefst gekränkt davon, dass sein Sohn sich entschieden hatte, als Gott in Asgard und nicht als Riese in Jotunheim zu leben. Und weil Hymir noch dazu ein guter Freund Hrungnirs gewesen war, hasste er Thor von allen Asen am allermeisten.

Tyr wusste aber auch, wie stur der Donnerer sein konnte, wenn er einmal beschlossen hatte, einem einen Gefallen zu tun. Deshalb fegte der Tapferkeitsgott alle Bedenken beiseite, Thor schirrte Tangrisnir und Tangiostr an seinen Wagen, und sie brausten los.

»Meine Güte, sieht das hier elend aus!«, stellte Thor fest, als sie wenig später ein endlos scheinendes Gebirge im Landesinneren durchquerten.

Tyr nickte nur. Weil der Donnergott ja recht hatte. Trotzdem war es noch immer die Gegend, in der er aufgewachsen war, und auf blöde Kommentare konnte er gut verzichten.

Schließlich kamen sie in ein dunkles Tal voller Geröll. Dort zeigte Tyr mit seiner Linken auf einen verwitterten, nur mit ein paar Flechten bewachsenen Höhleneingang.

»Was ist da? Ein Klo für Bären?«, polterte Thor und buffte Tyr in die Seite, weil er glaubte, er habe einen guten Witz gemacht.

»Nein, mein Zuhause«, antwortete Tyr und Thor biss sich auf die Lippen.

Es dauerte eine Zeit, bis die Augen der Götter sich drinnen in der Höhle an die Dunkelheit gewöhnt hatten. Die Wände waren völlig verrust, nur ganz am hinteren Ende brannte ein kleines Feuer.

»Wer bist du?«, grollte eine heisere Stimme gleich neben Thor. Dann wurde eine Kerze entzündet – und dem Donnerer klappte die Kinnlade herunter vor Schreck.»-Vorsicht! Ein Ungeheuer!«, entfuhr es ihm – und tatsächlich stand vor ihm nun ein gigantisches Riesenwesen, das nur aus Hautlappen, Runzeln und grauem Gewölle zu bestehen schien – und aus neunhundert Köpfen!

»Hallo Oma«, begrüßte Tyr seufzend seine Großmutter.

»Ich meinte … ein ungeheuer großes … ‚Hallooo, liebe Großmutter'!«, versuchte Thor sich sehr verlegen herauszureden, aber Tyr schob seinen Freund lieber eilig beiseite und setzte ihn ans Feuer auf eine Bank. »Bleib einfach hier, bis ich fertig bin«, flüsterte der Einarmige dem Donnerer zu, »Und mach am besten … nichts.«

»Alles klar!«, Thor nickte beflissen. Und als dann noch Tyrs Mutter Allgolden erschien, mit ihrem fast weißblonden Haar die Dunkelheit erhellte und dem Donnerer sehr gastfreundlich ein großes Horn Met einschenkte, lockerte sich die Stimmung ein wenig.

Allgolden war überglücklich, ihren Sohn endlich mal wieder zu sehen. Sie vermisste Tyr schrecklich. Zwar war sie – im Gegensatz zu ihrem Mann – richtig stolz darauf, dass ihr Sohn ein Ase geworden war, aber das Leben mit ihrer Mutter und Hymir allein bot nur wenig Freude. Tyrs Vater – so war es schon gewesen, als der Tapferste der Asen noch in Jotunheim gewohnt hatte – war nun einmal ein furchtbares Rauhbein und schrecklich launisch. Was immer ihn gerade in schlechte Stimmung versetzte – er ließ seine Wut grundsätzlich an seiner Familie aus. Meist betrank er sich dann, bis er lallte und verwüstete danach die Höhle. Wer nicht schnell genug in Deckung ging, hatte am nächsten Tag in jedem Fall blaue Flecke – und oft genug auch gebrochene Knochen.

Wie immer, wenn Tyr seine Eltern besuchte, weinte Allgolden schließlich, weil sie wegen Hymir so verzweifelt war, und dem Einarmigen ging das schrecklich nahe. »Warum ziehen du und Oma nicht endlich zu mir nach Asgard?«, bekniete er seine Mutter. »In meinem Palast gibt es mehr als genug Platz. Es würde euch an nichts fehlen, und alle würden euch auf Händen tragen.«

Thor nickte sehr entschlossen zur Bekräftigung.

Aber wie immer, wenn ihr Sohn mit diesem Thema anfing, seufzte Allgolden nur und erwiderte dann das, was sie immer erwiderte .

»Ich kann nicht.«

»Warum nicht?«

»Weil ich Hymir liebe.«

Und wie immer, wenn Tyr seine Mutter dann gequält und wütend anblickte, weil er nicht begriff, wie sie so etwas sagen konnte, schob sie noch ein leises »Das verstehst du nicht« hinterher.

Sehr betreten beobachtete der Donnerer seinen einarmigen Freund, zutiefst getroffen von der Erkenntnis, wie schrecklich Tyrs Kindheit und Jugend gewesen sein mussten. Im Gegensatz zu der seinen. Zwar war Thor ein Scheidungskind, aber seine Mutter Fjörgyn und Odin verstanden sich noch bestens, und auch von Frigg hatte er immer nur Liebe und Unterstützung erfahren. Nie im Leben hätte Thors Vater jemals seine Hand gegen ihn oder jemand anderen aus der Familie erhoben, und auch das Leben mit Sif und den Kindern war voller Harmonie.

Der arme Einarmige!

Überwältigt von Mitgefühl wollte Thor seinen Freund wenigstens kurz beiseite nehmen, um ihm irgendetwas Aufbauendes zu sagen, als es am Höhleneingang zu rumoren begann.

»Was für ein verflucht beschissener Tag!«, brüllte eine rauhe, sehr laute Stimme. Allgolden, Tyr und die Großmutter fuhren zusammen.

Hymir!

»Er hat schlechte Laune! Versteckt euch!«

Panisch wies Allgolden Tyr und Thor an, sich unter einem der riesigen Kessel im Küchenbereich der Höhle zu verkriechen. Gerade noch rechtzeitig. Übelster Laune ließ Hymir sich nur Sekunden später auf die Küchenbank fallen. Er war vom Fischen ohne Fang zurückgekehrt, und noch dazu hatte der eisige Winterwind seinen Bart einfrieren lassen. »Los, bring mir was zu essen und zu trinken, sonst setzt es was!«, kommandierte er seine Frau mürrisch herum, und Tyr unter seinem Kessel zerriss es fast das Herz.

Immer darauf bedacht, Hymir nicht aufzuregen, umsorgte Allgolden ihren Mann. Und tatsächlich schien seine Laune sich langsam aufzuhellen. So sehr, dass Allgolden sich schließlich ein Herz fasste: »Wir haben Besuch«, erklärte sie. »Unser lieber Sohn ist da.«

Zu freuen schien den Riesen das aber nicht.

»Lässt du dich auch mal blicken, du Missgeburt?«, schimpfte Hymir stattdessen, als Tyr unter dem Kessel hervorkroch. »Ich dachte, du bist jetzt was Besseres!«

Schweigend setzte Tyr sich zu seinem Vater an den Tisch. »Ich wollte mir nur schnell einen Kessel ausleihen«, meinte er dann leise und so, als würden Hymirs Beschimpfungen einfach an ihm abprallen. »Zusammen mit einem Freund.«

»Hallooo!«

Mit dem freundlichsten Lächeln, das ihm möglich war, hatte Thor seinen Kessel angehoben und winkte.

Und Hymir entdeckte den Hammer am Gürtel des Donnerers.

»IST DAS DER, VON DEM ICH DENKE, DASS ER ES IST?!«, brüllte er – und warf Thor einen so wütenden Blick zu, dass sein Ärger den Stützbalken über dem Küchenbereich zerspringen ließ. Mit einem gewaltigen Knall krachten nicht nur alle Gefäße, die an dem Balken hingen, auf Thor herunter, sondern auch die halbe Höhlendecke. Hätte er nicht noch immer unter seinem Kessel gesessen, wäre der Donnerer wohl erschlagen worden.

»Das ist mein Freund, Papa! Und er ist unser Gast!«, erinnerte Tyr seinen Vater zähneknirschend daran, was sich auch für Riesen in Yggdrasil gehörte.

Hymir schnaufte. Da das Gastrecht aber nun einmal überall galt, und für jeden, bat der Riese den Donnerer schließlich widerwillig an den Tisch.

»Das war wirklich sehr lecker, vielen Dank!«, seufzte Thor, sehr satt und sehr zufrieden. Und weil das Gehirn des Donnerers bei vollem Bauch gleich noch ein wenig langsamer funktionierte, bemerkte er nicht, dass Tyr ein Gesicht machte, als hätte er gerade in alle sauren Beeren und unreifen Äpfel der neun Welten gleichzeitig gebissen.

»Vielleicht legst du dich einfach mal kurz schlafen, lieber Freund. Meine Mutter und ich machen meinem Vater unterdessen ein Brot«, ächzte der Einarmige. Und versuchte gleichzeitig, Hymir zu beruhigen. Der sah nämlich aus, als wäre er kurz davor, Thor mit dem Tisch, der Bank, dem letzten Kessel, einem Steinklumpen oder mit sonst irgendetwas zu erschlagen, das ihm als nächstes in die Finger kam.

Denn tatsächlich hatte Thor gerade, ganz allein, ohne den anderen etwas abzugeben und ohne sich weitere Gedanken zu machen, zwei ganze Stiere aufgegessen – die gesamten Vorräte für die kommende Woche!

»Er ist unser Gast, Papa«, säuselte Tyr immer wieder sanft, tätschelte die zu Fäusten geballten Hände seines Vaters und schien den Moment zu verfluchen, in dem er sich dafür entschieden hatte, Thor mit zu seinen Eltern zu nehmen.

Während Thor sich schlafen legte.

Wenig später wurde der Donnerer von schrecklichem Klirren und Krachen in der Höhle geweckt. In haltloser Zerstörungswut ließ Hymir seinen Ärger an den Möbeln und am Geschirr aus. Wenigstens nicht an Allgolden und Großmutter, weil Tyr sie, genau, wie sich selbst, draußen unter Thors Wagen in Sicherheit gebracht hatte.

Sehr erschrocken begriff der Donnergott, was er angerichtet hatte. »Ich mache es wieder gut«, bat er Tyr verzweifelt um Verzeihung.

»Danke«, seufzte Tyr, schien aber nicht wirklich daran zu glauben, dass Thor das konnte.

»Tut mir leid, dass ich so gierig war. Mein Appetit geht machmal einfach mit mir durch. Aber du wirst sehen, schon in ein paar Stunden ist deine Speisekammer wieder bis zum Platzen voll!«

Aufmunternd stieß Thor Hymir, dem Riesen, seinen Ellenbogen in die Seite und fing an zu rudern.

Hymir schnaufte. Schon jetzt schien er zu bereuen, was er als Wiedergutmachung verlangt hatte. Nämlich, dass Thor heute mit ihm Fischen ging, um die vertilgten Vorräte wieder aufzufüllen. Thor hatte sofort eingewilligt, steuerte das Boot nun aber mitten in ein Rudel Wale, die so gigantische Wellen erzeugten, dass das Schiff beinahe zu kentern drohte.

»Na los, Hymir! Hol dir einen Wal!«, rief Thor fröhlich. »Oder sogar zwei!«

Wie alle, die gerne auf Schwächere losgehen, war Hymir aber ein furchtbarer Angsthase. Anstatt seine Angel auszuwerfen, klammerte er sich wimmernd an der

Reling fest. Achselzuckend nahm Thor sich deshalb die Angeln des Riesen – und fischte gleich zwei Wale auf einmal aus dem Wasser.

»Hilf mir mal!«, rief der Donnerer und machte sich daran, die riesigen Tiere an Bord zu ziehen. Aber Hymir stand nur da wie erstarrt und rührte sich nicht.

»Fischen ist nicht so deins, oder?«, wunderte sich Thor. Dann holte er unbekümmert seinen Spezialköder hervor – einen riesigen Stierkopf, den er kurz vor der Abfahrt noch auf einer benachbarten Weide besorgt hatte.

»Was immer wir damit noch fangen, es wird groß genug sein, um euch für Wochen satt zu machen!«, erklärte der Donnergott voller Tatendrang, hing den gehörnten Riesenköder an seine Angel und warf sie aus.

Ein Ruck!

So heftig, dass Hymir jetzt der Länge nach auf die Schiffsplanken fiel!

Und dann pflügte das Schiff, gezogen von irgendwas Grauenvollem, das an der Angel hing und größer sein musste als alle Wale der neun Welten zusammen, in einem Affenzahn durchs Wasser!

»Huiiijuiijuii… was habe ich mir denn da eingefangen?«, wunderte sich Thor, während Hymir vor Panik schrie. Um so mehr, als sich nun vor ihnen ein monströser Kopf aus den Wellen hob.

Einer, den Thor ziemlich gut kannte.

»Midgardschlange! Was machst du denn hier?«, entfuhr es dem überraschten Donnerer.

Jörmungardr antwortete nicht. Stattdessen machte sie kehrt und raste, trotz des Angelhakens mit weit geöffnetem Maul, furchtbar wütend auf das Schiff zu.

»Das … das war ein Versehen, Mann!«, beteuerte Thor, »Wieso warst du denn so dämlich und hast angebissen?«

Keine Antwort.

So dass Thor schließlich nichts weiter übrig blieb.

»Wer nicht hören will, muss fühlen!«, brüllte er und warf Jörmungardr den Mjöllnir an den Kopf. »Und danach wirst du geangelt und Hymir hat die nächsten zehn Jahre was zu essen!«

Aber der Riese, in heilloser Angst davor, von der Midgardschlange in die Tiefe gerissen zu werden, hatte bereits heimlich die Angelschnur gekappt. Mit brummendem Schädel, aber noch am Leben, zog Jörmungardr sich in die Tiefen des Ozeans zurück. Was vielleicht auch besser so war. Wer weiß, ob es diese Ozeane sonst heute noch geben würde …

Noch immer schlotternd vor Angst kam Hymir zurück in seine Höhle. Der Donnerer wartete dort schon auf ihn. Pflichtbewusst und voller Tatendrang war er vorausgegangen, hatte ganz allein die beiden Wale in den Vorratskeller von Tyrs Eltern geschleppt und seine Scharte wieder ausgewetzt.

Der Einarmige, Mutter und Großmutter waren erleichtert. »Sobald der Alte Mittagsschlaf macht, schnappt ihr euch den Kessel und haut ab«, flüsterten neunhundert Köpfe den beiden Göttern nun verschwörerisch zu. Tyrs Oma hatte sich trotz ihres erschreckenden Äußeren als durchaus sympathisch entpuppt.

»Wollt ihr nicht doch mit nach Asgard kommen, Allgolden?«, wagte Thor noch einen Vorstoß, weil er glaubte, Tyr damit einen Gefallen zu tun. Aber der Tapferkeitsgott winkte nur ab. »Machen wir es ihr nicht noch schwerer«, seufzte er. Einmal mehr sah Thor seinen Freund voller Mitleid an. Weil er zwar nicht so schnell dachte, aber um so tiefer fühlte, wie hilflos Tyr sich gerade fühlen musste.

Leider machte Hymir aber keinerlei Anstalten, sich zu einem Mittagsschläfchen hinzulegen. Stattdessen nagte es an ihm, dass Thor ihn so ängstlich gesehen hatte, und er suchte einen Weg, sich dem Donnerer wieder überlegen zu fühlen.

»Als Fischer hast du vielleicht Glück gehabt«, begann der Riese zu pöbeln, »aber an Land bist du der allerletzte Schwächling!«

Mit großer Geste holte Hymir dann einen Kelch aus seiner Truhe und drückte ihn Thor in die Hand. »Wetten, dass du diesen Kelch nicht zerbrechen kannst? Du wirst es nicht einmal schaffen, ihn zu verbiegen, du Weichei!«

»Lass uns gehen, Papa«, bat Tyr seufzend, »das bringt doch nichts. Jeder weiß, dass der Kelch so verzaubert ist, dass niemand ihn zerbrechen kann. Auch du nicht.«

Trotzdem baute Hymir sich drohend vor dem Ausgang der Höhle auf. »Ihr bleibt hier so lange, bis dieser Fatzke den Kelch zerbrochen hat! Sonst knallt‘s!«

Donnergrollen. Ganz automatisch griff Thor zu seinem Hammer …

… besann sich im letzten Augenblick aber darauf, dass er ja im Elternhaus eines Freundes war. Hilflos blickte er zu Tyr – der aber nur voller Gram zu Boden starrte, weil er sich für das schlechte Benehmen seines Vaters so schämte.

»Wirf ihm den Kelch an den Kopf! Sein Schädel ist hart genug, dass er zerbricht«, flüsterte es plötzlich von unter dem Küchentisch. Dort hatte Allgolden sich in Sicherheit gebracht. »Los! Mach!«, zischte sie.

Thor warf – und traf!

Und mit einem ohrenbetäubenden Knall zersprang der Kelch in mehr Teile, als Tyrs Großmutter Augen hatte.

Was Hymir aber nicht mehr mitbekam.

Weil er bewusstlos zwischen den Scherben lag.

»Los, schnell!«, rief Allgolden.

Eilig stülpte Thor sich Allgoldens größten Kessel über den Kopf, um ihn nach draußen zu bringen.

Da das gigantische Gefäß dem Donnerer bis zu den Knöcheln gereicht hatte, war es ziemlich verbeult, als Tyr und er es schließlich auf den Wagen luden. Aber zum Bierbrauen war es sicher prima geeignet.

Erleichtert lenkte Thor seine Ziegenböcke Richtung Küste. Auch Tyr schien aufzuatmen.

Als sich plötzlich der Himmel verdunkelte, weil hinter ihnen auf den Berggipfeln überall Riesen aufgetaucht waren.

Sicher über hundert, angeführt von Hymir, der die Schmach nicht auf sich hatte sitzen lassen können.

»Macht sie fertig!«, brüllte Tyrs Vater, ganz rot im Gesicht vor Wut.

Einen Augenblick wie erstarrt blickten die beiden Götter auf die Übermacht ihrer Feinde.

»Das sind ganz schön viele«, meinte Thor tonlos. »Ich weiß, es ist dein Vater, aber ich glaube, ohne den Mjöllnir ...«

Tyr atmete durch. Einen kurzen Moment schien er mit sich zu kämpfen – und dann Abschied zu nehmen.

»Tu es!«, sagte er dann leise.

Und Thor warf seinen Hammer. Der wie immer sein Ziel traf und dann noch eines und noch eines und noch eines.

Und der erst in die Rechte der Donnerers zurückkehrte, als der Himmel wieder hell war und die Berggipfel voller toter Riesen.

Es roch betörend nach gebratenem Wildschwein, als Tyr und Thor zurück zu Ägirs Halle kamen. Und auch, wenn der Meeresriese ein eher bequemer Zeitgenosse war – nachdem er sich anderthalb Tage so richtig hatte sattessen können, freute er sich jetzt sogar ein wenig auf seine Aufgabe als Braumeister.

Bereits wenig später – Riesen können nämlich viel schneller Getränke brauen als Menschen – rannen unzählige Liter Bier die durstigen Kehlen der Götter und Meeresriesen hinab. Ägirs Töchter machten Musik auf großen Muscheln und Bragi, der Dichtergott, sang dazu.

Beseelt tranken Odin und Frigg mit Ran auf alles, was ihnen gerade in den Sinn kam. Vor allem auf den Frieden und den Zusammenhalt unter ihnen.

Kurzum – es war ein wundervolles, rauschendes Fest.

Trotzdem saß Tyr allein etwas abseits am Strand und blickte auf die Wellen.

Besorgt setzte Thor sich zu ihm und die Freunde schwiegen gemeinsam.

»Danke, dass du mich begleitet hast«, unterbrach Tyr schließlich die Stille. »Du … und all die anderen hier. Ihr seid mein wahres Zuhause.«

Sehr gerührt wischte Thor sich etwas aus dem Augenwinkel. »Eine Fliege«, schniefte er.

»Sind hier überall, ich weiß«, antwortete Tyr und lächelte.

Gemeinsam hatten die beiden Freunde noch eine Weile am Strand gesessen und ein paar Fliegen weggewischt, als sie aus der Ferne plötzlich aufgeregte Stimmen hörten.

Sie kamen aus Ägirs Halle.

Mit stolz geschwellter Brust, knallrotem Gesicht und einem vollen Trinkhorn in jeder Hand stand Loki dort auf einem der Tische. Sturzbetrunken, da genügte ein einziger Blick.

»Ihr Sccheisss- Asen – Arssschlöchher!«, krakeelte er, »ihr glaubt doch alllle, ihr sseidd… wwas Besseres! Nnur, wweil ihr Götter sseid… und ichh nichhh!«

»Halt den Rand, Loki, du bist besoffen«, versuchte Bragi ihn zu bremsen. Was Loki aber nur anstachelte. »Dddu… ddu bist ssso…. ssso ein Wweichei!«, johlte er hämisch. »Sssitzt nur rum und dichtest übers Kämppfen… statt sselber sssu kämmpfen!«

»Mäßige dich, mein Bruder!«, schimpfte Odin, aber Loki grinste nur.

»Dduu… kämpfst doch auch nich… du Ober…llusche!«, lallte er dann in Richtung des Obergottes. »Uund die Mmenschen in Midgard gglaubm, ddu brinsst ihnen dden Ssieg! Inner Schhlacht! Aaber weil ddu ggar kkeine Ahnnung hast, gewinnn immer… ddie Ffalschen…!«

Odin schnaufte. Weil es ja tatsächlich irgendwie seltsam war, dass er von den Menschen als Kriegsgott verehrt wurde, obwohl er selbst nie kämpfte. Aber natürlich hätte er nie zugegeben, dass Loki da einen wunden Punkt getroffen hatte.

Der Feuergott merkte es aber trotzdem und lachte hämisch. Woraufhin Freya der Kragen platzte: »Glaub ja nicht, das wir nicht wissen, was für ein Schlappschwanz du selber bist! Soll ich Frigg, die Allwissende, mal fragen, wie oft du schon feige warst oder Kämpfe verloren hast, wenn wir nicht dabei waren?«

Tatsächlich begann Frigg nun zu kichern – und Iduna stimmte mit ein.

Lokis Miene verfinsterte sich.

»Erstens… ssagt Ffrigg dir ssowiesso nix…«, zischte er. »Uund aussserdem…«, grimmig zeigte er auf Freya, Frigg, Iduna und **GEFJON**, die Göttin der jungen Frauen, die ebenfalls kicherte … »sseid … ihr alle Nutten!«

»Und ihr …«, brüllte der Feuergott weiter und zeigte nun auf die Männer, »sseid … Iddioten! Allessamt! Iddioten! Unn der da …«, er deutete auf Tyr, »is n Krüppel!«

»JETZT REICHT´S ABER!«

Thor, der die ganze Zeit ruhig neben der Eingangstür gestanden und abgewartet hatte, platzte der Kragen. Wütend sprang er zu Loki auf den Tisch, zog den Feuergott mit seiner Linken am Ohr und schwang mit der Rechten drohend seinen Hammer.

»WIR SIND …«, donnerte er Loki dann entgegen, »WIR SIND EIN ZUHAUSE! ALSO BENIMM DICH AUCH SO UND SEI GEFÄLLIGST FRIEDLICH! HAST DU

GEHÖRT? FRIEDLICH! SONST SCHLAGE ICH DIR DEINEN VERDAMMTEN SCHÄDEL EIN!«

Einigermaßen verdattert blickte Loki den Donnergott noch kurz aus glasigen Augen an – dann sprang er von seinem Tisch und rannte so schnell er konnte aus der Halle.

Fassungslos starrten alle Loki hinterher. Und dann zu Thor herüber.

Und fingen schließlich an zu lachen.

So sehr an zu lachen, dass sie sich die Bäuche halten mussten und ihnen die Tränen aus den Augenwinkeln liefen.

Auch Tyr lachte. Und weinte gleichzeitig. Aber nicht vor Lachen.

Das bemerkte aber niemand.

Was dem Tapfersten der Asen auch ganz recht war.

Dass ausgerechnet eine so große Gottheit wie Tyr aus so desolaten Familienverhältnissen stammt, ist wirklich ziemlich erstaunlich. Einige Menschen, die die Geschichten von Yggdrasil weitererzählt haben, fanden es sogar so unvorstellbar, dass Tyr an anderer Stelle der Eddas als Kind von Allgolden und Odin beschrieben wird.

Welche Version stimmt? Wie immer muss das jeder für sich selbst entscheiden.

Vielen, denen das Schicksal aber ebenfalls keine Bilderbuchfamilie zugestanden hat, dient die Geschichte von Tyr und Hymir bis heute zumindest als leuchtendes Beispiel. Dafür, dass es keine Schande ist, unser wahres Zuhause auch und gerade bei den Seelenverwandten und nicht unbedingt bei den Blutsverwandten zu finden.

Versprechen und Verhängnisse

Auch wenn das Leben in einer Wahlfamilie nicht nur für Menschen, sondern auch für Riesen oder Götter durchaus eine gute Alternative ist – häufig bedeutet es auch, den Macken und Eigenheiten ihrer Mitglieder mit ganz besonders viel Langmut und Verständnis begegnen zu müssen.

Und damit ist beileibe nicht nur Loki gemeint. Schließlich sind so einige Asen dem Chaosgott, was ihre Unbedachtheit angeht, manchmal ziemlich ebenbürtig.

Vor allem, was ihren Umgang mit dem anderen Geschlecht betrifft. Genau wie bei uns Menschen führt dann oft erst eine schmerzvolle Erfahrung zu der entscheidenden Erkenntnis. Der nämlich, dass man Frauen besser immer mit Respekt und auf Augenhöhe begegnen sollte.

Wie Sleipnir zu den Asen kam

Noch ziemlich lange nach der Entstehung der Welten machten sich die Asen erstaunlicherweise kaum Gedanken über die Gefahren, die ihnen aus Jotunheim hätten drohen können. Zum einen war es weit genug entfernt, und zum anderen gab es ja – wann immer mal ein Riese vorbeikam, der ihnen Böses wollte – Thor und seinen Mjöllnir, um ihn unschädlich zu machen.

Leider sprach sich die Legende vom »Riesentöter« aber nach und nach in Jotunheim herum. Was dazu führte, dass immer mehr Rauhbeine sich regelrecht herausgefordert fühlten.

»An machen Tagen kommt Thor kaum mehr zum Essen vor lauter Riesenattacken!«, schimpfte der Allvater besorgt, während er bei einem Spaziergang an der Grenze zu Jotunheim gemeinsam mit Hönir und Loki die Lage sondierte.

»Ach, das hört auch wieder auf«, winkte der Feuergott ab, »spätestens dann, wenn die Riesen merken, dass sie keine Chance haben.«

»Aber stell dir vor, er wird einmal krank. Dann sind wir den Angriffen schutzlos ausgeliefert,« gab Hönir zu bedenken, der ja grundsätzlich immer mit dem Schlimmsten rechnete.

»Ich will mich ja nicht einmischen«, meinte plötzlich eine freundliche Stimme hinter ihnen, »aber ich glaube, ihr könntet einen Burgwall gebrauchen.«

Die drei fuhren herum. In respektvollem Abstand war ihnen ganz offensichtlich jemand gefolgt. Ein gütig aussehender, älterer Reifriese mit einem etwas klapprig wirkenden Pferd.

Odin, der alles andere als gern belehrt wurde, reagierte ungehalten.

»Ein Burgwall? Wie weise von dir!«, knurrte er. »Du musst ihn ja nicht bauen.«

Zwar waren die Asen die kreativsten Baumeister der neun Welten, trotzdem war die Vorstellung, um ganz Asgard einen Schutzwall gegen die Riesen errichten zu müssen, alles andere als angenehm. Schließlich musste so ein Wall nicht nur gigantisch hoch, sondern auch viele Meter dick sein, und bereits von der Vorstellung, welche Erdmassen da bewegt werden mussten, taten Odin die Arme weh.

»Ich *könnte* ihn aber bauen«, entgegnete der Reifriese verschmitzt. »Schließlich bin ich gelernter Baumeister – und noch dazu weiß ich wohl am besten, was nötig ist, um anderen Riesen Einhalt zu gebieten.«

Hönir fing an zu lachen. »Hast du dich mal angesehen? Dein Rücken bricht doch schon, wenn du nur ein paar Kiesel aufhebst!«

»Das lass mal meine Sorge sein«, antwortete der Baumeister. »Ich bin wesentlich stärker, als ich aussehe.«

»Und was ist dein Preis, Stärkster aller Riesen?«, kicherte Loki spöttisch.

»Der ist hoch«, meinte der Verlachte ungerührt. »Aber meine Arbeit ist es auch wert.«

»Was hättest du denn gern?«, fragte Odin mit einem breiten Grinsen.

»Ich möchte die Sonne und den Mond – und die Göttin Freya zur Frau!«

Jetzt prusteten alle drei Götter los. Und weil sie sich schon so lange kannten, genügte ein kurzer Blickwechsel, um festzustellen, dass sie alle dasselbe dachten:

Wer sich so überschätzte, brauchte wirklich mal eine Abreibung!

»In der Tat ist das, was du forderst, nicht wenig«, näselte Odin deshalb in gespieltem Ernst, und Hönir und Loki gluckšten. »Aber ich denke, wir nehmen dein Angebot an.«

Der alte Riese strahlte. »Ihr werdet es nicht bereuen!«

»Allerdings«, grätschte Loki ein, »müssen wir dir zur Sicherheit eine Frist einräumen. Nur, wenn du es hinbekommst, den Burgwall in einem halben Jahr fertigzustellen, sollen die Sonne, der Mond und Freya dir gehören.«

»Das schaffe ich aber nur, wenn mein Pferd mir hilft.«

Der Baumeister deutete auf den alten Gaul an seiner Seite.

»Hmmm«, Hönir tat, als müsse er überlegen, und Loki und Odin waren schon ganz rot im Gesicht vom vielen Kichern. »Na schön, wir sind einverstanden.«

»Dann mache ich mich gleich morgen an die Arbeit«, meinte der Riese fröhlich. »Bis dann!«

Ächzend und sehr langsam bestieg er sein Pferd, das unter der Last beinahe zusammenbrach und ritt davon.

Die drei Götter warteten, bis er in einen Waldweg eingebogen war, dann brachen sie erneut in schallendes Gelächter aus. »Was für ein Spinner!« prustete Hönir.

Sehr neugierig und voller Häme warteten die drei Götter am nächsten Morgen an der Außengrenze Asgards auf den Baumeister.

Der sich nirgendwo blicken ließ.

»Schade«, meinte Odin. »Er hätte den Bau zwar nie zustande bekommen, aber ich hatte gehofft, dass wir ihm wenigstens einen kleinen Teil der Arbeit hätten aufhalsen können. Wir brauchen ja schließlich wirklich einen Burgwall.«

»Ihr nehmt mich nicht ernst, oder?«

Wie aus dem Nichts war ein weiteres Mal plötzlich der Baumeister hinter ihnen aufgetaucht.

»Aber mein Hengst Svadilfari und ich werden euch beweisen, dass ihr euch täuscht.«

Odin, Hönir und Loki grinsten. Bis sie entdeckten, dass das Pferd einen Wagen zog. Einen riesigen Wagen. Sicher hundertmal so groß wie der alte Gaul selbst. Darauf lag jede Menge bestes Baumaterial: dicke Wackersteine, Kies, Sand, Baumstämme und Grassoden.

Leise pfeifend schlurfte der Baumeister nun zur Ladefläche, warf dann in blitzartiger Geschwindigkeit erst die Steine, dann die Baumstämme, dann den Sand und den Kies und schließlich die Grassoden aufeinander – und vor Odin, Hönir und Loki standen die ersten zwanzig Meter des Burgwalls!

»Das war schnell«, schnaufte Odin beeindruckt.

Die Nachricht, dass Asgard einen Burgwall bekommen würde, verbreitete sich wie ein Lauffeuer unter den Asen. Und weil sie nicht wussten, was dem Baumeister versprochen worden war, waren alle ganz begeistert von dem enormen Tempo, in dem er mit seiner Arbeit vorankam.

»Der macht das wirklich toll!«, stellte Freya beeindruckt fest. »Sieht klapprig aus, als würde er gleich sterben, aber ackert wie ein Ochse.«

»Hmjaja…«, nickte Odin und wirkte dabei irgendwie angespannt.

Für alle Asen außer Odin, Hönir und Loki wurde es innerhalb weniger Tage so ziemlich der beliebteste Zeitvertreib, zu Ausflügen an die Außengrenze zu fahren und dem Baumeister bei seiner Arbeit zuzusehen. »Guck mal, Thrud«, rief Sif lachend ihrer Tochter zu, während sie gemeinsam die Bautätigkeiten beobachteten, »der nette Mann da und sein Pferd machen, dass Papa bald viel mehr Zeit für dich hat.«

»Danke, netter Mann!«

Fröhlich winkte Thrud dem Baumeister und der winkte zurück.

Frigg allerdings schien weniger fröhlich mit der Situation zu sein. Sie war ja auch die einzige außer Hönir, Loki und Odin, die wusste, was dem Riesen versprochen worden war. Aber, wie es ihre Art war, redete sie nicht darüber, sondern seufzte nur ab und zu.

Was Odin ganz wahnsinnig machte.

»Was, wenn der Baumeister es doch schafft?«, sprach er schließlich das aus, was alle befürchteten.

»Er wird es schon nicht schaffen!«, winkte Loki ab, schien sich dabei aber selbst nicht zu glauben.

Zwar schöpften die drei Asen zwischendurch immer mal wieder Hoffnung, denn der Riese legte am Ende jedes Monats eine lange Pause ein.

»Ich bin ja nicht mehr der Jüngste.«

Doch je mehr Monate vergingen, desto weiter wuchs der Burgwall.

Und drei Tage vor Ende der Frist fehlten nur noch höchstens hundert Meter und das Tor!

»Wie konnten wir nur so dumm sein?«, jammerte Hönir und blickte wehmütig zum Himmel. »Wir werden ab jetzt Tag und Nacht in ewiger Dunkelheit leben müssen – und ohne Freya!«

Odin, der es hasste, Fehler zugeben zu müssen, wurde lieber wütend. »Welcher verdammte Idiot hat uns nur auf diese dämliche Idee gebracht?«

Grimmig blickte er sich um – und sah … Loki!

»Duuuu bist Schuld!«, knurrte Odin.

»Was? Wieso ich?«

»WEIL DU IMMER SCHULD BIST!«, brüllte der Allvater.

»GENAU!«, trat Hönir nach.

»LOS, LASS DIR WAS EINFALLEN!«

Der Chaosgott war sprachlos. Schließlich konnte er dieses eine Mal nun wirklich am wenigsten von allen dafür. Odin hatte schließlich als Erster in die Vereinbarung mit dem Baumeister eingewilligt! Und Hönir hatte zugestimmt!

Was einem aber nichts nützte, wenn man ansonsten ... Loki war.

Weswegen er sich zähneknirschend trotzdem etwas einfallen ließ.

Am nächsten Morgen wartete der Hengst Svadilfari wie immer auf seiner Koppel. Damit das Pferd für die beschwerliche Arbeit Kräfte sammeln konnte, hatte der Baumeister sorgsam einen wunderschönen, schattigen Ort ausgewählt, an dem es wilden Hafer und besonders saftige Gräser gab.

Freudig hatte Svadilfari soeben ein paar frische Blattspitzen entdeckt und galoppierte begierig darauf zu – als er plötzlich wie angewurzelt stehenblieb!

Weil gleich vor ihm, nur wenige Meter entfernt, die schönste, edelste, anmutigste Stute stand, der er in seinem gesamten Pferdeleben je begegnet war. Weiß wie der Mond war sie, ihre Mähne wehte sanft im Morgenwind, und bei jedem schüchternen Klimpern ihrer langen, silbernen Wimpern schienen Sterne in ihren tiefschwarzen Augen zu glitzern.

»Phhhrrrrrr!«, schnaufte sie leise.

Was auf Pferdisch »Komm mit!« bedeutete.

Etwas, das Svadilfari sich nicht zweimal sagen ließ.

Als Thor, Sif und Thrud wenig später zusammen mit den anderen Asen zur Baustelle kamen, bemerkten sie schon von Weitem, dass etwas anders war.

Seit gestern Abend sah der Burgwall nämlich gänzlich unverändert aus.

Was kaum verwunderlich war. Denn der Baumeister arbeitete gar nicht,

Machte er so kurz vor Schluss noch eine Pause?

Erst, als sie näher kamen, sahen und hörten sie, dass er stattdessen laut rufend die Baustelle auf und ab lief. Immer wieder.

»Svadilfaaaaaariiii!«, schrie er dabei, und es klang verzweifelt.

Denn so sehr er auch rief, das Pferd ließ sich nirgendwo blicken.

Auch am nächsten Tag blieb der Hengst verschwunden.

Ratlos stand der Riese vor seinem mit Baumaterial voll beladenen Wagen, den er selbst nicht einen einzigen Zentimeter bewegen konnte.

Weswegen der Burgwall ebenfalls um keinen Zentimeter mehr länger wurde.

Genauso wenig wie am dritten Tag. Denn Svadilfari war noch immer fort. Wie vom Erdboden verschluckt.

Loki ebenfalls.

Aber das kam häufiger mal vor und fiel niemandem auf.

Außer natürlich Odin und Hönir, die bangten und hofften.

Kurz vor Sonnenuntergang am dritten Tag versuchte der Baumeister schließlich, den Wagen doch noch selbst zur Baustelle zu ziehen. Aber schon nach ein paar Metern war das Gefährt krachend umgekippt, mitsamt dem Baumaterial in einen Graben gefallen, und beides war dort nun nicht mehr herauszubekommen.

Verzweifelt und ratlos saß der arme, alte Riese jetzt im Graben auf einem seiner Baumstämme und starrte traurig ins Leere, bis die Sonne endgültig unterging.

Es war vorbei.

»Tut mir ehrlich leid.«

Vorsichtig näherte sich Odin mit bedauernder Miene – aber wer den Allvater kannte, sah, dass ihm gerade nicht nur ein Stein, sondern ein ganzes Gebirge vom Herzen gefallen war. »Nun hast du ein halbes Jahr gearbeitet – und bist doch nicht rechtzeitig fertiggeworden.«

»Ist, wie es ist«, seufzte der Baumeister und sah furchtbar elend aus.

»Vielleicht können wir dir zumindest irgendwas anderes geben«, meinte Hönir versöhnlich, aber auch etwas scheinheilig. »So eine Art Trostpreis.«

»Ja, wie wäre es, wenn wir zusammen in unsere Schatzkammer gehen? Du kannst dir aussuchen, was du willst«, schlug Odin vor.

»Nein, nein … ich will nichts, was wir nicht vereinbart haben …«

»Was hattet ihr denn eigentlich vereinbart?«, mischte Freya sich ein, der der Riese ebenfalls schrecklich leid tat.

»Ach … phhhh … nichts.«, meinte Odin auffallend kleinlaut.

»Nichts?«

Freya verstand nicht.

Als sich plötzlich, mit unglaublichem Getöse, ein ganz anders aussehender Riese aus dem Graben erhob! Ein gigantischer Hrimturse! Ganz offensichtlich war der Körper des freundlichen, alten Baumeisters nur ein Tarnzauber gewesen – perfekt angewandt von einem ganz besonders aggressiven, übellaunigen Eisriesenexemplar.

»WENN ICH NICHT ALLES HABEN KANN, WILL ICH WENIGSTENS DICH!«, begann der Hrimturse zu brüllen. Und ehe alle sich's versahen, packte er die entsetzte Freya. Schreiend strampelte die kriegerische Liebesgöttin in der gigantischen Hrimtursenfaust, zog wütend ihr Schwert, rammte es dem Riesen ein ums andere Mal in die Hand, aber der lachte nur hämisch.

»Viel Spaß mit eurem Burgwall, wir besuchen euch dann mal mit unseren Kindern«, rief er noch, stopfte Freya dann ohne jede Vorsicht in seine Manteltasche und rannte davon. Auf so ungeheuren Füßen, dass ringsum die Erde bebte und Teile des letzten Bauabschnitts gleich wieder einstürzten.

»Na warte!«, brüllte Thor und schleuderte den Mjöllnir …

… ein furchtbarer Knall!

Dann krachte mit ungeheurem Getöse die Hälfte eines gespaltenen Hrimtursenschädels auf den noch unfertigen Teil des Burgwalls – und schloss die letzte Lücke.

»Hat auch sein Gutes, jetzt müssen wir nur noch ein Tor einbauen!«, schnaufte Freya grimmig, während sie sich mit ein paar kräftigen Schwerthieben aus der Manteltasche des Riesen befreite. Mit voller Wucht trat sie dem Hrimtursen dann noch einmal gegen seine riesige Nase und kletterte schließlich behände zurück Richtung Asgard. Über den beachtlich großen Eisberg, der kurz hinter der Grenze auf der Jotunheimer Seite neu entstanden war. Aus dem Rest des Hrimtursenkörpers und der anderen Schädelhälfte.

»Das mit dem Tor schaffen wir, genug Material haben wir ja noch.« Mit einem breiten Grinsen deuteten Odin und Hönir sehr erleichtert auf den Graben, in dem noch immer der Wagen des Riesen samt seinen Baustoffen lag.

Freya nickte. Sie allerdings grinste nicht.

»Was hattet ihr dem Baumeister als Lohn versprochen?«, zischte sie, so wütend, dass Odin und Hönir sich die Nackenhaare aufstellten.

»Los! Sagt es mir!«

»Das war ein Versehen!«, flötete Hönir.

Was Freya nur noch viel wütender machte.

»Wenn ihr mich noch eiiiinmal als Lohn für irgendeinen dahergelaufenen Riesenbaumeister ...«, aufgebracht zog sie erneut ihr Schwert und richtete es drohend auf Odin und Hönir.

Und wahrscheinlich wäre die Geschichte für die beiden zumindest ziemlich schmerzvoll weitergegangen, hätte hinter der kriegerischen Liebesgöttin nicht plötzlich etwas gewiehert und geschnaubt.

Svadilfari!

Und er war nicht allein.

Neben dem alten Hengst stand noch ein anderes Tier. Eines, das aussah, wie ein Pferd, aber acht Beine hatte!

»Habe ich was verpasst?«

Mit scheinheilig plinkernden Augen kam nun Loki hinter den beiden Tieren aus dem Gebüsch hervor.

»Was ist das?«, verwundert deutete Odin auf das achtbeinige Pferd.

»Das ist mein Sohn. Er heißt Sleipnir.«

»Dein Sohn?« Freya war so baff, dass sie ihre Wut erst einmal vergaß.

»Ja, mein Sohn. Ich bin seine Mutter.«

Odin war fassungslos. »Und wie ich dich kenne, ist Svadlifari der Vater!«

Loki nickte. Noch einmal plinkerte er mit den Augen – und ganz kurz wurden sie tiefschwarz und sanft, wie die eines wunderschönen Pferdes, und hatten silberweiße Wimpern.

»Das ist nicht dein Ernst!«, Hönir entglitten die Gesichtszüge.

»Ihr habt doch gesagt, ich soll mir was einfallen lassen.«

Grinsend kuschelte Loki sich an Svadlifahris Hals. »Wir hatten drei wunderschöne Tage, mein Hengst und ich. Die Geburt von Sleipnir war dann zwar recht beschwerlich und ich habe viel Blut verloren, aber jetzt sind Mutter und Kind wohlauf.«

»Mir ist schlecht«, meinte Freya.

»Ich habe das auch für dich getan!«, entgegnete Loki empört und nun drohte Freya auch ihm mit dem Schwert.

Odin dagegen betrachtete in einer Mischung aus Grauen und echtem Interesse die acht Beine von Lokis Nachwuchs.

»Ist er so schnell, wie er aussieht?«, fragte er dann.

»Schneller«, grinste der Feuergott. »Viel schneller.«

»Darf ich ihn haben?« Die damals noch zwei Augen des Allvaters glitzerten begehrlich.

»Nur, wenn du zugibst, dass ich dieses Mal nicht schuld war. Zumindest nicht allein«

»Aber du bist Loki! Es ist deine göttliche Superkraft, dass du immer schuld bist! Deshalb bist du doch bei uns.«

Loki stutzte

»So habe ich das noch nie gesehen.«

Und sah plötzlich irgendwie gerührt aus.

»Na schön«, meinte er und drückte Odin die Enden von Sleipnirs Zügeln in die Hand. »Ich werde dich dran erinnern, wenn ich das nächste Mal wirklich wieder schuld bin …«

Die Heimholung des Hammers

 Dass es eine von Thors göttlichen Superkräften ist, ganz besonders viel essen und trinken zu können, wurde ja schon häufiger erwähnt. Ob der Donnerer, wie wir Menschen, von zu viel Met oder Bier aber auch einen Kater bekommt, ist nicht überliefert. Nach einem Gelage, bei dem der Alkohol in Strömen geflossen war, erwachte Thor am nächsten Morgen in jedem Fall ziemlich benommen.

Wie er letzten Endes nach Hause gekommen war, konnte auch Sif ihm nicht sagen – sie war schließlich schon lange vor ihrem Mann schlafen gegangen. Thor hätte es aber wirklich gern gewusst.

Weil ihm dann möglicherweise wieder eingefallen wäre, wo in aller Welt er seinen Hammer hingelegt hatte!

Dort, wo er sonst immer lag, direkt neben seinem Bett, damit er ihn bei Gefahr sofort greifen konnte, lag er nämlich nicht mehr!

»Du wirst ihn heute Nacht irgendwo verbummelt haben«, meinte Sif und gemeinsam begannen sie zu suchen.

Und hörten sehr lange nicht mehr damit auf. Schließlich hatte Thors Palast ja 540 Zimmer.

Leider hatte sich aber in keinem dieser Zimmer der Hammer angefunden. Und nicht nur Thor, der das Ganze zunächst eher locker genommen hatte, sondern auch allen anderen Asen wurde mulmig.

»Ohne den Hammer sind Asgard und Midgard den Riesen schutzlos ausgeliefert!«, stellte Heimdall betreten fest. »Ich kann euch höchstens noch mit meinem Gjallarhorn warnen, damit ihr euch rechtzeitig verstecken könnt.«

»Wir sollen uns verstecken?«, Odin schnaubte. »Wollen wir uns in ganz Yggdrasil lächerlich machen? Der verdammte Hammer muss her! Sofort!«

Aber wo war Mjöllnir?

Thor war verzweifelt. Es gab schließlich nicht einen einzigen Hinweis.

Oder vielleicht doch?

Loki, der wie viele andere am Ende bei der Suche geholfen hatte, begutachtete nun konzentriert die Eingangstreppe von Thors Palast. Seltsamerweise waren die Kräuter, die dort in den Ritzen wuchsen, allesamt erfroren. Schlaff und grau hingen ihre Blätter herunter. Dabei war es mitten im Sommer.

»Hier ist ganz eindeutig ein Eisriese vorbeigegangen!«, kombinierte der Feuergott – und genoss es sichtlich, von den anderen Asen ausnahmsweise mal ein paar bewundernde Blicke abzubekommen. »Ganz offensichtlich hat der Hrimturse sich in Thors Palast geschlichen und ihm den Hammer im Schlaf gestohlen.«

»Und Papa hat es nicht mitbekommen, weil er so besoffen war«, platzte es aus Thrud heraus und alle lachten. Etwas gekränkt beschloss Thor daraufhin, sich beim Metgenuss von jetzt an vielleicht doch etwas zu mäßigen.

»Wenn Freya mir ihr Falkengewand leiht, fliege ich nach Jotunheim und hole den Mjöllnir zurück«, erklärte Loki, beflügelt von der Bewunderung der anderen.

»Vergiss es! Jedes Mal, wenn du ein Vogelkleid anhattest, ist irgendwas Idiotisches passiert«, protestierte Freya. Da aber auch sie keine bessere Idee hatte, wie man den Hammer zurückbekommen könnte, willigte sie schließlich zähneknirschend ein.

»Aber wehe, du machst was kaputt!«

Noch immer voller Tatendrang segelte Loki über die kargen Ebenen Jotunheims. Immer in Richtung Norden, nach Niflheim, der Heimat der Eisriesen.

Zu seinem großen Erstaunen wurde er dort bereits erwartet!

Thrym, der König der Hrimtursen, saß weithin sichtbar auf einem Felsen und winkte den Feuergott zu sich heran.

»Naaa?«, begann Loki, weil er angesichts des ungeheuren Eisgiganten nicht wirklich wusste, was er sonst sagen sollte.

»Ich weiß, was du suchst«, kam der Eisriesenkönig sofort zum Thema. Mit so dunkler, grollender und dröhnend lauter Stimme, dass das Eis um ihn herum Risse bekam.

»Das freut mich«, entgegnete Loki und versuchte, dabei möglichst unbeeindruckt zu klingen. »Dann sag mir doch einfach, wo der Mjöllnir ist, und ich nehme ihn wieder mit.«

»HAAAAAHAAAAHAAAAHAAAA!«, brach der Riese in schallendes Gelächter aus. »DER WAR GUT!«

Loki seufzte.

»Ich nehme an, du willst einen Preis für den Mjöllnir?«

»OOH JA!«, nickte Thrym. Wobei eine Reihe Eiszapfen von seinem Kinn abbrach und Loki zur Seite springen musste, um nicht von ihnen erdolcht zu werden.

»Lass mich raten«, seufzte der Feuergott. »Du willst Freya zur Frau. Stimmt´s?«

»Woher weißt du das?«

Ganz kurz wirkte der Riese ein wenig verunsichert.

»Weil du so aussiehst, als hättest du total originelle Ideen. Ich meine unsere schönste Göttin … Das ist schon was ganz Besonderes, wenn einem sowas einfällt.«

»Findest du?«

Tatsächlich sah der Riesenkönig jetzt aus, als wäre er geschmeichelt. Zu den Schlauesten schien er in jedem Fall nicht zu gehören.

»Ja klaaar«, beteuerte Loki deshalb um so mehr. »Und ich bin mir sicher, da geht was! Freya steht auf Riesen. Das hat sie mir gerade gestern erst gesagt. Allerdings müsstest du mir vorher den Hammer mal zeigen, damit sie auch weiß, ob du sie nicht reinlegen willst.«

»Vergiss es!«

Alle Freundlichkeit der Riesen war verflogen.

»Ich habe den Hammer acht Meilen unter meiner Burg in der Erde vergraben. Und ich hole ihn erst wieder heraus, um ihn bei der Hochzeit meiner Braut in den Schoß zu legen. So, wie es Brauch ist in Yggdrasil.«

Damit stand der Riese auf und stampfte, unter entsetzlichem Dröhnen und Knacken der Niflheimer Eismassen, zurück zu seiner Burg.

Und jetzt?

Wie die Asen acht Meilen unter die Erde gelangen sollten, wusste selbst Loki beim besten Willen nicht. Der einzige Weg, den Hammer wiederzubekommen, schien tatsächlich die Hochzeit zu sein. So ungern der Feuergott das zugab.

Freya würde also in den sauren Apfel beißen müssen. Auch, wenn ihr das sicher nicht gefiel.

»Du hast den Hammer nicht dabei!«, stellte Thor erschrocken fest, als Loki wenig später auf dem Fenstersims des obersten Turmzimmers landete. Sif hatte darauf bestanden, sich dort zu verschanzen, bis der Mjöllnir wieder da war.

»Tja nu«, Loki zuckte etwas beklommen die Achseln, »es gibt da ein kleines Problem.«

»Ich finde, sie muss es uns hoch anrechnen, dass wir es ihr diesmal vorher sagen …«, sprach Loki Thor Mut zu, während beide sich zögernd Freyas Palast näherten.

»Du hast Recht. ‚Der Ehrliche wird belohnt'. Sagt man doch so.«

»Ja genau! Und außerdem ist es schließlich auch eine Ehre und eine Pflicht, so ein Opfer für die Gemeinschaft zu bringen. Sowieso scheint dieser Thrym eigentlich ein ganz netter Kerl zu sein. Ich meine, glücklich ist Freya mit Od ja sowieso nicht. Eigentlich wäre alles besser als ihr ewiges Geheule.«

»Du sagst es. Weißt du was? Wenn ich so drüber nachdenke … tun wir ihr sogar einen Gefallen.«

»ICH GLAUBE, ES HACKT! HEIRATE DOCH SELBER DEINEN SCHEISS-RIESEN!«

Außer sich vor Wut schleuderte Freya, momentan ganz offensichtlich mehr Kriegs- als Liebesgöttin, einen verzauberten Kugelblitz vor Thors Füße!

»Renn!«, brüllte Loki, was aber gar nicht nötig war, denn Thor war bereits aus Freyas Zimmer in den Flur gehechtet.

Panisch hasteten beide nun durch die verwinkelten Flure Folkwangs und suchten verzweifelt nach einem Ausgang, verfolgt von Feuerbällen, Blitzen und – nicht zu vergessen – Freyas Katzen. Die zogen, wenn sie nicht über Folkwang wachten, ihren Streitwagen und waren größer als ausgewachsene Tiger.

»ICH HASSE EUUUUUCH!«, hörten Thor und Loki Freya noch immer brüllen, als sie die Katzen in einem Waldstück endlich abgehängt hatten.

»Das war wohl nix«, seufzte Thor, von oben bis unten zerkratzt und ziemlich angekokelt.

Loki, der ähnlich schlimm aussah, protestierte. »Diese eingebildete Zicke!«, schimpfte er. »Was habe ich schon alles für Opfer gebracht, um die Asen aus irgendwelchem Mist wieder herauszuboxen! Die wird noch sehen, was sie davon hat!«

Ganz vorsichtig versuchte Thor, Loki daran zu erinnern, dass der Feuergott den Mist – im Gegensatz zu Freya – ja meist auch selbst verursachte. Aber Loki hatte bereits seine Zauberschuhe angezogen, war zu Odin und Frigg nach Hligdskjalf gerannt und hatte sich trotzig vor den Obergottheiten aufgebaut: »Ich verlange, dass der Rat der Götter einberufen wird! Sofort!«

»BESTEN DANK AUCH!«, grollte Thor. So laut und so wütend, dass die Deckenbalken des Turmzimmers knirschten. Und Loki war wirklich froh, dass er seinen Hammer gerade nicht griffbereit hatte.

Denn tatsächlich war die Sitzung des Götterrates leider ein wenig anders verlaufen, als der Feuergott es sich erhofft hatte.

Anstatt Freya den Kopf zu waschen und sie zu zwingen, sich schleunigst nach Niflheim zu begeben, hatte sie Recht bekommen! Und damit nicht genug! Heimdall hatte dann gemeint, ihr »Heirate doch selber deinen Scheiß-Riesen« wäre eigentlich gar keine so schlechte Idee.

Woraufhin alle Gottheiten außer Thor und Loki in wundervoller Eintracht beschlossen hatten, Thor nach Niflheim zu schicken. Als Braut!

Zugegeben – eigentlich war das Ganze tatsächlich ein perfekter Plan. Solange der Donnerer nicht zu früh aus der Rolle fiel, würde Thrym ihm den Hammer bei der Hochzeit einfach in den Schoß legen. So, wie man das in Yggdrasil bei Hochzeiten so machte. Und Thor könnte ihm dann gleich darauf den Schädel spalten.

Allerdings hatte der Donnergott lautstark protestiert. Lieber würde er ohne Waffen nach Niflheim reisen, mit bloßen Fäusten gegen Thrym kämpfen und dabei draufgehen, als ein Brautkleid anzuziehen, hatte er gebrüllt und Loki dabei ehrlich leid getan.

Aber die anderen hatten nur lächelnd abgewunken.

Allen voran Odin. »Glaub mir, mein Sohn«, hatte der Allvater gemeint, »mal Frauenkleider zu tragen, ist eine sehr lehrreiche und bereichernde Erfahrung. Wenn du möchtest, bringe ich dir bei der Gelegenheit gleich ein paar Gesangszauber bei und wir gehen das nächste Mal gemeinsam zum Singen zu den weisen Frauen.«

»Ich – möchte – mir – meinen Vater nicht in Frauenkleidern vorstellen!«, zischte Thor durch seine zusammengebissenen Zähne.

»Odin sieht darin aber wesentlich weniger albern aus als du«, entfuhr es Freya.

Woraufhin die etwa fünfzig Asen und Wanen, die sich mittlerweile im Turmzimmer drängten, laut losprusteten.

Nicht, weil Odin doch irgendwie albern ausgesehen hätte – tatsächlich hatte der Allvater das große Glück, zu denen zu gehören, die wirklich alles tragen konnten.

Sondern weil nichts, aber auch gar nichts in den neun Welten jemals so armselig ausgesehen hatte wie Thor, der rothaarige Hüne, in seinem viel zu engen Brautkleid.

Denn obwohl das edle Gewand einmal der Riesin Skadi gehört und demzufolge Riesengröße hatte, war das Oberteil für das mächtige Kreuz des Donnerers noch immer viel zu eng gewesen. Sif hatte deshalb an mehreren Stellen Schlitze in den Stoff geschnitten und dort, wo dann Thors Muskeln hervorgequollen waren, lange Tücher davor genäht. Nun zierten Stoffstreifen an den unmöglichsten Stellen Thors zum Platzen straff eingewickeltem Körper, so dass er aussah wie ein riesiger, sehr trauriger Vogel. In der Mauser.

»Ich hasse euch!«, knurrte der Donnerer mit Tränen in den Augen, als Freya ihm genüsslich einen Spiegel hinhielt.

»Das ist mein Text«, grinste die kriegerische Liebesgöttin hämisch.

Und breitete dann einen großen Schleier über den Donnergott, der gnädig das Schlimmste verbarg.

»Ich bin schon wieder auf dieses scheiß Laken getreten!«, fluchte Thor, während Loki Tangrisnir und Tangiostr an den Streitwagen des Donnerers schirrte. Der Fairness halber hatte der Feuergott beschlossen, seinen Freund zu begleiten. In Gestalt einer Frau. Wann sonst hatte man dazu schließlich Gelegenheit?

»Das ist kein Laken, sondern ein Schleier, Mann! Mach da bloß nicht noch mehr Löcher rein«, ermahnte Loki, die treue, schon sehr betagte Magd, die holde Braut. »Wenn du nicht komplett zugehängt bist, fällt Thrym nie darauf rein!«

Etwas nervös gab der Feuergott den Ziegenböcken dann einen Klaps auf den Hintern und sie brausten los.

Was für ein Scheusal Thrym, der König Hrimtursen auch war – für seine Braut hatte er sich wirklich ins Zeug gelegt.

Nie zuvor hatte Niflheim so prachtvoll ausgesehen.

Riesische Künstler hatten zur Feier des Tages Blumen und Ornamente ins Eis geschnitzt. Große Schneefelder waren bunt eingefärbt und kunstvoll beleuchtet. Noch dazu säumten unzählige Eisriesen in prachtvollen, glitzernden Gewändern den Weg zu Thryms Palast und winkten der Braut auf ihrem Wagen zu.

»Das ist echt schön!«, meinte Thor beeindruckt und vergaß einen kleinen Moment, dass er gar nicht wirklich zum Heiraten gekommen war.

Auch, weil ganz Niflheim jetzt nicht nur nach edlem Räucherwerk, sondern auch nach gebratenem Fleisch und frisch gebackenem Brot duftete.

»Ich habe Hunger!«, seufzte Thor.

»Du darfst aber auf keinen Fall deinen Schleier hochnehmen!«

»Aber dann kann ich ja nichts essen!«

»Na schön, iss meinetwegen was. Aber achte darauf, dass du es immer schön unter deinem Schleier tust.«

»Wie soll das denn gehen?«

Tatsächlich ging es erstaunlich gut. So gut, dass Thor hintereinander weg einen ganzen Ochsen, acht Lachse und einen riesigen Korb voller Gebäck in sich hineinstopfte und hinterher – so viel zu seinem Vorsatz, sich beim Alkohol zu mäßigen – noch acht Tonnen Met trank.

Woraufhin sämtliche Hochzeitsgäste verwundert zu tuscheln begannen.

»Friss nicht so viel«, zischelte Loki, die Magd, der holden Braut zu. »Sonst fliegen wir noch auf!«

Tatsächlich wirkte Thrym mittlerweile ein wenig misstrauisch. »Nicht, dass ich es ihr nicht gönnen würde, aber – ich habe noch nie eine Frau so viel essen sehen.«

»Das ist ganz einfach zu erklären«, stammelte Loki, während er fieberhaft nach einer passenden Ausrede suchte. Und zum Glück gerade noch rechtzeitig eine fand: »Freya, die schönste aller Göttinnen, hat sich vor ihrer Hochzeit so nach dir gesehnt, dass sie gar nichts mehr essen und gar nichts mehr trinken konnte. Acht ganze Tage lang!«

»Wirklich?«, staunte der König der Eisriesen. »Was für eine Frau!« Mit verklärtem Blick und einem seligen Seufzer schob er seiner Braut gleich noch einen weiteren Ochsen hin. »Ich hab gern etwas mehr in der Hand«, kicherte er.

Thor wurde übel.

Um so mehr, als Thrym, jetzt ganz rasend vor Verliebtheit und bereits ziemlich betrunken, seine Braut plötzlich an den Schultern packte und sie mit seinen Riesenpranken vor sich auf den Tisch setzte.

»Küss mich!«, seufzte er – und hob den Schleier!

Völlig entgeistert starrte Thor dem Riesen in die Augen – und der Riese starrte ebenso entgeistert zurück.

»HAAAAAAALT!«, sprang Loki, die alte Magd, sofort erstaunlich jugendlich dazwischen, zog das Tuch blitzschnell wieder vor Thors Gesicht und den Donnergott vom Tisch herunter. »DAS GEHÖRT SICH NICHT VOR DER HOCHZEIT!«

»Tsch… schuldigung«, stammelte der Riese betreten.

»Nicht traurig sein, du wirst noch so viele Gelegenheiten haben, sie zu küssen«, versuchte Loki die Stimmung wieder aufzuhellen. Aber plötzlich wirkte Thrym entsetzlich enttäuscht.

»Was ist denn?«, hakte Loki vorsichtig nach. »Bist du traurig?«

Thrym nickte.

»Wie sie mich angesehen hat. So voller Hass. Fast sah es aus, als würde Feuer aus ihren Augen flammen, um mich zu verbrennen. Ich glaube, sie liebt mich gar nicht.«

»Ach Quaaaatsch!«, mit schiefem Grinsen tätschelte Loki Thryms Schulter. »Die flammenden Augen hat sie doch gerade, weil sie dich so liebt.«

»Was?«, der Riese verstand nicht.

»Sie hat sich so nach dir gesehnt, dass sie vor der Hochzeit acht Nächte nicht mehr geschlafen hat«, erklärte Loki.

»Wirklich?«

»Ja, klar, Mann! Kennst du nicht den Ausspruch ‚ich bin so müde, meine Augen brennen wie Feuer'?«

»Doch, natürlich!«, dankbar umarmte der König der Eisriesen die treue Magd Loki. »Wie konnte ich das vergessen! Wenn ich dich nicht hätte!«

Tief bewegt vom Liebesleid seiner wunderschönen, zukünftigen Braut erhob sich der Eisriese. »Man hole nun den Hammer! Es wird Zeit, dass König Thrym und Freya den ewigen Bund der Ehe eingehen!«

Und tatsächlich brachten nun zwei Diener den Mjöllnir auf einem glitzernden, weißen Kissen zur Hochzeitstafel, nahmen ihn vorsichtig hoch, legten ihn, noch etwas vorsichtiger, in den Schoß der liebreizenden, wunderschönen Braut, deren Finger sich sofort so fest um den Griff schlossen, dass die Knöchel weiß wurden vor unbändiger Kraft …

»Dafür ist der Hammer aber nicht gedacht, mein Schatz!«

Die Augen Thryms, des Königs der Hrimtursen, weiteten sich entsetzt.

»Nur noch den letzten Ochsen! Bitte! Der vergammelt doch sonst hier!«

Loki schnaufte. Überall tote Eisriesen – und Thor dachte an nichts anderes als ans Essen!

Aber der Hammer war wieder da, nur das zählte.

»Weifft du, waff erfftaunlich ifft?«

Thor hatte die Backen so voll genommen, dass er aussah wie ein großer, rothaariger Hamster.

»Was ist erstaunlich?«, fragte Loki gelangweilt und kratzte dabei mit einem der Messer etwas in den Holztisch, das verdächtig nach einem Penis aussah.

»Wemmmam wwich …«, mit einem großen Schluck Met spülte Thor das letzte Stück Oche herunter und grinste, »… wenn man sich an so' n Kleid erstmal gewöhnt hat, ist es erstaunlich bequem.«

Loki musste grinsen.

»Du hast recht«, stellte er dann überrascht fest. Denn erst jetzt fiel ihm auf, dass er noch immer als alte Frau am Tisch saß.

»Vielleicht sollte ich sowas öfter mal beim Kämpfen anziehen.«

Jetzt musste Loki noch ein wenig breiter grinsen.

»Für die Riesen wäre das sicher mal eine sehr lehrreiche und bereichernde Erfahrung …«

FREVEL UND FÜLLE

Leider ist nicht nur zwischen Riesen und Göttern, sondern auch zwischen den Göttern selbst der Frieden ähnlich hart erkämpft wie unter den Menschen.

Schließlich geschah bereits die Erschaffung der Welt durch Mord und Totschlag. Und das Unheil, das wir davon alle noch in uns tragen, nimmt viel zu schnell und immer wieder seinen Lauf.

Wie der allererste Krieg entbrannte

Vor noch etwas längerer Zeit als sonst – die neun Welten waren gerade erst entstanden und die Menschen noch nicht lange erschaffen – schien es, als gäbe es in Asgard und Midgard so gar keine Sorgen. »Goldenes Zeitalter« wurden diese Jahre genannt, in denen Menschen und Götter im Überfluss lebten. So viel Nahrung gab es, dass manchen Leuten beim Essen versehentlich die Bäuche platzten, und so viel Gold, dass es auf den Wiesen einfach herumlag.

Vor allem bei den Wanengöttern, dieser anderen Göttersippe, von der niemand wusste, woher sie eigentlich einst gekommen war. Vanaheim, ihr Zuhause, war weder von den Asen geschaffen worden, noch hatten die Wanen es selbst getan. Es war einfach so, mitsamt seinen Bewohnern, immer da gewesen, schon lange, bevor die Asen es entdeckt hatten.

Und einfach so gab es dort unermessliche Schätze. Selbst, wenn man alles, was da war, einmal verbraucht hatte, um Bauwerke zu schmücken oder sich selbst, entstanden die Kostbarkeiten einfach immer wieder neu. Auf dieselbe Weise, wie es noch heute in der ewig grünenden, blühenden und so verschwenderisch reichen Natur geschieht, deren Götter die Wanen sind.

Doch wann immer an einem Ort mehr Überfluss ist als an einem anderen – das ist leider nicht nur bei uns in Midgard so – entsteht Neid.

»Es ist nicht fair, dass wir uns abmühen mussten, aus Ymirs Überresten Asgard und Midgard zu erschaffen, während die da drüben keinen Finger krumm gemacht haben!«, murrten Odins Brüder Vili und Ve in Richtung Vanaheim. Und auch Odin und Tyr fanden es wirklich ungerecht, dass die Asen ihre ganzen Paläste, Straßen und Plätze selbst hatten bauen müssen, während die der Wanen anscheinend ganz von selbst aus üppig grünenden, blühenden, duftenden Pflanzen gewachsen waren.

»Auch, wenn es so aussieht – solcher Reichtum kann nicht einfach so entstehen«, wandte Hönir ein. »Es muss bei den Wanen irgendein Geheimnis geben, das wir nicht kennen.«

Sofort war Odins Wissensdrang geweckt. »Vielleicht kennt man in Vanaheim ja besondere Reichtumszauber. Wenn wir herausfinden, welche Art von Magie das ist und sie selbst erlernen …«

»… dann sind wir bald genauso reich!«, fiel Vili seinem Bruder ins Wort – mit vor Gier glänzenden Augen.

Wie praktisch, dass wenig später die Wanin **GULLVEIG** über die Regenbogenbrücke zu Besuch nach Asgard kam – mit Taschen so voller Gold, Silber und prächtigen Edelsteinen, dass bei jedem ihrer Schritte etwas davon auf den Boden fiel und sie es nicht einmal aufhob.

Heimdall, obwohl selbst vom Schicksal einfach so mit einem goldenen Gebiss beschenkt, war sprachlos.

»Hier, du sollst auch welche haben! Die sehen so hübsch aus.« Mit strahlendem Lächeln nahm Gullveig eine Handvoll Edelsteine und hielt sie Heimdall hin.

Und weil der Götterwächter nur stocksteif dastand vor Staunen, warf die Wanin ihre bunten Klümpchen einfach in Heimdalls Gjallarhorn. Sein riesiges Blasinstrument, dessen Klang ganz Asgard erschütterte, wenn er damit vor herannahenden Riesen warnte.

»Da ist jetzt aber noch viel zu viel Platz drin«, kicherte Gullveig, nachdem sie einen Blick in das Horn geworfen hatte – und schaufelte gleich noch alle anderen Edelsteine aus ihren Taschen hinterher.

»Das ist unglaublich! Woher hat die alle?«, zischelte Hönir seinen Freunden Odin, Loki und Tyr zu. Gemeinsam hatten sie im Gebüsch auf der Lauer gelegen, um jemanden von den Wanen abzupassen.

»Das werden wir gleich hören«, knurrte Odin entschlossen.

»Ein Zauber? Ich weiß nicht, was ihr meint.«, beteuerte Gullveig, die beim besten Willen nicht verstand, was die Asen von ihr wollten.

Odin schnaufte.

»Wir meinen *die* da!«, entgegnete er dann zum gefühlt hundertsten Mal und zeigte auf das mit Schätzen randvolle Gjallarhorn.

»WO HABT IHR WANEN DIE HER?!«

»Ich habe euch doch schon gesagt, dass sie einfach da sind. Immer wieder neu. Niemand von uns weiß, woher sie kommen. Was ist daran so schwer zu verstehen?«

Wieder kicherte Gullveig.

»Dabei sagt man doch, die Asen sind so klug …«

Das war ein Fehler.

Weil Odin jetzt wütend wurde.

Rasend wütend.

So unglaublich wütend, dass er brüllte und tobte und, als das nichts half, Gullveig packte und schüttelte und schließlich, als auch das nichts brachte, in rasendem Hass seinen Speer Gungnir ergriff …

»Das war ein Fehler«, seufzte Hönir.

Leblos lag Gullveig auf dem Boden, von Gungnir durchbohrt, und von oben bis unten beglitzert mit Edelsteinen.

Weil das Gjallarhorn umgefallen war und sich der gesamte Inhalt über ihren Leichnam ergossen hatte.

Sehr betreten betrachtete Odin sein Werk der Zerstörung. Noch nie zuvor hatte er eine andere Gottheit getötet. Jetzt, wo seine Wut verraucht und er selbst wieder bei klarem Verstand war, fühlte er sich entsetzlich schuldig. Schließlich hatte Gullveig ihnen überhaupt nichts getan – außer Heimdall üppig zu beschenken.

»Was hat mich nur dazu getrieben?«, fragte sich der Allvater verzweifelt und vergrub sein Gesicht in den Händen.

»Gier«, antwortete Loki trocken. Obwohl er wusste, dass das nicht das war, was Odin hören wollte.

»Wir müssen sie nach Vanaheim bringen und tun, was ihre Sippe zur Wiedergutmachung verlangt«, stellte Tyr mit eingefrorener Miene fest. »Das sind wir alle ihr schuldig. Schließlich hätte jeder von uns dazwischen gehen können.«

Alle nickten. Auch, wenn das, was sie erwartete, sicher schrecklich war. Wahrscheinlich würden die Wanen fordern, dass einer von ihnen nun ebenfalls sterben musste.

»Und wenn wir sie einfach verbrennen?«

Loki, der schon damals die meisten Erfahrungen im Vertuschen von Dingen hatte, die ein wenig aus dem Ruder gelaufen waren, blickte herausfordernd in die Runde. »Wenn ihr schweigen könnt, wird niemand jemals erfahren, wie sie zu Tode gekommen ist.«

Einfach verbrennen?

Odin, Tyr, Heimdall, Loki, Hönir, Vili und Ve sahen einander prüfend an.

»Könnt ihr schweigen?«, flüsterte Odin.

Noch einmal nickten alle.

In einem kleinen, versteckten Gebirgstal am Rand von Jotunheim legten die Asen Gullveigs Leichnam in ein Feuer, um das, was sie getan hatten, ungeschehen zu machen.

Betreten blickten die Männer in die Flammen, die das, was man ihnen gegeben hatte, langsam zu verzehren begannen – als die Männer plötzlich stutzten!

Hatte Gullveigs Leichnam sich bewegt? Nein, das konnte nicht sein!

Aber tatsächlich! Die doch eigentlich tote Göttin begann, sich zu recken und zu strecken und setzte sich schließlich gähnend auf. Wie nach einem langen Schlaf.

Voller Grauen starrten die Männer Gullveig an.

Daran, dass im Winter die Bäume und Sträucher ja auch wie tot scheinen und im Frühjahr doch wieder grünen, dachten sie nicht. Und auch nicht daran, wie oft der Stumpf eines gefällten Baumes wieder austreibt oder wie häufig einem geschnittenen Zweig in ein wenig Wasser Wurzeln wachsen.

»Sie ist eine Zauberin! Wenn ihr es vorher nicht geglaubt habt, habt ihr hier den Beweis!«, rief Vili stattdessen aufgebracht – und alle Schuldgefühle waren mit einem Mal wie weggefegt.

»Du hast uns heimtückisch getäuscht!« brüllte Tyr wütend. Und dann zerrte Ve Gullveig aus den Flammen, packte sie an den Schultern und schüttelte sie. »Verrate uns deinen verdammten Zauber! Los!«

»Warum tut ihr das?«

Das war alles, was Gullveig antwortete. Mit vor Angst bebender Stimme.

Aber damit ließen die Männer sich nicht abspeisen. Schließlich hatte Gullveig ihnen gerade gezeigt, was für eine mächtige Magierin sie war.

»Tun wir ihr ein bisschen weh. Dann wird es nicht lange dauern, bis sie redet«, meinte Loki.

Entsetzt blickte Gullveig Heimdall an. »Hilf mir!«, flehte sie. »Ich habe dich beschenkt! Weißt du das nicht mehr?«

»Sei stark! Sie will dich in die Irre führen!«, warnte Odin.

Ganz kurz schien Heimdall hin und hergerissen, dann atmete er durch. »Natürlich bin ich stark«, knurrte er dann. Und um seinen Freunden das auch zu beweisen, ging er nun mit eisigem Blick auf Gullveig zu, griff blitzschnell nach ihren Füßen, riss diese nach oben und hielt die Wanin kopfüber in die Flammen. »Du musst nur reden, dann höre ich sofort wieder auf!«, rief er, vom Johlen der anderen angestachelt.

Aber Gullveig redete nicht. Sie schrie nur vor entsetzlichen Schmerzen, weil sie jetzt, wo sie wieder lebendig war, auch wieder verbrennen konnte. In Panik schlug sie um sich, zuckte, zappelte, immer wilder und verzweifelter.

Aber Heimdall blieb unerbittlich.

Bis Gullveig sich dann wieder gar nicht mehr bewegte und auch nicht mehr schrie.

Und Heimdall begriff, dass er ihren Leichnam über das Feuer hielt!

Mit einem Mal entsetzt und angewidert von dem, wozu er fähig gewesen war, blickte der Wächter seine Mitgötter an. Verzweifelt und hilflos.

»Lass sie fallen! Die kommt gleich wieder!«, meinte Hönir aber nur gänzlich unbeeindruckt. Und die anderen nickten.

»Ich hoffe, ihr habt Recht«, flüsterte Heimdall – und ließ los.

Tatsächlich!

In den Flammen reckte und streckte sich die Wanin wieder, alle Wunden schlossen sich, die Kraft kehrte in ihre Glieder zurück – und schließlich sprang sie wie neu aus dem Feuer.

»Na warte!«, brüllte Odin und packte Gullveig erneut. »Wir machen das jetzt so oft, bis du redest! Hast du das verstanden!«

Die gellenden Schmerzensschreie der Wanin hallten durch das Tal, drangen, vom Wind getragen, bis in Friggs Palast Fensalir.

Dort blickte die Obergöttin verzweifelt aus dem Fenster in Richtung Wanaheim. Weil sie wusste, was gerade Entsetzliches geschah – und dass dies nur der Anfang von etwas noch viel Schlimmerem sein würde.

Denn nachdem Odin Gullveig ein weiteres Mal entsetzliche Schmerzen hatte leiden lassen und die Göttin ein weiteres Mal in den Flammen wieder lebendig geworden war, sprang sie plötzlich aus dem Feuer, entwand sich den Griffen der erschrockenen Asengötter und stürmte davon Richtung Vanaheim. Ohne, dass einer der Götter sie noch hätte aufhalten können.

Sehr erschrocken blickten die Männer sich an.

Und jetzt?

Zwar waren die Wanen eher friedlich und sanftmütig. Trotzdem würde das, was geschehen war, sicher keine angenehmen Folgen für die Asen haben.

Tatsächlich blies Heimdall schon wenige Stunden später warnend so kräftig er konnte in sein großes Gjallarhorn. Und zwar nicht, weil sich – wie sonst immer – Riesen näherten.

Stattdessen bebte die Regenbogenbrücke vom Stampfen unzähliger Wanen, die, angeführt vom Meeresgott Njörd, von Gullveig und dem Fruchtbarkeitsgott Frey, wütend auf Asgard zumarschierten.

»Wir verlangen eine Entschädigung!«, rief Frey aufgebracht. »Für das, was ihr der armen Gullveig angetan habt!«

Odin, der mit Thor sofort zur Brücke geeilt war, atmete durch und trat vor die Wanen.

»Wir sehen ein, dass wir vielleicht etwas unüberlegt gehandelt haben«, versuchte er, sein Gesicht und das der anderen Asen zu wahren. »Und wir sind bereit, euch dafür von unseren Schätzen und Vorräten zu geben, was immer ihr verlangt.«

»Schätze und Vorräte?«, Njörd schnaufte abfällig, »Davon haben wir selbst mehr als genug!«

»Was wollt ihr dann?«

Njörds Blick verfinsterte sich.

»Gebt uns eine eurer Frauen«, antwortete er dann grimmig. »Damit wir das, was ihr mit Gullveig gemacht habt, mit ihr machen können.«

Alle Asenfrauen erstarrten.

»Aber unsere Frauen haben nichts damit zu tun!«, protestierte Thor. »Außerdem werden sie nicht einfach wieder lebendig, wenn man sie ins Feuer wirft«, ergänzte Tyr.

»Was habt ihr Gullveig angetan?«, entfuhr es Iduna entgeistert, und Tyr, Hönir, Loki, Heimdall, Vili und Ve senkten beschämt ihre Häupter.

»Uns doch egal, ob sie wieder lebendig wird!«, rief Frey wütend, »Das hättet ihr euch überlegen können, bevor ihr Gullveig misshandelt habt.«

Odin sprach ein Machtwort:

»Schätze und Vorräte – oder nichts«, erklärte er aufgebracht und baute sich mit verschränkten Armen vor Njörd auf.

»Du machst einen schweren Fehler«, entgegnete der Meeresgott.

»Du willst mir drohen?«

»Ja, das will ich.«

Immer wütender und lauter gingen die beiden Obergötter einander an.

»Du weißt, dass sogar die Riesen uns Asen nicht besiegen können.«

»Hast du jemals einen Wanen gesehen, der von einem Riesen besiegt wurde?«

»Nein, aber gleich zeige ich dir einen Wanen, der von einem Asen besiegt wird!«

»Tu das nicht!«, rief Frigg noch erschrocken.

Aber Odin hatte mit seinem Speer Gungnir bereits weit ausgeholt, schleuderte ihn mit voller Kraft in die Reihen der Wanen …

 … und entfesselte den allerersten Krieg.

Nur wenige Tage später war der Überfluss in den Götterwelten ständiger Finsternis und Kälte gewichen. Die Sonne war verdunkelt von Staub und Qualm, denn Asgards Paläste brannten.

Zwar besaßen die Asen ihre Wunderwaffen und setzten sie auch ein, aber auch der Wanengott Frey hatte ein Zauberschwert, das aus eigener Kraft jeden Gegner bezwingen konnte, und noch dazu waren die Wanen leider die wesentlich besseren Zauberer. Mit magischen Geschossen richteten sie ungeheure Verwüstungen in Asgard an. Ein Hundertfaches von dem, was Mjöllnir und Gungnir in Vanaheim je hätten zerstören können. Schon bald stand bei den Asen kaum noch ein Stein auf dem anderen – und das, was noch stand, stand in Flammen.

Doch schon bald machten die Asen das, was sie nicht an Feuerkraft besaßen, mit Einfallsreichtum wett. Sie trafen Vanaheim zwar seltener, aber genau an den entscheidenden Orten. An Wasserläufen, Brücken, wichtigen Straßen, dort, wo die Wanen schliefen und dort, wo sie ihr Essen ernteten.

So dass in beiden Götterwelten schon bald gleich viel Elend herrschte.

Unermessliches Elend.

Bis nach Jotunheim hörte man das Schreien und Weinen derer, die in grenzenloser Verzweiflung ihre Toten betrauerten. Denn natürlich gab es auch unter den Wanen welche, die nicht einfach wieder lebendig wurden. Noch dazu war in beiden Götterwelten das Wasser der Brunnen und Seen schon bald von der vielen Asche vergiftet. Es gab kaum mehr etwas zu trinken und selbst in Vanaheim fast nichts mehr zu essen. Weil die unerschöpflichen Kräfte der Natur, denen alle Welten ihre Nahrung verdankten, unter Ruß und Asche erstickten.

»Es muss ein Ende haben«, stellte Frigg nach einigen Wochen mit finsterer Miene fest und Odin nickte. »Sonst sterben wir alle und es gibt keinen Sieger.«

»Es muss ein Ende haben«, meinte zur selben Zeit auch Njörd, der Meeresgott und der Fruchbarkeitsgott Frey. »Wir sind gleich stark. Dieser Krieg kennt nur Verlierer.«

»LASST UNS REDEN!«, brüllten Odin und Njörd nun gleichzeitig. So laut und so verzweifelt, dass ihre Stimmen in allen neun Welten die Berge erzittern ließen.

Dann war Stille.

Sehr müde, geschwächt von Hunger, Durst, schrecklichen Wunden und grenzenloser Trauer trafen sich die, die den Krieg überlebt hatten, bald darauf an einer der drei Wurzeln Yggdrasils.

Und redeten.

Darüber, dass der Krieg zwar von den Asen begonnen worden war, dass aber die grenzenlose Zerstörungswut der Wanen nach dem ersten Angriff ihn erst richtig entfacht hatte.

Also hatten beide Seiten Schuld – oder auch nicht.

Und niemand, aber auch wirklich niemand, hatte irgendetwas durch diese furchtbare Zeit gewonnen.

»Wir müssen verhindern, dass so etwas Entsetzliches jemals wieder passiert«, entschied Odin.

Aber wie?

»Wir könnten Geiseln austauschen«, schlug Mimir, der Weise vor, der aus Freundschaft zu Odin auf Seiten der Asen gekämpft hatte. »Wie wäre es, wenn von nun an zwei Asen in Vanaheim leben und zwei Wanen bei uns Asen?«

Erschöpft, wie alle waren, hielten sie diese erste Idee auch gleich für die beste, und aus den Reihen der Asen meldete Mimir sich freiwillig. »Und wenn es möglich ist, würde ich gern Hönir mitnehmen«, meinte er dann. »Er ist der Vernünftigste von uns und kommt sicher mit jedem in Vanaheim aus.«

Da Hönir diesen Vorschlag ebenso vernünftig fand, wie die anderen Hönir vernünftig fanden, willigte der Ase ein. Gemeinsam mit Mimir stellte er sich auf die Seite der Wanen und wurde dort freundlich willkommen geheißen.

Freigiebig, wie sie trotz des Krieges nun einmal waren, überließen die Wanen den Asen im Gegenzug gleich drei ihrer wichtigsten Gottheiten. Den Meeresgott Njörd und seine Kinder, das Geschwisterpaar Frey und Freya. Beide strotzten nur so vor Jugendlichkeit und den unbändigen Kräften der Natur und freuten sich darauf, von nun an gemeinsam Asgard zum Grünen und zum Blühen zu bringen.

Hönir stieg aufgrund seiner Fähigkeit, die Dinge zu durchdenken und immer die richtigen Einwände zu bringen, schon bald zu einem Anführer bei den Wanen auf.

Doch leider erforderte eine solche Position dann nicht mehr nur die Fähigkeit, Dinge abzuwägen, sondern auch die, Entscheidungen zu fällen.

Und das war so ganz und gar nicht die Stärke des grüblerischen Hönir.

Weswegen der Ase schon bald dazu überging, Mimir sämtliche Entscheidungen fällen zu lassen.

Das tat der alte Riese zwar sehr weise, trotzdem wurden die Wanen unzufrieden. Denn sie fühlten sich übervorteilt.

»Wir haben den Asen drei unserer mächtigsten Gottheiten als Geiseln gegeben. Da lassen wir uns doch nicht mit so einem entscheidungsschwachen Blender abspeisen!«

Das war Hönir gegenüber sehr ungerecht. Schließlich haben alle Lebewesen – auch Götter – nun einmal Stärken und Schwächen. Aber der Gott der Vernunft hätte ja auch einfach auf den Posten des Anführers verzichten können, statt Mimir die Entscheidungen zu überlassen.

So aber wurde die Wut der Wanen immer größer – so groß, dass sie dem armen Mimir schließlich den Kopf abschlugen!

»Soll der Ase doch mal sehen, was er ohne ihn macht!«

So in Rage waren die Wanen, dass sie Mimirs Kopf danach sogar zu Odin bringen ließen – als Rache für die schlechte Auswahl seiner Geiseln.

Und genau, wie die Wanen es sich in ihrem Zorn erhofft hatten, raste Odin vor Wut und Trauer um seinen verlorenen Freund, als er den Kopf erblickte – und beinahe wäre der entsetzliche Krieg wieder aufgeflammt.

Doch dann erinnerte Frigg den Allvater daran, dass genau das doch nie wieder passieren sollte, und daran, dass es immer besser war zu heilen als zu zerstören.

Im letzten Moment besann Odin sich deshalb lieber darauf, was für ein großer Magier er war. Er behandelte Mimirs Kopf mit Kräutern, sprach Zaubersprüche, ritzte Runen – und tatsächlich!

Das winzige bisschen Leben, das noch im Kopf seines Freundes gewesen war, begann wieder zu erblühen.

Am Weisheitsbrunnen lebt seitdem kein ganzer Riese mehr, sondern nur noch – ein riesiger Kopf.

Was für Mimir etwas unpraktisch ist. Aber allemal besser, als tot zu sein.

Zumal er jetzt viel öfter Besuch von Odin bekommt, der es sich zur Aufgabe gemacht hat, täglich nach seinem Freund zu sehen und für ihn zu sorgen.

»Wer weiß, ob ich als ganzer Riese nicht viel zu einsam wäre«, sagte er sich.

Weil es nun einmal die weiseste Entscheidung ist, irgendwie doch immer das Beste aus seinem Schicksal zu machen.

Wie Frey sich in die schöne Riesin Gerd verliebte

Nachdem auch der letzte Streit um Hönir und Mimir durch Odins Langmut beigelegt worden war, beseitigten die Asen und Wanen mit viel Fleiß die Trümmer des schrecklichen Krieges und bauten ihre Welten wieder auf. Wobei sie sich ein ums andere Mal fragten, warum sie sie nur so furchtbar hatten zerstören müssen.

Bald war auch in Asgard der Alltag wieder eingekehrt und die Geiseln lebten sich in ihrer neuen Umgebung ein.

Njörd hatte einen eigenen Hafen namens Noatun geschenkt bekommen. Frey hatte sich, weil er als Fruchtbarkeitsgott viel Platz und eine möglichst harmonische Umgebung benötigte, etwas weiter entfernt von Asgard in Lichtalfheim niederlassen dürfen. Und Freya wurde ein prächtiger Palast gebaut, der Folkwang hieß, und man gab ihr die Macht über die Hälfte aller verstorbenen Krieger.

Njörd und seinen neuen Kindern gefiel ihr neues Leben sehr gut – worüber alle Asen erleichtert waren. Schließlich hatte Freys und Freyas Zeit in Asgard erst einmal mit einem ziemlichen Dämpfer begonnen. Die beiden waren nämlich nicht nur Bruder und Schwester – sie waren auch verheiratet!

Doch was im naturverbundenen Wanaheim ganz selbstverständlich schien – viele Tiere paarten sich schließlich auch untereinander, obwohl sie Geschwister waren – war in Asgard undenkbar. Sie wurden also geschieden und konnten nur darauf hoffen, sich neu zu verlieben.

Was bei Frey dann auch ganz plötzlich und viel schneller passierte, als erwartet! Bei einer Erkundungstour durch Asgard war er nämlich heimlich auf Odins Thron Hlidskjalf geklettert und hatte zum ersten Mal in seinem Leben bis nach Jotunheim geblickt. Dort hatte er dann die wunderschöne Riesin **GERD** auf dem Hof ihres Vaters Gymir gesehen. Gerd sah so unglaublich hübsch aus, dass alles, was sie anfasste, zu leuchten begann. Zumindest kam es Frey so vor. Schlagartig völlig überwältigt von seinen Gefühlen – schließlich empfand er gerade zum ersten Mal Liebe für jemand anderen als für seine Schwester – wurde er ganz schwach und krank vor Sehnsucht. So schwach und krank, dass alle fürchteten, er könnte sogar sterben.

Voller Sorge rief sein Vater Njörd schließlich Freys Diener Skirnir zu sich. »Wir müssen diese Gerd aus Jotunheim holen, damit Frey sie heiraten kann«, beschloss der Meeresgott. »Bitte fahre zu ihr und wirb um sie. Ich werde ihr alles an Brautgeschenken geben, was sie verlangt.«

Skirnir, der sich vor den Riesen entsetzlich fürchtete, verlangte aber auch etwas: »Ich gehe nur nach Jotunheim, wenn ich das Schwert meines Herrn als Lohn bekomme«, forderte er. »Dann bin ich dort wenigstens halbwegs sicher.«

»Bist du übergeschnappt?«, protestierte Njörd. Aber Frey, der die beiden gehört hatte, seufzte nur: »Mein Leben ist sinnlos, wenn ich Gerd nicht haben kann. Ohne sie will ich lieber sterben. Und wer sterben will, braucht auch keine Waffe mehr.« Mit letzter Kraft gab er Skirnir sein Schwert.

Voller Tatendrang brach Skirnir nach Jotunheim auf – hatte dabei aber leider eines nicht bedacht: Um eine Riesin als Braut nach Asgard zu holen, muss diese Frau erst einmal heiraten wollen. Und Gerd wollte nicht! Ganz und gar nicht! Um alles in der Welt nicht! Schon gar keinen albernen Fruchtbarkeitsgott, sondern, wenn überhaupt, einen starken, mächtigen Riesen!

»Willst du ihn dir nicht wenigstens mal ansehen?«, flehte Skirnir. Aber Gerd, die wegen ihrer Schönheit ohnehin ständig Angebote bekam, lachte Freys Diener nur aus.

Skirnir ließ trotzdem nicht locker und versuchte es nun mit Brautgeschenken. Er besuchte Gerd ein weiteres Mal, um ihr elf Äpfel der Iduna und einen von Odins goldenen Armreifen zu übergeben. Aber die Riesin schob Freys Diener mitsamt seinen Geschenken gleich wieder aus der Tür und knallte sie vor seiner Nase zu.

Skirnir war verzweifelt. Er hatte doch seinen Lohn schon bekommen. Jetzt mit dem Schwert, aber ohne Braut wieder zurückzukehren, war völlig unmöglich! In seiner Angst, sich vor Njörd, Frey und allen anderen furchtbar zu blamieren, versuchte er es schließlich mit Gewalt. Drohend zog er sein Wunderschwert. »Es bezwingt jeden Gegner ganz von selbst. Kannst du dir vorstellen, was es mit *dir* macht?«

Aber Gerd war nicht nur schön, sondern auch sehr stolz. »Töte mich doch!«, entgegnete sie erhobenen Hauptes, »Mir ist alles recht, solange ich nicht einen dämlichen Wanentrottel heiraten muss!«

Einen kleinen Moment war Skirnir völlig ratlos. Dann aber hatte er in seiner Verzweiflung die rettende Idee. »Weißt du«, fragte er Gerd ganz ruhig, »was die wahre Stärke der ‚dämlichen Wanentrottel' ist?«

Gerd verstand nicht.

»Magie«, lächelte Skirnir – und ließ mit einem Zauber seine Augen bedrohlich blitzen. So eigenartig, dass Gerd tatsächlich zum ersten Mal etwas verunsichert wirkte.

»Wenn du nicht mitkommst«, setzte Skirnir sofort nach, »dann zaubere ich dich so hässlich, dass nie wieder irgendein Mann dich zur Frau haben will! Nie wieder!«

»Versuch´s doch!«, giftete Gerd ganz automatisch – und biss sich dann sofort auf die Zunge. Weil sie zum ersten Mal darüber nachdachte, wie es wäre, wenn ihre Schönheit tatsächlich verblassen würde. Irgendwann würde sie alt werden und dann würde genau das passieren. Vielleicht war es an der Zeit, sich nicht mehr immer nur auf ihr Äußeres zu verlassen, sondern sich auch einmal um etwas anderes zu kümmern.

»Vielleicht versuchst du es besser doch nicht«, lenkte die Riesin ein, als Skirnir schon kurz davor war, für seinen ersten Hässlichkeitszauber ein paar Runen zusammenzustellen. »Zur Belohnung dafür, dass du mich zum Nachdenken gebracht hast, treffe ich mich in neun Tagen lieber mit deinem Wanengott in einem Wald. Da sehe ich ihn mir zumindest mal an.«

Skirnir wusste zwar nicht, was Gerd mit ‚Nachdenken' gemeint hatte, aber vor Erleichterung fiel er ihr um den Hals.

Und auch, wenn Gerd erst einmal nur von ‚mal ansehen' gesprochen hatte – erstaunlicherweise blieb die Riesin nach dem ersten Zusammentreffen tatsächlich beim Fruchtbarkeitsgott, die beiden heirateten, wurden sehr glücklich und bekamen prachtvolle Kinder.

Manche, die die Geschichte in der Vergangenheit aufgeschrieben haben, haben das leider als Hinweis darauf verstanden, dass widerspenstige Frauen, wenn nötig, bisweilen auch zu ihrem Glück gezwungen werden müssen. Und dass die dummen Weiber für den Erhalt ihrer Schönheit so ziemlich jeden Preis bezahlen.

Aber was wäre, wenn Frey, der immerhin mutig genug war, für Gerd sein Schwert wegzugeben und von da an ein Leben als sanfter, gänzlich unbewaffneter Gott zu führen, Gerd bei ihrem Zusammentreffen einfach für sich eingenommen hätte?

Vielleicht ja sogar mit dem Geständnis, dass seine Liebe zu ihr groß genug sei, um sie immer wunderschön zu finden. Völlig egal, ob alle anderen oder sogar Gerd selbst irgendwann der Meinung wären, ihre Schönheit sei verblasst.

Viele Menschen – nicht nur Frauen, sondern auch Männer – überzeugt so etwas auf jeden Fall.

Freys Leben in Asgard schien also schon bald ähnlich sorglos und im Überfluss weiterzugehen wie früher in Wanaheim.

Seine Schwester Freya dagegen brauchte wesentlich länger, bis sie sich verliebte. Und wen genau sie sich schließlich als Mann erwählte, ist bis heute umstritten.

Davon, dass sie mit ihrem Gatten Od leider schließlich eine alles andere als glückliche Ehe führte, wurde schon berichtet. Und auch davon, dass selbst die Götter darüber stritten, ob Od und Odin nicht doch dieselben waren.

In jedem Fall gab es eine Menge Dinge, die Odin und Freya von Anfang an verbanden. Als Totengottheiten der verstorbenen Krieger teilen sie sich dieselbe Aufgabe – und da Odin sich noch nie zu schade dafür war, typisch weibliche Künste zu erlernen, lehrte Freya ihn schon kurz nach ihrem Umzug nach Asgard die mächtige – und sehr weibliche – Magie des Seidr. Eine Art von Zauber, den die meisten Männer fürchteten, weil seine Auswirkungen völlig unberechenbar waren.

Manche meinen, genauso unberechenbar wie die Frauen der neun Welten selbst.

Und vielleicht lag es auch an genau dieser Magie, dass Odin – ganz gegen seine Natur – erstaunlich eifersüchtig war, wenn es um Freya ging …

Der Brisingamen

Eines Nachts erwachte die Wanengöttin Freya in ihrem Palast Folkwang lange vor Sonnenaufgang aus einem sehr seltsamen Traum.

Sehr erstaunt sah sie sich um. Wieso war es noch dunkel?

Sie hatte nämlich vom Licht geträumt.

Von unermesslichem Glanz, der ihre Seele noch immer bis in den letzten Winkel erhellte. Der sie so glücklich machte, dass sie alle Sehnsucht nach ihrem Mann Od und nach den alten, sorglosen Zeiten in Wanaheim für kurze Zeit vergaß.

Und noch mehr gab es, über das Freya sich wunderte. Denn ohne, dass sie wusste, warum, zog irgendetwas, von dem sie nicht genau beschreiben konnte, was es war, sie plötzlich nach Schwarzalfheim. In die Welt der Zwerge.

So drängend war ihr plötzliches Bedürfnis, dort hinzugehen, dass sie, statt ihr Falkengewand anzuziehen, einfach loslief.

Wie von einem unsichtbaren Band gezogen, ging sie erst über die Regenbogenbrücke nach Midgard, durchquerte, ohne Rast zu machen, die gesamte Menschenwelt und kam am Ende des Tages schließlich in Schwarzalfheim an. Und als wäre sie schon hundertmal dort gewesen, durchquerte sie dann trotz einbrechender Dunkelheit zielsicher die Berge – um schließlich an eine unscheinbare Höhle zu gelangen.

Den Eingang einer Schmiede.

»Wir haben schon auf dich gewartet, Freya.«

Die Zwerge Alfrigg, Dvalinn, Berling und Grerr lächelten, als die Göttin eintrat.

»Woher wisst ihr, dass ich komme?«, wunderte sich Freya.

»Der Brisingamen hat sich nach dir gesehnt«, antwortete Berling. Und deutete dann hinter sich in einen anderen Raum, in dem irgendetwas so hell leuchtete, dass es schien, als wohne die Sonne selbst darin.

Genauso hatte das Leuchten in ihrem Traum ausgesehen!

Vor Staunen und Vorfreude schlug das Herz der Göttin höher. Ganz langsam, Schritt für Schritt, ging sie auf das Leuchten zu. Je näher sie kam, desto stärker wurde sie geblendet. So sehr, dass ihre Augen anfingen zu tränen – bis sie sie vor Staunen schlagartig aufriss. Weil sie nun den Halsreif sah, der Brisingamen genannt wurde.

So ein unglaubliches, unfassbar schönes Schmuckstück hatte sie in ihrem ganzen Leben noch nie gesehen.

»Wir haben den Brisingamen nur für dich geschmiedet«, meinte Dvalinn sanft.

»Darf ich ihn haben?«, fragte Freya aufgeregt und griff mit zitternden Fingern nach dem herrlichen Schmuck.

»Natürlich darfst du«, meinte Grerr.

Doch dann stellte er sich der Göttin in den Weg,

»Allerdings hat der Brisingamen einen Preis.«

Schlagartig war die magische Stimmung verflogen. Misstrauisch und voller Argwohn musterte Freya die Zwerge. »Einen Preis?«

Alfrigg, Dvalinn, Berling und Grerr nickten.

»Wir wissen«, erklärte Alfrigg dann ziemlich nervös, »dass du uns normalerweise gar nicht beachten würdest. Geschweige denn, dich für uns interessieren. Deshalb haben wir den Brisingamen geschmiedet, um dich herzulocken.«

»Und was wollt ihr jetzt von mir? Mich hier gefangen halten?«

»Aber nein!«, Grerr war fassungslos. »Wir sind doch keine Riesen!«

»Was wollt ihr dann?«, wunderte sich Freya und wirkte zumindest ein klein wenig erleichtert.

»Wir wollen eine Nacht mit dir. Also jeder von uns eine«, antwortete Berling schüchtern.

Freya musste grinsen.

»Ihr mit mir?«

»Was ist daran so komisch?«, fragte Dvalinn verunsichert.

»Phh … nichts … gar nichts«, entgegnete Freya mit spitzen Lippen und musterte die Zwerge. Vier kleine, von oben bis unten verruste Männer, deren Rücken von der schweren Arbeit in der Schmiede ganz krumm und deren Hände voller Schwielen waren.

»Und nach diesen vier Nächten gehört der Brisingamen mir?«

Die vier Zwerge nickten.

Freya atmete durch, suchte dann nach Worten – und atmete noch einmal durch.

»Erstmal«, meinte sie dann, »sollten wir fünf vielleicht …«, sie begann zu grinsen, »… erstmal sollten wir fünf vielleicht mal zusammen baden.«

Nun strahlten die vier Zwerge mit dem Brisingamen um die Wette.

Was Freya durchaus Spaß zu machen begann.

Wohl auch, weil sie nicht ahnte, dass ihr heimlich jemand gefolgt war. Von Asgard über Midgard bis nach Schwarzalfheim hier in die Schmiede.

Und dass dieser jemand alles, aber auch wirklich alles sehen würde, was nun geschah …

»Das waren wirklich vier sehr denkwürdige Tage.«

Freya kicherte.

»Oh ja«, seufzte Dvalinn hingebungsvoll, »wir werden uns von nun an sicher jede Nacht daran erinnern.«

»Wie meint ihr das?«

Ganz kurz schien Freya die Sache nicht mehr ganz so locker zu sehen. Doch dann kam Grerr mit dem Brisingamen herein und alle Bedenken waren wie weggefegt.

Zärtlich legten die Zwerge der schönsten Göttin der neun Welten den schönsten Schmuck der neun Welten um den Hals und betrachteten verzückt ihr Werk.

»Wahre Perfektion!«, seufzte Berling und seine drei Gefährten nickten, ganz stumm vor Begeisterung.

Auch, weil man kaum entscheiden konnte, was heller strahlte. Der Brisingamen oder Freya selbst, weil sie so glücklich war.

Zur selben Zeit herrschte in Odins Palast dagegen Katastrophenstimmung.

Weil Loki, der Freya auf ihrem Weg nach Schwarzalfheim heimlich gefolgt war, um sie zu beobachten, Odin gerade brühwarm alles erzählte, was er gesehen hatte.

»NEIN, ICH BIN NICHT EIFERSÜCHTIG!«

Wütend warf der Allvater seinen Speer Gungnir auf das weich gepolsterte Lager, auf dem er vor einer Woche noch mit der kriegerischen Liebesgöttin gelegen hatte.

Um wichtige Dinge zu besprechen! Weswegen auch sonst.

»Hier geht es nicht um mich, sondern um unsere Ehre«, brüllte er aufgebracht. »Sex gegen Gold, das ist Prostitution! Und solange ich hier Obergott bin, betätigt sich keine unserer Göttinnen als HURE!«

Loki, der nicht damit gerechnet hatte, dass sein lustiger Bericht aus Freyas Leben solche Wellen schlagen würde, versuchte noch, den Allvater zu beruhigen. »Meine Güte. Wenn sie es freiwillig getan hat … was ist so schlimm daran?«

Aber wenn Odin wütend war, war er nun einmal wütend.

»Bring mir diesen Halsreif her! Ich werde ihn eigenhändig einschmelzen, diesen Hurenlohn!«

Das hatte Loki nun davon! Fluchend beschloss er, sich nie wieder in die Liebesangelegenheiten seiner Freunde einzumischen. Am allerwenigsten in die von Odin.

Genervt schlich er sich in Freyas Palast, um dort zu warten. Da die Göttin ohne Falkengewand unterwegs war, würde sie sicher erst heute Nacht zurückkommen und dann sehr müde sein …

Wie erwartet waren alle anderen Asen bereits schlafen gegangen, als Freya, weithin sichtbar strahlend, zurück nach Folkwang kam. Erschöpft legte sie sich auf ihr Lager und schloss die Augen.

Der Brisinggamen drückte ein wenig. Sollte sie ihn abnehmen?

Nein! Sie wollte nie wieder ohne ihr glänzendes Kleinod sein. Nicht einmal im Schlaf.

»Na toll!«, zischelte Loki verärgert, als er mühselig aus der Zimmerecke hervorkroch, in der er in Gestalt einer Fliege die bisherige Nacht verwartet hatte.

Freya schlief schon seit Stunden tief und fest, lag aber die ganze Zeit auf dem Rücken, und damit genau auf dem Verschluss des Brisingamen. Und nicht einmal Loki, der Trickster, konnte ihr den Schmuck so abnehmen, ohne dass sie aufwachte.

Weswegen es für den Feuergott – auch, wenn das sehr anstrengend war – nun wohl oder übel Zeit wurde, sich noch einmal zu verwandeln.

In einen Floh, der jetzt ganz vorsichtig auf Freyas Hand hüpfte, von dort aus auf ihren Arm, ihre Schulter, ihren Hals, ihr Kinn und schließlich auf ihre Wange. Um dort, so kräftig es einem Floh nur möglich war, hineinzubeißen.

»Auuu…«, ächzte Freya im Schlaf – und drehte sich auf die Seite.

»Klick«, machte nur Sekunden später der Verschluss des Brisingamen. Sanft glitt das Schmuckstück von Freyas Hals in Lokis Hand und der Feuergott, wieder in seiner normalen Gestalt, huschte aus der Tür.

Er ahnte nicht, dass ihm diesmal heimlich jemand folgte.

Heimdall, der Wächtergott nämlich, der nicht nur an der Regenbogenbrücke, sondern überall in Asgard und Midgard darauf achtete, dass alles seine Ordnung hatte.

Denn er liebte die Ordnung. Wohl auch deshalb, weil er selbst aus so ungeordneten Verhältnissen stammte. Heimdall hatte nämlich – wie auch immer das möglich war – gleich neun Mütter! Und die waren ausgerechnet die Töchter der finsteren

Meeresgöttin Ran, die mit Sturmfluten, Strömungen und Strudeln nun wirklich alles andere als Ordnung verbreitete.

220 Hier in Folkwang, dafür hatte der Wächtergott ein untrügliches Gespür, war definitiv gerade etwas nicht in Ordnung. Denn das, was in Lokis Händen so unverkennbar glänzte, gehörte nicht ihm. Es gehörte Freya. Schließlich hatte Heimdall die Göttin damit über die Regenbogenbrücke nach Hause kommen sehen.

»Gib den Schmuck wieder her!«, rief Heimdall deshalb dem Feuergott hinterher.

Loki verdrehte die Augen. Er hatte den Wächter wegen dessen übertriebenen Ordnungssinns noch nie besonders leiden können. Weswegen er sich nur sehr unwillig umdrehte.

»Keine Ahnung, was du von mir willst, aber ich handele auf Anweisung von Odin.«

»Aber der Schmuck gehört Freya!«

»Das kann dir ja wohl egal sein!«

»Ist es aber nicht!«

Wütend ging Heimdall auf Loki los.

Aber der hatte bereits seine Zauberschuhe angezogen und sauste über die Regenbogenbrücke Richtung Jotunheim.

»Du Idiot!«, schimpfte Heimdall – und rannte hinterher.

Als Freya am Morgen erwachte, stellte sie zufrieden fest, dass der Brisingamen gar nicht mehr drückte. Sicher hatte er sich über Nacht sogar noch perfekter an seine Trägerin angepasst.

Zärtlich griff sie an ihren Hals, um sanft über das Gold zu streichen – und zuckte entgeistert zurück.

Der Schmuck war verschwunden!

Hatten die Zwerge sie reingelegt?

Oder der, von dessen Fliegengewand noch immer ein paar verräterische Überreste in der Zimmerecke lagen:

Loki!

Aber warum sollte er ihr den Brisingamen wegnehmen wollen?

Dafür gab es nur eine einzige, logische Erklärung.

»NEIN, ICH BIN NICHT EIFERSÜCHTIG!«

»BIST DU DOCH!«

»BIN ICH NICHT!«

Aufgebracht, mit hochgerecktem Kinn und mit verschränkten Armen standen Odin und Freya sich gegenüber.

»Dann gib mir meinen Schmuck wieder, wenn du nicht eifersüchtig bist!«

»Bei uns in Asgard arbeiten Göttinnen aber nicht als Hure!«

»Das ist ja wohl meine Sache!«

»Ist es nicht!«

»Ist es doch! Ich gehöre nur mir selbst! Und nur ich entscheide, was ich mit meinem Körper mache! Hast du das verstanden?«

Odin schluckte.

Weil er – trotz aller Eifersucht – dann doch weise genug war, um zu erkennen, dass Freya möglicherweise Recht haben könnte.

Was dummerweise nun aber gleich zwei Probleme mit sich brachte.

Zum einen würde Odin sich komplett lächerlich machen, wenn er Freya das Schmuckstück nach einer solchen Szene einfach wieder zurückgab.

Zum anderen konnte er das gar nicht.

Loki war nämlich mit dem Brisingamen noch immer nicht zurück.

Hoch im Norden von Midgard, wo die See schon zu dicken Eisschollen gefroren war, kämpften unterdessen zwei Seehunde erbittert miteinander. Abwechselnd rangen sie sich gegenseitig nieder, bissen sich, drückten einander unter Wasser. Wobei man erkennen konnte, dass einer der Seehunde goldene Zähne besaß.

Der andere Seehund hatte ebenfalls etwas Goldenes im Mund. Einen Halsreif, der weithin sichtbar strahlte.

»Also gut«, schnaufte Odin widerwillig, »ich gebe dir den Brisingamen zurück.«

»Das will ich ja wohl hoffen!«, entgegnete Freya schnippisch.

»Allerdings nicht jetzt.«

»Wie bitte?!«

»Ich möchte, dass du vorher etwas für mich tust.«

»Was?!«

Freyas Blick verfinsterte sich. Aber davon unbeirrt atmete Odin durch.

»Ja, ich gebe zu, dass ich eifersüchtig bin. Und wütend. Ich hasse dich geradezu, und ich könnte dich beinahe umbringen vor Wut!«

»Wie nett von dir.«

»Meine Güte, ich will ja nicht, dass du das abbekommst.«

»Was?«

»Ja, weil weil ich dich liebe. Deshalb muss das weg! Hauptsache weg!«

Freya verstand nicht.

»Ich möchte«, fuhr Odin fort, »dass du all die miesen Gefühle, die ich gerade für dich hege, jetzt sofort nach Midgard bringst und dort ins Meer wirfst.«

Freya stutzte.

Und dann staunte sie.

»Das ist irgendwie süß«, grinste die Göttin schließlich.

Obwohl sie wusste, wie sehr alle Männer, auch Odin, es hassten, wenn man sie »süß« nannte.

Freya

»Eifersucht, Wut, Hass, Streitlust … fehlt noch was?«

Auf einer Klippe in Midgard stand Freya, betastete sorgsam ihr Herz und pulte dann noch einen letzten schwarzen Klumpen aus dessen linker Seite.

»Mordlust … genau! Die hatte ich vergessen.«

In hohem Bogen warf die Wanengöttin das, womit Odin ihre Liebe vergiftet hatte, in den Ozean der Menschenwelt.

Dort sollte es bleiben. Was immer damit geschah.

Und erstaunlicherweise kam in dem Moment, in dem das Wasser den letzten Klumpen Gift verschlungen hatte, ein Seehund auf Freya zu geschwommen. Er hatte goldene Zähne – und den Brisingamen im Maul!

»Das ist ja süß. Danke!«, lachte Freya, nahm den Schmuck entgegen, legte ihn wieder um ihren wunderschönen Hals – und ging ohne ein weiteres Wort zurück nach Asgard.

Was für Heimdall dann doch ein wenig enttäuschend war. Weil auch er es hasste, wenn man ihn »süß« nannte. Auch als Seehund. Und immerhin hatte er gerade sein Leben für Freyas Besitz riskiert! Da wäre ein bisschen mehr Herzlichkeit nun wirklich angebracht gewesen.

Wie hätte der Wächter auch ahnen sollen, dass Freya den Seehund einfach für einen Boten Odins gehalten hatte.

Sie hatte schließlich gerade seine Bedingung erfüllt. Da war es doch nur logisch, dass der Brisingamen jetzt zurückgebracht wurde.

Missverständnisse und dumme Zufälle gehören seit diesem Tag bei uns in Midgard deshalb ebenso zur Liebe wie Eifersucht, Hass, Wut, Streitlust und Mordlust.

Weil Odins Gift vom Meer in die Wolken gelangte und sich von dort mit dem Regen über die gesamte Menschenwelt verteilte.

Was Freya, wenn sie ehrlich war, gar nicht so schlecht gefiel. Denn wenn sie nun in Folkwang goldene Tränen weinte, weil sie Od so vermisste, war sie wenigstens nicht allein mit ihrem Unglück.

Heimdall dagegen wird sicher alles andere als begeistert davon gewesen sein, dass das Gift die Ordnung in Midgard nun noch mehr durcheinanderbrachte. Weswegen er, so sagen viele, die ihn heute verehren, noch immer unermüdlich versucht, sie wieder herzustellen.

Weil wir Menschen dem Götterwächter so am Herzen liegen, werden wir in den Eddas auch »Heimdallskinder« genannt. Und es wird davon berichtet, dass er aufgrund seines Ordnungssinns die Stände erschaffen haben soll, die die Menschen in früherer Zeit in Knechte, Bauern und Adlige, die so genannten ‚Jarle', unterteilten.

Ein wenig zweifelhaft ist das aber schon. Heimdall gilt nämlich auch als besonders weise. Ob er dann wirklich so ungerecht wäre?

Erstaunlicherweise behaupten reiche Menschen ja bis heute gern einmal, ihr Reichtum sei etwas Gottgegebenes. Weil sich diese Erklärung so wunderbar dazu eignet, die, die arm sind, zum Schweigen zu bringen.

Aber ganz egal, ob nur die Menschen oder doch ein Gott für so viel Ungerechtigkeit verantwortlich sind – zum Glück gibt es ja Loki, das Chaos, das die althergebrachten Ordnungen immer aufs Neue durcheinander rüttelt.

So sehr, dass auch wir Menschen mittlerweile Anteil an Dingen haben, die früher einmal nur den Göttern vorbehalten waren.

Der Dichtermet

Als die Asen und die Wanen nach dem ersten Krieg wieder Frieden geschlossen und ihre Geiseln ausgetauscht hatten, trafen sie sich einige Zeit später zu einem Festmahl. Um nach all dem Elend auf andere Gedanken zu kommen und ihre Verbundenheit zu besiegeln.

Dazu hatten Odin und Frigg sich etwas Besonders ausgedacht. Als alle Gottheiten nämlich in großer Runde zusammensaßen, ließen die obersten der Asen eine Schale herumgehen. In die spuckte – auch, wenn uns das heute vielleicht etwas seltsam erscheint – jede Göttin und jeder Gott hinein.

Erstaunlicherweise entstand dabei aber kein widerliches Gebräu voller Krankheitserreger, wie es vielleicht bei uns Menschen zu erwarten gewesen wäre, sondern ein strahlend schöner, sehr weiser Mann.

KWASIR hieß er. Und bei näherer Betrachtung war sein Auftauchen eigentlich ganz logisch. Jedesmal, wenn eine Gottheit etwas Weises sagte – und das taten die Asen und Wanen sehr oft – war schließlich ein wenig von dieser Weisheit in ihrem Speichel geblieben, und die musste ja irgendwo hin.

Die Gottheiten freuten sich, dass aus ihrem entsetzlichen Krieg wenigstens noch irgendwas – oder besser irgendwer – Vernünftiges entstanden war. Sie schickten Kwasir nach Midgard, mit der Aufgabe, die Weisheit der Asen und Wanen unter den Menschen zu verbreiten.

Tatsächlich gab es nichts, auf das Kwasir keine Antwort wusste. Schon bald war er deshalb nicht nur in Midgard, sondern in allen neun Welten ein sehr berühmter Mann. So berühmt, dass andere anfingen, ihn zu beneiden.

Am meisten beneidet wurde Kwasir von den Zwergen Fjalar und Galar. Weswegen die beiden eines Tages beschlossen, sich seine Weisheit anzueignen.

Eigentlich hätten sie dafür die neun Welten bereisen und alles Wissen, das sie fanden, zusammentragen müssen. Aber dazu hatten sie keine Geduld. Lieber luden sie den Weisen sehr freundlich zu sich nach Hause ein.

Aber nicht, um von ihm zu lernen.

Sondern, um ihn zu töten.

Kaltblütig fingen die Zwerge Kwasirs Blut in drei Kesseln auf, mischten es mit Honig und brauten daraus einen Met. Ödrörir, den zur ‚Geisteskraft Anregenden'. Und voller Freude stellten Fjalar und Galar schon wenig später fest, dass der Met Ödrörir alle, die davon tranken, zu Dichtern machte.

Besondere Weisheit verlieh der Trank aus Kwasirs Blut allerdings nicht. Das bemerkte man schon daran, was für eine fadenscheinige Ausrede Fjalar und Galar Odin präsentierten, als der nach dem verschwundenen Weisen suchte. »Leider ist der Kwasir an seiner eigenen Weisheit erstickt«, erklärten die Zwerge. »So viel im Kopf zu haben hält ja auch niemand aus.«

Odin, der wusste, dass das nicht stimmen konnte – schließlich lebte er selbst ja auch noch – ließ Kwasirs Schicksal keine Ruhe. Und so machte er sich auf, herauszufinden, was mit dem Weisen geschehen war.

Fjalar und Galar bewiesen unterdessen, dass Dichter nicht auch einen guten Charakter besitzen müssen. In stumpfer Mordlust löschten die beiden nach dem Verbrechen an Kwasir nämlich gleich noch das Leben eines Riesenpaares aus. Mutwillig ließen sie zuerst das Schiff des Riesenmannes kentern. Dann warfen sie der Riesenfrau, die in der Trauer um ihren Mann verzweifelt schrie, einen Mühlstein auf den Kopf, weil ihr Geschrei ihnen auf die Nerven ging.

Sie hatten allerdings nicht damit gerechnet, dass Suttung, der Sohn der zwei Riesen, sie finden würde, um Rache zu nehmen!

Außer sich vor Wut packte Suttung die beiden Zwerge, setzte sie auf die höchste Klippe Jotunheims und drohte, sie von dort herunterzustürzen. Panisch vor Angst boten ihm Fjalar und Galar alles an, was sie besaßen. Auch den Dichtermet Odrörir.

Als Suttung hörte, was ein Schluck dieses Trankes bewirkte, hielt er inne und dachte nach. Seine Eltern, überlegte er, wurden durch den Tod der Zwerge nicht wieder lebendig. Wenn er aber Gedichte erschaffen würde, die von ihnen handelten, könnte er sie darin weiterleben lassen.

Weil Suttung – im Gegensatz zu Fjalar und Galar – durchaus weise war, entschied er sich deshalb, die Zwerge zu verschonen und lieber den Met mit zu sich nach Hause zu nehmen.

Einen so kostbaren Besitz konnte man natürlich nicht einfach in irgendeiner Ecke verwahren!

Tief in einem Berg, dem Hnitberg, kannte Suttung eine Höhle. Dort versteckte er den Ödrörir und gab seiner Tochter Gunnlöd die Aufgabe, Tag und Nacht darüber zu wachen.

Trotz aller Vorsichtsmaßnahmen hatte Odin aber schon bald herausgefunden, wo sich der Dichtermet befand. Und weil Kwasir – also auch der Met Ödrörir – göttlichen Ursprungs war, beschloss der Allvater, ihn nach Hause zu holen. In den Palästen Asgards und Vanaheims war die Dichtkunst sicher am besten aufgehoben.

Allerdings würde Suttung den Met niemals freiwillig hergeben. Also würde eine List nötig sein, um an ihn heranzukommen.

Deshalb ging Odin erst einmal auf die Felder von Suttungs Bruder Baugi, um die Lage zu sondieren. Neun Knechte mühten sich dort bei der Heuernte ab – seltsamerweise bekamen alle neun dabei nur einen einzigen Ballen zusammen. Sehr erstaunt stellte Odin fest, dass die Männer völlig stumpfe Sensen benutzten – ganz offensichtlich hatten sie nicht die geringste Ahnung, was ein Schleifstein war.

Sehr freundlich näherte Odin sich deshalb den Männern und bot seine Hilfe an. »Guten Tag, mein Name ist Bölverkr«, stellte er sich wie immer mit einem Decknamen vor, »darf ich euch kurz etwas zeigen?«

Unter dem ungläubigen Staunen der Knechte schliff Odin dann alle Sensen so scharf, dass sie durch das Heu glitten, wie durch weiche Butter.

»Das ist unglaublich!«, jubelten die Knechte und jeder von ihnen wollte dem Allvater den Schleifstein sofort abkaufen.

»Was bietet ihr denn?«, fragte Odin, in der Hoffnung, jemand würde vielleicht den Met Ödrörir kennen und einen Schluck davon als Preis vorschlagen. Aber die Knechte hatten sich noch nie für Dichtkunst interessiert. Stattdessen boten sie nur Dinge an, die er nicht brauchte. Ihre Kleider, den Heuballen oder ein paar Hühner.

»Was soll´s«, seufzte Odin. »Ich schenke euch den Schleifstein einfach.«

Etwas achtlos warf er ihn dann einem der Knechte zu – und eigentlich hätten alle neun mit ihm viele Jahre all ihre Sensen schleifen können. Aber die Gier übermannte die Männer. So sehr, dass sie mit den Sensen aufeinander losgingen, weil jeder den Schleifstein für sich haben wollte.

Am Ende waren alle tot.

Kopfschüttelnd betrachtete Odin das völlig unnötige Blutbad. Das fing ja gut an!

Da es langsam Abend wurde, beschloss Odin, bei Baugi um ein Nachtlager zu bitten. Wieder stellte der Allvater sich als Bölwerkr vor, und Suttungs Bruder bewirtete ihn sehr gastfreundlich.

Allerdings war Baugi furchtbar bedrückt wegen seiner Knechte. Nicht nur, dass das Ganze eine schreckliche Tragödie war – Baugi wusste auch beim besten Willen nicht, wie er nun seine Felder bewirtschaften sollte. Die Gegend war nur sehr dünn besiedelt, und es gab nirgendwo andere Knechte, die er hätte fragen können.

Odin kam Baugis Dilemma nur allzu gelegen. »Auch, wenn ich vielleicht nicht so aussehe«, meinte er, »ich kann locker die Arbeit von neun Knechten erledigen. Ich verlange dafür auch nur ganz wenig Lohn.«

»Wirklich?«, fragte Baugi misstrauisch.

Odin nickte.

»Ich möchte als Bezahlung einfach nur ein paar Schlucke von diesem Met, den dein Bruder Suttung irgendwo im Hnitberg aufbewahrt.«

Baugi strahlte. »Der Met gehört mir zwar nicht, aber das sollte ja nun wirklich kein Problem sein!«

Nun strahlte auch Odin.

Den ganzen Sommer über blieb Odin bei Baugi und schuftete für neun Männer gleichzeitig. Er mähte das Heu und das Korn, versorgte die Tiere, lagerte die Vorräte ein und tat alles, was Baugi sonst noch von ihm verlangte. Wobei man der Fairness halber erwähnen muss, dass einem Gott so schwere Arbeit wesentlich leichter von der Hand ging als einem Menschen.

Baugi aber war sehr zufrieden. Und als Odin zu Beginn des Winters seinen Lohn verlangte, zögerte er keinen Moment, seinen Teil der Vereinbarung einzulösen. Gemeinsam gingen sie zu Suttung und Baugi bat um ein paar Schlucke des Dichtermets.

»Und wovon träumst du nachts?«, bügelte Suttung grob Baugis Bitte ab. »Nur über meine Leiche gebe ich etwas vom Ödririr ab!«

Baugi war fassungslos. »Wie oft habe ich dir schon geholfen, wenn du in Schwierigkeiten warst? Ich habe es mir doch nicht ausgesucht, dass meine Knechte tot sind!«

Aber Suttung blieb hart. Und er hatte so wenig Verständnis für die missliche Lage seines Bruders, dass Baugi wütend wurde. »Wenn Suttung sich nicht wie ein Bruder verhält – dann muss ich das auch nicht!«, schimpfte er. Grimmig schlug er Odin vor, den Met heimlich an sich zu bringen.

Odin war erleichtert, dass Baugi ihn nicht hängen ließ. Und, dass er sich nicht einmal etwas einfallen lassen musste. Denn Baugi zog bereits grinsend einen verzauberten Bohrer heraus. »Ich weiß schon, wie wir in den Berg kommen.«

In der folgenden Nacht bohrte Baugi mit seinem verzauberten Bohrer ein winziges, aber ungeheuer tiefes Loch in den Hnitberg – bis in die Höhle hinein, in der Gunnlöd den Dichtermet bewachte.

Zwar wunderte sich das Riesenmädchen, warum es plötzlich an einer der Wände so staubte. Aber das gebohrte Loch war zu klein, als dass sie misstrauisch geworden wäre. »Das ist bestimmt nur ein Würmchen, das mich besuchen will«, sagte sie zu sich selbst – und seufzte. Weil sie sich, ganz allein in der Höhle, schon lange schrecklich einsam fühlte.

»Sehe ich vielleicht aus wie ein Würmchen?«, hörte sie da plötzlich eine warme, freundliche Männerstimme hinter sich.

Erschrocken fuhr Gunnlöd herum. Dort stand Odin. Wieder in seiner normalen Gestalt. Und mit seinem schönsten Lächeln.

Aber Gunnlöds Miene verfinsterte sich.

»Was willst du hier?«, fragte sie abweisend.

»Ich würde dir gern ein wenig Gesellschaft leisten«, antwortete Odin und lächelte noch immer.

»Männer tun etwas Nettes nie ohne Grund«, blockte die Riesentochter ab. Ganz offensichtlich hatte sie schon so einige schlechte Erfahrungen gemacht.

»Ich werde dir beweisen, dass ich anders bin«, entgegnete Odin sanft und setzte sich zu Gunnlöd.

Weil kein anderer Gott und schon gar kein Riese die Frauen so gut kannte wie der Allvater, fasste Gunnlöd tatsächlich schon bald Vertrauen zu dem höflichen, zurückhaltenden Mann in ihrer Höhle, der sich Bölverkr nannte.

So viel Vertrauen, dass sie Odin schließlich verzweifelt ihr Herz ausschüttete. »Kannst du dir vorstellen, wie allein ich mich fühle? Hier unten in diesem dunklen, kalten Berg?« Schluchzend erzählte sie dann, dass ihr Leben aber auch draußen nicht viel besser gewesen war. »Alle Männer haben mich immer nur hintergangen. So weh haben sie mir getan, dass mein Vater dachte, es wäre sowieso besser für mich, hier in der Dunkelheit zu leben.«

Odin nahm die verzweifelte Gunnlöd tröstend in den Arm. Vorsichtig hielt er sie fest, wärmte sie, küsste sie schließlich zärtlich. Und die Riesin ließ es geschehen …

Drei Tage und drei Nächte blieb der Allvater bei Gunnlöd. Die war mittlerweile aufgeblüht wie eine frische Rose und so sehr in Odin verliebt, dass sie sich ausmalte, wie es wäre, Böllverkr zu heiraten.

Odin wurde unbehaglich. So langsam tat das Mädchen ihm leid.

Deshalb beschloss er, die Sache zu einem Ende zu bringen – und tat plötzlich, als hätte er furchtbaren Durst. So furchtbaren Durst, dass er, ganz geschwächt, gar nicht mehr aufstehen konnte. Gunnlöd wollte ihrem Bölverkr sofort etwas Wasser von draußen holen, aber Odin hielt sie zurück: »Du hast deinem Vater versprochen, die ganze Zeit in der Höhle zu wachen. Was, wenn er genau jetzt kommt, um nach dir zu sehen? Du würdest furchtbaren Ärger bekommen.«

Gunnlöd war gerührt, dass Bölverkr so besorgt um ihr Wohlergehen war. »Du bist wirklich ganz anders als die anderen«, seufzte sie selig – und beschloss, den Durst ihres Liebsten deshalb auch anders zu stillen. Mit ein wenig Dichtermet.

»Wenn du aus jedem der drei Kessel nur einen Schluck nimmst, fällt das gar nicht auf«, flüsterte sie zärtlich.

Das ließ Odin sich nicht zweimal sagen …

»PAAAAAAPAAAAAAAA!«

Kreischend ließ Gunnlöd ihrem unendlichen Schmerz freien Lauf. So laut und so schrill, dass der Hnitberg zu knirschen und zu knacken begann und überall Sprünge bekam.

»PAAAAAAPAAAAAAAAAA!«

Entsetzt stürmte jetzt Suttung in die Höhle, um ihr zu Hilfe zu kommen. Entgeistert begriff er, was passiert war. Alle drei Kessel des Dichtermets waren leer!

Dabei hatte Bölverkr wie vereinbart nur drei Schlucke getrunken. Von jedem Kessel einen. Aber eben drei sehr große Schlucke.

So große Schlucke, dass Gunnlöd plötzlich begriffen hatte, worum es Bölverkr die ganze Zeit wirklich gegangen war – nämlich nicht um sie! Dass er in Wahrheit so ganz und gar nicht anders war als alle anderen Männer! Im Gegenteil – er war sogar noch viel schlimmer! Der schlimmste Mann von allen!

»PAAAAAPAAAAAAAAAAAA!«

Klirrend brach Gunnlöds Herz in unzählige Stücke, während Odin sich blitzschnell in einen Adler verwandelte und durch die verwinkelten Gänge im Inneren des Hnitbergs nach draußen flog.

»RAAAAACHE!«, brüllte Suttung, rasend vor Wut, während er hoch über den Bergen Jotunheims Odin, dem Adler, hinterher flog …

… der ganz sicher nicht damit gerechnet hatte, dass auch Suttung ein Adlergewand besaß.

»RAAAAACHE! FÜR MEINE TOCHTEEEER!«

Als Odin, der Adler, bemerkte, dass er verfolgt wurde, war es fast schon zu spät! Suttung flog nämlich viel schneller als er. Gunnlöds Vater musste ja auch keine drei Fässer Met in seinem Bauch durch die Luft schleppen.

»RAAAAACHEEEEE!«

Suttungs Gebrüll war nur noch wenige Meter entfernt!

Endlich erschien am Horizont der Burgwall Asgards. Hoch oben stand Frigg. So schnell er nur konnte, flog Odin auf sie zu.

»RAAAAACHEEEEE!«

Suttung kam immer näher …

Frigg winkte aufgeregt. Sie deutete in den Hof.

Darin standen, dicht an dicht, unzählige Gefäße, große und kleine. Alle, die Frigg hatte finden können.

Und weil die zwei Liebenden einander längst ohne Worte verstanden, begriff Odin sofort! Geistesgegenwärtig spie er so viel Dichtermet wie er nur konnte in die Unmengen an Töpfen, Schüsseln und Pfannen.

Frigg jubelte. Genauso wie Thor, Tyr, Loki, Iduna, Bragi, Sif und alle anderen Asen, die nun begeistert angelaufen kamen.

Sehr erleichtert – auch, weil er ohne den Met nun viel schneller fliegen konnte, jubelte Odin von hoch oben zurück, als ihn plötzlich etwas an seinen Schwanzfedern berührte.

Suttungs Krallen!

Jetzt gab es nur noch eines, was Odin helfen konnte ...

»RAAAAAA...«

Mit einem Mal erstickte Suttungs Schrei. Trieselnd und taumelnd fiel der Adler vom Himmel, wurde im letzten Moment von einer Windbö erfasst, weit fortgerissen und stürzte kurz vor Jotunheim ins Meer.

»Was hast du mit Suttung gemacht?«, staunte Thor, während Odin mitten zwischen den vielen Gefäßen etwas ungelenk flatternd zu landen versuchte.

Und dann grinste.

»Da war noch ein kleiner Rest in meinem Körper. Also von dem Met.«

»Hä?«, Thor verstand nicht.

»Na … in meinem Körper, etwas weiter hinten. Das war der Teil für die schlechten

 Dichter.«

»Iiiiieeeh!«

Jetzt hatte Thor verstanden.

Der Met für die besten Dichter der neun Welten, die Dichter, die man auch göttlich nannte, blieb von nun an – logisch – bei den Göttern.

Ein winziges bisschen davon war bei Odins rasantem Flug über den Burgwall aber aus seinem Schnabel getropft. Herunter nach Midgard, zu den Menschen.

Weswegen es auch bei uns nun Dichter gibt.

Schicksal und Schrecken

Eigentlich könnte zur Abwechslung ja auch einfach mal alles gut sein. Schließlich brauchen wir alle, Menschen wie Gottheiten, ab und zu doch auch ein wenig Leichtigkeit. Zeiten, in denen wir alle die schönen Dinge des Lebens genießen können: Liebe und gutes Essen, Dichtkunst und Spiel.

Nur leider gibt es da immer wieder die, die nicht genießen können – und glauben, es würde ihnen helfen, wenn es anderen genauso geht …

Wie sich Baldurs und Hödurs Schicksal erfüllte

Wie so oft drang aus Breidablik, dem Palast des Lichtgotts Baldur, lautes Lachen. Zwar war es mittlerweile nichts Neues mehr, dass er unverwundbar war. Trotzdem hatten noch immer alle einen Riesenspaß dabei, ihn mit den unmöglichsten Dingen zu bewerfen – oder ihn auf die unmöglichsten Dinge zu werfen – und zu sehen, wie dem Lichtgott nichts, aber auch wirklich gar nichts passierte.

Um auch mit größeren Geschossen wie Felsbrocken, Vorratskisten oder lebenden Ochsen jede Menge Unsinn anstellen zu können, hatte Baldur mittlerweile einen Teil seines Palastes freigeräumt, und die Asen überboten sich in Ideen, was man noch alles in Baldurs Halle holen konnte, um es auszuprobieren.

»Wie wäre es mit einem riesigen Eiszapfen aus Niflheim?«, schlug Thor vor und spielte mit seinen Händen und einem lauuten »Pfffffffffff…tschhh…« nach, wie der gigantische Dolch aus gefrorenem Wasser auf Baldur niedersauste.

Alle kicherten. Aber Frey hatte eine bessere Idee.

»Ich habe in Skadis Wollvorräten riesige Stricknadeln gesehen. Wenn wir irgendwas bauen könnten, um sie abzuschießen …«

»Nix da! Die Dinger bleiben wieder in der Wand stecken und verbiegen sich! Genau wie Freys Küchenmesser!«, protestierte Skadi – und grinste dann doch. »Aber

lustig wärs …«

»Komm, wir bauen was!«

Johlend liefen Baldur, seine Frau Nanna, Thor, Frey, Skadi, Freya, Tyr und Iduna aus der Halle.

Nur Loki und Hödur blieben zurück. Beide sahen aus, als hätten sie weit weniger gute Laune als alle anderen.

»Is irgendwas?«, fragte Hödur den Feuergott, weil er ihn zwar nicht sah, aber hörte, wie er seufzte.

»Ach, nichts«, antwortete Loki.

Was eine Lüge war.

Aber der Gott der Dunkelheit hätte ja doch nicht verstanden, was Loki quälte. Eigentlich ja auch mit Recht. Hödur war schließlich blind. Was nun wirklich ein wesentlich größeres Problem war als das, was Loki hatte.

Zumal er ja selbst kaum beschreiben konnte, was genau für ein Problem es war. Er wusste nur, dass er sich als Außenseiter fühlte. Ja, natürlich, alle waren irgendwie nett zu ihm. Auch dann, wenn er nicht nett war. Und, na schön, das kam ziemlich häufig vor. Aber doch nur, weil das Chaos an und für sich nun einmal nicht nett war. Jawohl! Chaos und Unfug waren NICHT NETT! Verdammter Mist, was konnte er denn dafür?

Da plötzlich wusste Loki, was das Problem war. Sein ganzer Kummer lag nur daran, dass alle immer trotzdem Nettigkeit von ihm erwarteten. Dass sie es am besten fanden, wenn er das, was ihn ausmachte, unterdrückte. Fair sollte er sich stattdessen verhalten. Und liebenswürdig. Und heldenhaft. PAH!

»Sie wollen mich nicht so, wie ich bin …«, ganz leise, aber so deutlich, dass sie alle anderen Gedanken zum Schweigen brachte, begann Lokis innere Stimme zu grollen. »Und wenn sie mich nicht wollen, wie ich bin, wollen sie mich eigentlich gar nicht.«

Und weil Hödur als Blinder zwar bestens trainierte Ohren hatte, Gedanken dann aber doch nicht hören konnte, gab es niemanden, der Loki widersprach.

»Sie lieben mich nicht. Sie dulden mich höchstens!« – »Am liebsten wäre es ihnen, ich wäre immer hübsch freundlich und nett und schön und so wie Baldur.« – »Baldur ist alles, was ich nicht bin. Alles, was ich hasse.«

Mittlerweile brüllte die Stimme in Lokis Kopf und seine Miene hatte sich so verfinstert, dass jeder andere Angst bei seinem Anblick bekommen hätte – nur der Gott der Dunkelheit nicht.

»BALDUR IST ALLES, WAS ICH HASSE! ICH HASSE BALDUR! ICH HASSE IHN SO SEHR, DASS ICH WILL, DASS ER TOT IST!«

»Willst du gar nicht wissen, was mit mir los ist?«, platzte Hödur in Lokis Gedankengebrüll.

»W...was?«

Loki brauchte einen Moment, um sich zu sammeln.

»Ich ...«, seufzte Hödur, ohne von Loki dazu aufgefordert worden zu sein, »...ich kann diesen ‚bewerft mich mit Sachen'-Mist nicht mehr ertragen.«

»Mir wird´s auch langsam langweilig.«

»Aber du kannst wenigstens sehen, dass Baldur nicht verletzt wird. Ich kann mir den Witz ... immer nur erzählen lassen. Zum Kotzen ist das!«, Hödur schnaufte. »Und dass ich selbst etwas werfe, geht auch nicht, weil ich nie treffe.«

»Warte mal! Ich hab eine Idee!«

Hätte Hödur jetzt sehen können, wie Lokis Miene sich mit einem Mal aufhellte und wie seine Augen eigentümlich zu glänzen begannen, wäre er vielleicht misstrauisch geworden, so aber sagte er nur:

»Ach ja? Was denn für eine?«

Nur Augenblicke später, Lokis Zauberschuhen sei Dank, näherte sich eine alte Frau mit krummem Rücken der Göttin Frigg. Hoch oben auf Hlidskjalf, wo sie beobachtete, wie Baldur, Thor, Skadi und die anderen auf der Wiese vor Baldurs Palast etwas zusammenbauten, das aussah, wie ein großes Katapult.

»Guten Tag«, begrüßte Frigg die alte Frau, ohne sich zu ihr umzudrehen, weil die Göttin ja gewusst hatte, dass sie kommen würde.

»Guten Tag«, entgegnete die Alte. Noch immer drehte Frigg sich nicht um. Nicht, weil sie unhöflich war. Sondern, weil sie Tränen in den Augen hatte, von denen sie nicht wollte, dass jemand sie sah.

»Eigentlich darfst du hier oben gar nicht sein«, meinte Frigg dann.

»Ach ja? Ich bin ganz zufällig vorbeigekommen.«

»Ich weiß.«

»Das dort unten – ist das dein Sohn Baldur? Der, der unverwundbar ist?«

Frigg nickte.

»Was für ein Geschenk, wenn einem nichts etwas anhaben kann.«

»Ja, finde ich auch«, seufzte Frigg, schien aber wenig begeistert.

»Es heißt, du hättest allen Dingen in den neun Welten Eide abgenommen …«

»Nicht allen.«

»Ach ja?«

»Bei einer einzigen Mistel habe ich eine Ausnahme gemacht. Die war so hoch oben im Baum und noch ganz jung und weich. Siehst du, dort hinten wächst sie.«

Wie in Trance deutete Frigg auf einen Baum ganz in der Nähe von Baldurs Palast. Noch immer, ohne die alte Frau anzusehen.

»So ein winziges Pflänzchen. Die wird Baldur ganz sicher nicht schaden.«, lächelte die Alte. Aber es war deutlich zu sehen, dass sie etwas ganz anderes dachte.

Was Frigg natürlich wusste.

Genauso, wie sie wusste, wer die Alte wirklich war.

Und, dass sie soeben das Todesurteil für ihren Sohn gesprochen hatte.

»Was hast du denn da?«

»Ich habe dir einen Bogen und einen ganz besonderen Pfeil besorgt. Einen, der ein Geräusch macht, wenn er fliegt. Dann kannst du hören, wie er nicht trifft.«

»Ach ja?«, Hödur wirkte nicht gerade begeistert.

»Du wirst sehen. Das wird viel besser, als du jetzt denkst.«

Eisig lächelnd drückte Loki Hödur einen Bogen in die Hand und schob ihn zum Fenster der Halle.

Etwas weiter unten am Hang mühten sich die anderen mit der Bastelarbeit ab. Hödur konnte Baldur lachen hören.

»Bleib ganz ruhig«, meinte Loki leise und legte dann die Mistel in den Bogen, »zieh einfach an der Sehne. Ich ziele für dich.«

Nanna hatte geschrien.

So voller Entsetzen geschrien, dass in allen neun Welten die Vögel verstummt waren.

Noch immer wusste niemand, was genau passiert war. Irgendwas war durch die Luft gesaust, an Thors Kopf vorbei, auf Baldur zu.

Baldur hatte dann einen kleinen Satz nach hinten gemacht, erst sehr erstaunt, dann mit starrem Blick, schließlich war er zusammengebrochen und dann hatte Nanna geschrien.

Weil Baldur tot war.

Leblos – und selbst jetzt noch so schön, dass er strahlte – lag der Lichtgott in Nannas Arm. Die unablässig weiter schrie vor Schmerz.

Während Thor entgeistert auf Hödur zeigte.

Ganz allein stand er mit seinem Bogen am Fenster, völlig ratlos. Weil er Nannas Schreie hörte – aber doch gar nicht wusste, was geschehen war.

Als Hödur es dann wusste, wollte er selbst sterben vor Gram über das, was er seinem Bruder angetan hatte. Auch, wenn er eigentlich schuldlos war – er war es schließlich gewesen, der die Sehne des Bogens losgelassen hatte.

Und wenn er nicht sterben konnte, wollte er wenigstens jetzt sofort auf Loki losgehen, wollte ihn packen und schütteln und schlagen, rasend vor Wut, bis der Feuergott ihm erklärte, warum er Baldur und ihm das angetan hatte.

Aber Loki war verschwunden.

Und fest entschlossen, nie wieder nach Asgard zurückzukehren.

Weil von nun an ja ohnehin nichts mehr sein würde, wie es war. Und weil er ja doch nirgendwo hinpasste.

Hier, ganz allein in der Jotunheimer Einöde, konnte er wenigstens der sein, der er war …

Unterdessen lag ganz Yggdrasil reglos in nie gekannter Trauer. Wie betäubt brachten Odin, Frigg und Nanna Baldur auf sein Schiff Hringhorn, bahrten ihn dort auf, schmückten ihn und legten ihm Odins Ring Draupnir in die Hand, um ihn damit zu bestatten. Umringt von allen anderen Asen und Wanen, die unter Tränen Reden auf den Lichtgott hielten und dann wieder ohne Unterlass weinten in grenzenlosem Schmerz.

Erst nach Stunden gingen die Götter zurück an Land. Schluchzend kappten sie die Taue, um das Schiff brennend ins Meer zu entlassen. Wie eine riesige Fackel glitt Hringhorn zum Horizont, als Nanna noch einmal schrie, so gellend, das alle neun Welten und selbst Loki in Jotunheim ihren Schmerz hören konnten, und dann an gebrochenem Herzen starb.

Endgültig verstummt in grenzenloser Verzweiflung schichteten die Asen Holz für ein zweites Feuer auf und legten Nannas Leichnam in die Flammen. Dichter Rauch stieg auf – und mischte sich mit dem Rauch draußen auf dem Meer.

In der Luft lag noch immer Brandgeruch, als die Männer der Asen und Wanen sich im Morgengrauen vor den Toren Asgards trafen, um in allen neun Welten nach Loki zu suchen und Baldur zu rächen. Nur Hödur ging nicht mit. Außer sich vor Verzweiflung flehte er Odin und Frigg an, ihn zu töten für das, was er getan hatte.

Nichts in allen neun Welten hätten sie weniger übers Herz gebracht.

Aber Hödur heulte und schrie, so lange, bis Odin Hödurs Leid nicht mehr ertragen konnte. Bis er losrannte, allen anderen voraus, ohne sich noch einmal umzudrehen.

Jetzt hielt auch Frigg die Trauer nicht mehr aus.

Zitternd und völlig entkräftet ging sie vor die Tore Asgards, zu den Männern, die schon im Aufbruch waren, und hielt sie zurück.

Um den Tapfersten von ihnen zu bitten, zu Hel ins Totenreich zu reiten. Und sie anzuflehen, Baldur wieder freizugeben.

Noch bevor sie ihre Bitte fertig ausgesprochen hatte, hatte Hermod, Baldurs und Hödurs Bruder, sich freiwillig gemeldet.

Weil es gut tat, wenigstens irgendetwas tun zu können.

»Bitte, komm wenigstens du heil wieder zurück!«

In Odins Augen stand Angst. Auch, wenn er Hermod Sleipnir überlassen hatte, weil der, als Halbbruder der Hel, sicher zu ihr fand.

Noch einmal umarmte Hermod seine Eltern, dann preschte er los. Neun Tage und neun Nächte lang. Bis er zum Totenfluss Gjöll mit seiner goldenen Brücke kam, die eigentlich nur die Toten überqueren dürfen.

»Was willst du hier?«, rief ihm verwundert die Totenwächterin Modgudr zu, die die Brücke bewachte. »Du siehst viel zu lebendig aus!«

»Ich will meinen Bruder zurück!«, rief Hermod. Und weil selbst Modgudr um Baldur trauerte, streckte sie ihre Hand aus und zeigte ihm den Weg.

Erleichtert ritt Hermod weiter, so lange, bis er ans Helgitter kam, an die Grenze zwischen Tod und Leben. So hoch waren die Gitterstäbe, dass ihr Ende in den Wolken verschwand.

Doch weil Hermod noch lebte, öffnete sich das Gitter nicht.

Verzweifelt rüttelte Baldurs Bruder an den Stäben, schrie, tobte. Nichts.

Da atmete er durch. Ganz ruhig ging Hermod dann zurück zu Sleipnir, ritt auf ihm Richtung Gjöllbrücke zurück.

Aber nur, um Anlauf zu nehmen!

So schnell Sleipnir nur konnte, raste Odins Hengst auf das Helgitter zu, setzte zum Sprung an, stieg höher und höher – und sprang mitten in das Reich der Hel.

Zur Hälfte tot, zur Hälfte blühend schön saß die Totengöttin dort in ihrer großen Halle auf einem Thron – und gleich neben ihr ruhten Baldur und Nanna, bleich und wie schlafend, auf einem prächtigen Hochsitz.

Hermod zerriss es fast das Herz.

»Bitte! Gib meinen Bruder wieder frei! Yggdrasil braucht ihn!«, flehte er. So voller Liebe, dass die Toten in der Halle zu schluchzen begannen. Und dass selbst Hel, die in solchen Dingen eigentlich unerbittlich war, sich rühren ließ.

»Du warst so mutig aus Liebe zu deinem Bruder«, entgegnete sie, beinahe zärtlich. »Wenn ich könnte, wie ich wollte, würde ich Baldur einfach wieder gehenlassen.«

»Dann tu es doch.«

»Aber ich kann nicht!«

»Warum nicht?«

»Ich habe die Regeln nicht gemacht«, seufzte die Totengöttin traurig. »Yggdrasil war es ganz allein.«

Da huschte plötzlich so etwas wie ein Lächeln über ihr Doppelgesicht.

»Warte!«, hellte sich ihre Miene weiter auf, »Wenn Yggdrasil die Regeln gemacht hat, dann müsst ihr einfach dafür sorgen, dass Yggdrasil sie auch wieder ändert. Wenn ihr dafür sorgt, dass jedes Wesen, jeder Stein, jeder Wassertropfen und jede Pflanze in Yggdrasil, dass also der Weltenbaum selbst um Baldur weint, dann lässt er ihn sicher frei.«

Hermod strahlte. Dankbar und voller Hoffnung umarmte er erst die Totengöttin und dann Baldur und Nanna.

»Alle, absolut alle werden für meinen Bruder Tränen vergießen, das schwöre ich!«, rief er und wollte sofort aufbrechen.

»Warte mal!«, rief Hel. »Du brauchst noch etwas, um zu beweisen, dass du wirklich hier warst.«

Von oben auf seinem Hochsitz warf Baldur ihm den Ring Draupnir zu.

»Zeig ihn Odin. Dann wird er keinen Augenblick zweifeln, dass du bei uns warst.«

Ganz fest umschloss Hermods Faust den Ring. Auch noch, als er schon längst wieder auf Sleipnir saß, einmal mehr das Helgitter übersprang und Richtung Asgard brauste.

Schon während er zurückritt, verbreitete sich in Yggdrasil die Kunde wie ein Lauffeuer. »Wenn wir nur alle weinen, kommt Baldur zurück!«. Frigg, die vor Erleichterung aufschrie, als sie den Ring Draupnir erblickte, ließ sofort alle Lichtalben als Boten ausschwärmen, um die Nachricht auch in die hintersten Winkel des Weltenbaumes zu bringen.

Wenig später versank ganz Yggdrasil in einem Meer von Tränen. Selbst die kalten Felsen weinten – und sogar die glühenden Ebenen Muspelheims.

Doch in einer Höhle tief im Inneren eines Berges saß die Riesin Thögg.

»Wer braucht schon einen Lichtgott?«, schnaufte sie verächtlich, klang dabei äußerst verdächtig nach dem Feuergott – und weinte nicht.

Weshalb Baldur im Reich der Toten blieb.

Außer sich vor Verzweiflung blieb den Asen nichts mehr, als weiter die neun Welten auf der Suche nach Loki zu durchkämmen. Schließlich fanden sie einen Weg zu einer winzigen Hütte, direkt an einem Fluss, in einer gänzlich unbewohnten Gegend.

Odin und Thor kannten Loki gut genug, um zu ahnen, dass sie hier richtig waren.

Genau hier hatte der Feuergott die gesamte Zeit nach seinem Verschwinden verbracht. Weil er am Fluss wenigstens nicht ganz allein war. Denn wann immer er Gesellschaft wollte, verwandelte er sich in einen Lachs, schwamm mit den Fischen durch die Wellen und trieb ein wenig Unfug mit ihnen.

Außerdem konnte er als Fisch auch am besten fliehen, falls seine Verfolger ihn doch einmal fanden.

Wobei sie dann sicher versuchen würden ihn zu fangen. Aber wie? Alle Asen kannten Loki gut genug, um zu wissen, dass er niemals einen Angelhaken verschlucken würde. Eine andere Art des Fischens war damals in Yggdrasil aber noch nicht bekannt. Weswegen Loki einfach selbst damit begonnen hatte, andere Möglichkeiten auszuprobieren. Um den Göttern zuvorzukommen – und auch, weil ihm langweilig war.

Sehr erstaunt hatte er dabei festgestellt, wie unglaublich gut Fische sich fangen ließen, wenn man die Angelschnüre zu einem Gebilde aus Maschen zusammenknüpfte – und so ganz nebenbei das Fischernetz erfunden.

Als die Asen sich nun aber tatsächlich näherten, war Loki trotzdem ziemlich überrumpelt. Weil sie ihn ausgerechnet in dem Moment überraschten, als er übte, wie man aus den Maschen des Netzes am besten wieder entkommen konnte.

Hektisch warf der Chaosgott noch schnell seine Erfindung ins Feuer, sprang dann mit einem eleganten Satz ins Wasser und schwamm gegen den Strom davon.

Gerade noch rechtzeitig, bevor die Tür sich öffnete …

»Was mag das gewesen sein?«

Grimmig betrachtete Odin die verkohlten Überreste des Fischernetzes in der Asche. Er ahnte, dass das seltsame Muster irgendetwas mit Loki zu tun haben musste, aber mehr fiel ihm einfach nicht dazu ein.

»Du bist der Weiseste von uns«, seufzte Thor. Wenn dir nichts einfällt, dann niemandem. Odin schüttelte den Kopf: »Wenn mir nichts einfällt, dann haben wir immernoch Kwasir«, meinte er entschlossen. Thor verstand nicht. »Kwasir ist doch tot.« Jetzt war es Odin, der seufzte. »Kapiert ihr nicht? Wir müssen unsere Weisheit… vermischen. IHR MÜSST MITDENKEN, MANN!«

»Wenn du meinst«, sehr skeptisch beugte Thor sich über die Asche. »Keine Ahnung, wozu es gut ist. Aber es sieht aus, als wäre es aus Angelschnur. Wenn jemand welche dabei hat, könnten wir es nachbauen.«

»Ich hab welche!« aufgeregt zog Njörd ein kleines Knäul aus der Tasche und begann sofort, die Maschen nachzuknüpfen. Erst eine, dann zwei, dann drei und immer mehr. Bis es dem Meeresgott plötzlich wie Schuppen von den Augen fiel: »Das sieht aus, als könnte man damit… Fische fangen!«

So schnell sie konnten, rannten die Asen flussaufwärts, den Lachsen hinterher. Ein ums andere Mal warf Njörd dabei sein eigenes Netz aus, um Loki zu fangen. Aber weil der vorher geübt hatte, entkam er jedes Mal. Geschickt schlängelte er sich durch die engen Maschen hindurch – als Thor plötzlich zupackte. Und Loki am Schwanz festhielt, unerbittlich! Auch, als der Feuergott zappelte und zerrte, so heftig, dass sein Körper hinten immer dünner wurde und sein Schwanz immer breiter.

Was auch der Grund dafür ist, dass Lachse heute aussehen, wie sie aussehen – hinten am Körper ganz spitz zulaufend und mit sehr breitem Schwanz.

Lokis Mord an Baldur war grausam gewesen – und noch grausamer war die Rache der Asen. Denn in ihrer grenzenlosen Wut brachten sie nicht nur Loki, sondern gleich seine gesamte Familie auf eine Felseninsel am hintersten Ende Riesenheims.

Dort verwandelten sie Lokis Sohn Vali in einen hungrigen Wolf ...

... und unter den Entsetzensschreien seiner Mutter Sigyn riss der sofort seinen Bruder Narfi in Stücke.

Rasend und johlend vor Zorn fesselten die Asen Loki dann mit den Gedärmen seines eigenen Sohnes. Schnürten den Feuergott so fest an einen Felsen, dass der nicht einmal mehr einen Finger rühren konnte.

Aber auch das genügte ihnen noch nicht.

Mit eisigem Lächeln zog Skadi eine Giftschlage aus einer Felsspalte und klemmte sie in eine andere. Genau über Lokis Gesicht.

Aus dem Mund des Reptils tropft bis heute ätzendes Gift. Und noch immer brüllt Loki vor Schmerz, weil es ihm über Stirn und Augen läuft.

Zwar hält Sigyn, die den Feuergott noch immer bedingungslos liebt, die meiste Zeit eine Schale über Lokis Kopf, um das Gift aufzufangen. Aber immer, wenn die Schale voll ist, und sie sie ausleeren muss, brennt sich die Säure in Lokis Gesicht. Dann brüllt er und reißt an seinen Fesseln. So wild, dass alle neun Welten erzittern.

Was bei uns in Midgard dann *Erdbeben* heißt.

Viele Jahre dauerte es, bis in Asgard die Wunden vernarbten, die der Verlust Baldurs geschlagen hatte. So gut es ging, versuchte man weiterzuleben. Von einem Tag zum nächsten. Manchmal ging es besser, manchmal schlechter.

Nur Hödur schrie und tobte noch immer. In grenzenloser Sehnsucht nach seinem geliebten Bruder – und wegen der Schuld, die in ihm brannte.

Doch auch, wenn er fast ständig daran dachte – nie hätte er es übers Herz gebracht, sich selbst das Leben zu nehmen. Frigg und Odin hatten schon Baldur verloren. Seinetwegen! Sie sollten nicht um noch einen Sohn trauern müssen.

In ihrer Trauer erstarrt und gequält vom Leid Hödurs überblickten der Allvater und seine Frau unterdessen auf Hlidskjalf einmal mehr die Welten.

»Wir könnten ihn erlösen«, wie betäubt zeigte Odin weit hinten in Jotunheim auf die Höhle einer Riesin. Rind wurde sie genannt. »Damals«, fuhr er dann zögernd fort, »als ich von Baldurs Tod erfahren habe, hat die Seherin mir noch etwas anderes prophezeit.«

»Ich weiß«, entgegnete Frigg und drehte sich zu Odin um.

Und auch, wenn beide kaum mehr etwas sehen konnten, weil ihre Augen voller Tränen waren – einmal mehr verstanden sie einander auch ohne Worte.

Schon am nächsten Morgen machte Odin sich nach Riesenheim auf, um mit der Riesin Rind einen Sohn zu zeugen.

Vali wurde er genannt und es dauerte keinen Tag, da war er ein riesengroßer Mann.

Der mit kräftigen Schritten in Richtung Asgard aufbrach – um Hödur im Schlaf zu erschlagen.

So, wie es prophezeit war.

Alles, was Odin und Frigg nun blieb, war weiterzuleben.

Und zu lieben. Bis zum Ende.

Denn wer stirbt und von den Lebenden geliebt wird – das ist bei Göttern nicht anders als bei Menschen – behält auch im Tod seine Kraft.

Und so erweckt Baldurs Strahlen im Frühling immer wieder aufs Neue die Natur zum Leben. Weil Hödur seinen Bruder in der Dunkelheit des Winters ausruhen lässt.

Jahr für Jahr aufs Neue.

Und auch das Chaos wird uns wohl erhalten bleiben, solange die Macht der bedingungslosen Liebe ihre schützende Hand über Loki hält.

Bis zum Ende.

Aber das ist noch lange nicht da.

Odin weiß das, weil er die Vorzeichen kennt. Denn auch die hat die größte aller Wahrsagerinnen ihm verraten.

Ragnarök – die Prophezeiung der Seherin

Wann das Ende nah ist?

Erst dann, wenn es entsetzlich kalt wird in allen neun Welten, wenn drei Jahre lang ohne Pause Krieg ist und drei Jahre lang ohne Pause Winter.

Erst dann werden Menschen und Götter, Riesen, Alfen und Zwerge das schrecklichste aller Vorzeichen am Himmel sehen: zwei riesige Wölfe, hoch oben in den Wolken, die mit markerschüttendem Geheul auf die Jagd gehen. Aber sie jagen keine Schafe, Ziegen oder Rinder. Sie jagen die Sonne und den Mond.

Verzweifelt versuchen die Gestirne zu fliehen, dabei erzittert das All, beginnt zu beben, immer bedrohlicher zu schwanken. Bis alle Sterne, die es beherbergt, aus ihren Verankerungen reißen und herunter auf die Erde stürzen.

So dass auch die nun bebt. Tagelang, nächtelang. Berge stürzen ein, Menschen sterben wie Fliegen, uralte Bäume brechen wie Gräser.

Auch der Baum, an dem die Fessel Gleipnir noch immer den Fenriswolf bändigt. Jetzt reißt und zerrt das Untier an den sterbenden Ästen, wirft sein riesiges Maul hin und her, scheuert mit dem Band an der rauen Rinde, immer wilder, immer wütender – bis die Fessel reißt. Fenris ist frei!

Jubelnd über diesen Triumph kriecht Jörmungardr, seine Untierschwester, aus dem Meer, heißt den Bruder willkommen – und bricht ihr Versprechen, die Meere zusammenzuhalten! Brodelnd und schäumend ergießen sich die Ozeane Midgards auf das Land, reißen die Trümmer des Bebens mit sich.

Jörmungarder spuckt Gift im Siegestaumel, Fenris spuckt Feuer – und das abscheuliche Gemisch setzt den Schutt und das Treibholz auf dem Wasser und die Luft darüber in Brand. Ganz Midgard, nur noch ein Flammenmeer.

Da hebt sich am Horizont im Feuerschein ein Schiff aus den Wellen, so riesig, dass es schon bald wie ein ungeheurer Berg den Himmel verdeckt. Es ist Naglfar, das Totenschiff, gebaut aus den Nägeln der Toten. Am Steuer steht Loki, brüllend vor Wut und Hass fordert er Rache für sich und seine Söhne.

In den Palasten Asgards und den grünen Auen Vanaheims dagegen ist alles noch trügerisch still. Nur ein wenig Rauch, der bereits in der Luft liegt, und das leichte Flackern das fernen Feuerscheins künden vom unermesslichen Grauen, das sich gerade in Midgard abspielt.

Doch der Feuerschein wird heller. Und der Rauch dichter.

Denn nun marschiert ein ungeheures Heer aus Feuerriesen, angeführt vom mächtigen Surt, von Midgard aus auf die Welt der Götter zu. Die nahende Feuersbrunst leckt an der Regenbogenbrücke, lässt das mächtige Bauwerk erzittern und schwanken, immer heftiger, immer gefährlicher – und dann plötzlich zusammenstürzen unter ungeheurem Getöse, während eine Flammenwalze, groß wie unsere Erde, Asgard überrollt.

Immer weiter fressen sich die Feuerriesen, zur Ebene Wigrid, wo Jörmungardr und Fenris bereits auf sie warten. Zusammen mit dem gewaltigen Heer der Toten, angeführt von ihrer Schwester Hel. Endlose Reihen lebender Leichname, Hass in ihren hohlen Augen, gesäumt vom Volk der Hrimtursen, die ebenfalls gekommen sind, um an der Seite des Todes und der Vernichtung zu kämpfen.

Auch in Wigrid bebt nun die Erde. Die Armee des Schreckens nimmt ihre Schlachtordnung ein.

Das Kriegsgeheul der Toten, das Stampfen der Hrimtursen, das Grollen des Feuersturms – immer entsetzlicher anschwellender Lärm – da übertönt der ohrenbetäubende Ruf des Gjallarhorns jedes Geräusch der neun Welten und kündet vom nahenden Ende.

Und während Odin an Mimirs Brunnen mit seinem uralten Freund letzte Schlachtpläne schmiedet, strömen Tausende und Abertausende Einherjer, Odins und Freyas Totenkrieger, aus den Toren Folkwangs und Walhalls. Bis an die Zähne bewaffnet, im Gleichschritt rennend in kalter Wut, bereit zum alles entscheidenden Kampf.

Ihnen voran auf Wigrid zu reitet nun Odin, in goldenem Helm und goldener Rüstung, seinen Speer Gungnir gegen die Feinde gerichtet.

Deren Übermacht uferlos ist.

Und dennoch stürmt das Heer des Werdens jetzt brüllend auf das Heer des Vergehens los, Schilde krachen, Schwerter klirren, Krieger fallen und Riesen und Götter. In einem Malstrom aus Staub, Feuer, Rauch und nicht enden wollendem Schrecken.

Garm, der Totenhund, fordert Rache für Fenris Qualen und fordert Tyr zum Kampf. In Rage zieht der Tapferkeitsgott sein Schwert, Garm bleckt seine Zähne – und während Tyr seine Klinge in das offene Maul des riesigen Tieres rammt, verschlingt Garm ihn mit Haut und Haaren, so dass nun beide sterben. Genau im selben Augenblick.

Währenddessen kämpft Frey gegen Surt. Verzweifelt bäumen sich die Kräfte der Fruchtbarkeit gegen die der Flammen auf. Mit allen Zaubern, derer der Wanengott mächtig ist – aber ohne Schwert. In unendlicher Tapferkeit, aber ohne Sieg. Unter entsetzlichen Schmerzensschreien wird Frey ein Opfer der Flammen.

Thor dagegen lichtet mit der Macht Mjöllnirs die Reihen der Feinde. Wie Schnee lässt die Gewalt des Hammers die Körper der Hrimtursen zerstieben, deren eisige Überreste Hels Totenheer unter sich begraben. Fast schon huscht Erleichterung über die wutverzerrten Züge des Donnerers – da nähert sich von hinten Jörmungardr und beißt ihm in die Schulter. Rasend vor Schmerz schwingt der Donnerer den Mjöllnir, schleudert ihn dem Untier entgegen – und spaltet der Länge nach ihren Schlangenschädel und ihren ungeheuren Körper in zwei Hälften. Schlangenblut ergießt sich über die aufgetürmten Eismassen, färbt sie leuchtend rot, Thor schreit auf im Siegesrausch, rennt auf seinen Vater Odin zu – und bricht gleich darauf zusammen. Getötet vom Schlangengift in seiner Schulter.

Rasend vor Verzweiflung stürzt Odin auf seinen toten Sohn zu – und Fenris auf seine tote Schwester. Einen winzigen Augenblick halten Allvater und Untier inne, sehen einander an, und Odin – bleibt einfach stehen! Gungnirs Spitze nicht auf Fenris, sondern auf den Boden gerichtet. Steht nur da, stumm und mit erhobenem Haupt – und blickt Fenris in die Augen, als der ihn verschlingt.

Da kommt aus der Ferne **VIDAR** angerannt. Zu spät! Er kann seinen Vater nicht mehr retten. Nur noch rächen. Brüllend in grenzenloser Wut tritt Vidar Fenris seinen ledernen Stiefel ins Maul, reißt die Wolfskiefer auseinander, stößt dann sein Schwert durch den Rachen bis tief in die Gedärme des ungeheuren Wolfs.

Triumphierend schreitet nun Loki von seinem Schiff Naglfar herunter in die Schlacht. Der Sieg ist nah! Doch Heimdall stellt sich dem Feuergott in den Weg, mit gezogenem Schwert. Zum letzten Kampf gegen seinen alten Feind.

Ordnung gegen Chaos – die entscheidende Schlacht beginnt.

Und niemand siegt.

Leblos bleiben die geschundenen Körper der zwei Götter auf dem Schlachtfeld liegen.

Es ist vorbei.

Nur Surt ist noch da – aber er ist nicht mehr wütend, sondern sieht ganz sanft aus.

Vorsichtig, beinahe zärtlich haucht er nun reinigendes Feuer über alles, was noch auf dem Schlachtfeld ist. Und dann auch über Asgard, Midgard und Vanaheim, über Lichtalfheim, Schwarzalfheim, Jotunheim und alle anderen Welten.

Und ganz langsam, mit leisem Knistern und Knacken, fressen sich die Flammen von den Welten aus nun auch in die Blätter und Zweige Yggdrasils, belecken ihre Äste, ihren Stamm.

Bis der Weltenbaum lichterloh brennt –

und am Ende nur noch Asche übrig ist.

Und Stille.

Und Frieden.

Und bis plötzlich ein Licht von unten aus der schwarz verkohlten Erde bricht. Kein Feuerschein. Es leuchtet anders. Strahlend! Immer heller!

Baldur!

Mit einem Lächeln kehrt nach dem Ausgleich der Kräfte nun das Licht des Lebens aus dem Reich der Toten auf die Erde zurück.

Hand in Hand mit Hödur, der Dunkelheit, in der aller Glanz sich ausruhen und zu neuer Stärke finden kann.

Und hinter ihnen Nanna, die Liebe, ohne die kein Leben je gedeihen würde.

Alles ist so, wie Frigg, die Allwissende, es von Anfang vorausgesehen hatte.

Baldur und Hödur entgegen laufen nun Vidar und Vali, Odins Söhne, und Magni und Modi, Thors Söhne, und mit ihnen die stärksten und schönsten Töchter der Göttersippen. Sie alle haben in der Asche Asgards und Vanaheims überlebt.

Um nun gemeinsam wieder eine neue Welt zu bauen, in der ein neuer Weltenbaum seine unendlichen Zweige in den Himmel streckt.

Und wir Menschen?

Tief unten in der Asche Yggdrasils, unter einem Zweig, der doch nicht ganz verbrannt ist, haben sich **LIF**, das ‚Leben', und **LIFTHRASIR**, die ‚Lebenskraft' versteckt.

Die zwei letzten – und nun wieder die zwei ersten – Menschen.

Weil die Wunder unseres Daseins nun einmal unendlich sind.

LACHEN UND LEBEN

 Viele Jahrhunderte, vielleicht sogar Jahrtausende, sind die Geschichten von Yggdrasil nun von Mensch zu Mensch gewandert.

Und werden es weiter tun. Bis wir sterben. Und bis Yggdrasil stirbt.

Aber was zählt, ist trotzdem, wie wir leben.

Dafür, dass wir Menschen gut leben, nicht nur allein, sondern auch miteinander, müssen wir selbst sorgen. Aber wenn wir sie darum bitten, helfen uns die Götter. Nicht nur mit Gaben und Taten, sondern auch mit Ratschlägen.

In einem Teil der Eddas, der ‚Havamal' genannt wird, finden wir welche, die Odin den Menschen vor langer Zeit gegeben hat.

Nein, keine Gebote wie im alten Testament.

Denn strafen wird Odin uns ganz sicher nicht, wenn wir es anders machen, als er es uns vorschlägt.

Aber nützlich sind diese Ratschläge vielleicht schon. Völlig egal, ob wir den Asen und Wanen heute noch opfern oder nicht. Und eines ist in jedem Fall ganz erstaunlich: wenn man den Inhalt der komplizierten Stabreime des Havamals in die heutige Sprache überträgt, merkt man dem uralten Text die vielen Jahre plötzlich gar nicht mehr an.

»Wo immer du hingehst – immer zuerst gucken, wo die Notausgänge sind! Und gehe niemals unbewaffnet aus dem Haus.«

»Wo immer du hingehst – komm zum richtigen Zeitpunkt. Bist du zu spät, ist das Bier schon alle – bist du zu früh, ist es noch nicht kalt.
Dort, wo man dich nicht mag, kommst du übrigens immer zur falschen Zeit.«

»Sei nicht blöd!
Und wenn du es doch bist, halte wenigstens die Klappe, damit die anderen es nicht merken. Zumindest in der Fremde – denen zu Hause machst du eh nichts mehr vor.«

»Am besten immer erst zuhören, dann denken, dann reden. Aber nur reden, wenn du auch Ahnung hast.
Dabei öfter mal in Betracht ziehen, dass du auch keine Ahnung haben könntest.«

»Selber denken macht glücklich! Andere für sich denken lassen macht unglücklich!«

»Wenn der erste Eindruck schlecht ist, ist es der Rest meist auch.
Und was zu schön ist, um wahr zu sein, ist meist auch nicht wahr.«

»Der Respekt deiner Mitmenschen ist wertvoller als alles, was du kaufen kannst.
Aber das Lob von Idioten ist nichts wert.«

»Glaub nicht, dass alle dich mögen, nur weil sie dich anlächeln.
Glaub nicht, dass alle deiner Meinung sind, nur weil dir niemand widerspricht.
Glaub nicht, dass du alles kannst, nur weil du einmal was hingekriegt hast.«

»Sei ein guter Gastgeber. Nur dann lädt man auch dich gerne ein. Öffne Fremden deine Tür. Greife sie nicht an, sondern nimm sie herzlich bei dir auf.
Und urteile erst über sie, wenn du wirklich etwas über sie weißt.«

»Sei ein guter Gast. Komm rein, setz dich, nimm dir ‘nen Keks, bevor das Essen kommt, entspann dich. Aber wisse, wann du wieder gehen solltest.
Wer zu lange da ist, von dem will niemand, dass er wiederkommt. Selbst ein Rind weiß schließlich, wann es Zeit ist, von der Weide nach Hause zu gehen.
Und wenn du bei Leuten zu Gast sein musst, die du nicht magst, solltest du früh essen und zeitig ins Bett gehen, ehe du nicht mehr weißt, worüber du mit ihnen reden sollst.«

»Trinke viel! Aber immer nur so viel, wie du verträgst!
Iss viel! Aber immer nur so viel, wie du verträgst.
Und nichts ist so unnötig, wie sich im Suff mit Freunden zu zerstreiten.«

»Solange du nicht aufs Klo musst oder Wache halten, bleibe nachts lieber im Bett.
Schließlich musst du früh aufstehen, wenn du Beute machen willst. Ein verschlafener Wolf fängt nichts.
Stehe ebenfalls früh auf, wenn du viel Arbeit und wenig Hilfe hast. Wer erst mittags beginnt, kommt zu nichts. Wer schnell ist, ist schon zur Hälfte reich.«

»Reisen bildet! Wer nicht selbst da war, soll sich kein Urteil erlauben. Nimm genug Proviant mit. Aber das beste Reisegepäck ist ein kluger Kopf.«

»Wer andere dumm nennt und auslacht, ist selbst nicht nur am dümmsten – sondern auch ein Arschloch.
Niemand ist schließlich fehlerfrei!
Verspotte erst recht niemanden, der dir seinen Kummer anvertraut oder Schutz bei dir suchst. Schneller, als du denkst, geht es dir genauso!«

»Sei freundlich zu deinen Mitmenschen. Das Leben ist sinnlos, wenn niemand dich mag.
Aber mische dich nicht in das Leben anderer ein. Tust du es doch und machst einen Fehler, hast du nur Ärger.«

»Lass Idioten am besten links liegen. Mit ihnen zu streiten führt zu nichts – und meist wirst du nur verlieren.
Trotzdem hat jeder Mensch gute und schlechte Seiten.
Niemand ist perfekt.
Aber niemand ist auch so böse, dass er zu gar nichts taugt.«

»Gehe immer sauber und satt unter die Leute. Aber schäme dich nie für deine Kleider oder dein Fortbewegungsmittel, auch, wenn sie vielleicht nicht so edel sind wie die der anderen.
Wirklich arm dran ist niemand. Schließlich kann man auf viele Arten reich sein. Nicht nur an Besitz, auch an Kindern, Freunden oder an Talent.
Mach dich nützlich – denn jeder ist zu etwas nütze.
Du kannst nicht laufen? Dann reite! Du hast zwei linke Hände? Dann streng deine Augen an! Du kannst nicht hören? Aber du kannst tapfer sein! Und wenn du dir wehtust, freu dich, dass du noch lebst.

Denn nur wer tot ist, nützt niemandem mehr.
Leben ist immer besser als tot sein.

Schätze dein Leben, egal, ob du arm oder reich bist. Beides ist man schneller, als man denkt.«

»Halte Reichtum nie für selbstverständlich. Er schwindet schneller, als du meinst.
Schätze deshalb deine Vorräte richtig ein, damit sie reichen, wenn es drauf ankommt.
Schlechte Zeiten kommen schneller, als du glaubst und dauern länger, als du denkst.«

»Versuche, einen Ort zu haben, der nur dir gehört und sei er noch so eng.
Tu dir selbst auch mal was Gutes, ehe es dafür zu spät ist.
Aber auch Menschen, die zu bescheiden sind, um um etwas zu bitten, bekommen gern mal was geschenkt. Denke auch an sie.
Die Welt teilt sich in kleinliche und großzügige Menschen. Aber die kleinlichen sind dumm. Wer gibt, bekommt nämlich meist viel mehr wieder zurück.«

»Du bist reich, wenn du Freunde findest.
Aber misstraue denen, die sich von jetzt auf gleich deine besten Freunde nennen. Ihre Zuneigung erlischt meist genauso schnell wie sie gekommen ist.
Wahre Freunde erkennst du daran, dass sie dir ehrlich sagen, was sie denken.
Falsche Freunde daran, dass sie dir sagen, was du hören willst.
Halte dich an die wahren Freunde. Auch dann noch, wenn sie am Ende der Welt wohnen und die falschen Freunde gleich nebenan.«

»Pflege deine Freundschaften! Was du bekommst, gib ebenfalls. Sei großzügig. Spare nicht an Zuneigung und Geschenken.
Pflege deine Feindschaften. Was du bekommst, gib ebenfalls. Spare nicht an Abneigung und Lügen.«

»Hilf allen Menschen in Not – aber vergiss trotzdem nicht, wer von diesen Menschen dein Freund und wer dein Feind ist.«

»Die Liebe macht die klügsten Menschen zu den größten Idioten. Oh, ja, das kann auch dir passieren!
Die meisten Männer sind in Liebesdingen übrigens Schweine.
Die meisten Frauen auch.
Aber für jeden Topf gibt es einen Deckel! Manche Töpfe sind hübscher, manche klüger. Die Deckel auch.«

»Als Mann lasse dich nicht mit Frauen ein, denen du nicht gewachsen bist. Gute Frauen gewinnst du mit Nettigkeit, Komplimenten und Geschenken. Und du behältst sie, indem du deine Versprechen hältst.«

»Sei nicht zu vertrauensselig. Geheimnisse erzähle – wenn überhaupt – nur einer einzigen Person. Zwei sind schon zu viel. Und wissen es drei, dann weiß es die ganze Welt!«

»Sei nicht schadenfroh, aber hab auch kein schlechtes Gewisen, wenn du einen Vorteil bekommst.
Und konzentriere dich aufs Wesentliche. Ablenkung kann tödlich sein.«

»Gehe vorsichtig mit Macht um und mache dir nicht zu viel Feinde. Denn ganz egal, wie stark du bist – irgendwann kommt einer, der stärker ist als du.
Stelle sicher, dass du in einer Gruppe immer wenigens einen Verbündeten hast, der zu dir hält. Sonst bist du hilflos wie ein Vogel, der versucht, mitten auf hoher See zu landen.«

»Lernen kannst du nur von denen, die etwas schon können. Also suche deren Gesellschaft.
Du brauchst aber nicht alles zu wissen. Am glücklichsten ist, wer sich in seinem Fachgebiet wirklich gut auskennt.
Wer zu viel von der Welt weiß, wird nur unglücklich. Erst recht, wer seine eigene Zukunft kennt. Der macht sich nur unnötig Sorgen.«

»Höre auf den Rat alter Leute. Sie haben zwar Falten, Schrunden und wenig Haare, aber auch mehr Erfahrung als du.«

»Hinterlasse etwas. Am besten ein Kind, mindestens gute Freunde. Du lebst in denen weiter, die sich an dich erinnern.«

»Sei schweigsam, wachsam und vorsichtig – aber mutig, wenn´s drauf ankommt. Feige Menschen leben vielleicht etwas länger – aber sie erleben nichts.«

»Vieles ist wichtig, aber Wärme, Gesundheit und ein ehrenvolles Leben sind am wichtigsten. Nächtliches Grübeln dagegen führt zu nichts – außer zu morgendlicher Müdigkeit.
Am glücklichsten wird, wer mild und mutig ist und sich nicht so viele Sorgen macht.
Also lache! Freu dich am Leben! Bis zu deinem allerletzten Tag.«

Ob diese Ratschläge wirklich aus Odins Mund stammen, weiß natürlich niemand mehr. Vielleicht haben auch die vielen Menschen, die die Geschichten von Yggdrasil weitererzählt haben, sie über die Jahrhunderte zusammengetragen. Genau wie die Geschichten von Yggdrasil selbst.

Manche sagen, die Menschen hätten dabei vielleicht sogar die Götter gemacht.

Oder doch die Götter die Menschen?

So oder so sind sie ein Teil von uns, und wir von ihnen – solange wir die Kunde von Yggdrasil weitererzählen.

DIE AUTORIN

Auch wenn Luci van Org das »Mädchen«, das sie damals bei Lucilectric besungen hat, noch immer im Herzen trägt – heute ist »Cross-Media-Künstlerin« sicher die treffendere Bezeichnung für die quirlige Berlinerin, Jahrgang 1971. Wobei die mittlerweile bereits mehrfach preisgekrönte Roman-, Drehbuch- und Theaterautorin, Illustratorin und Malerin der Musik natürlich auch noch die Treue hält, zum Beispiel mit ihrer Band **Lucina Soteira**, als weibliche Hälfte des Duos **Meystersinger** oder als Songschreiberin und Produzentin. Es ist also ganz schön schwer, Luci in irgendeine Schublade zu stecken. Schon in ihrer Jugend bewies sie schließlich, dass es durchaus möglich ist, im Alter von zwölf Jahren nachts heimlich in verrauchten Bluesclubs als Sängerin aufzutreten und mit sechzehn ihren ersten Plattenvertrag zu unterzeichnen – und gleichzeitig an einem altehrwürdigen humanistischen Gymnasium nicht nur das große Latinum und Graecum zu erwerben, sondern sogar noch die wichtigste Abiturprüfung im Fach Latein abzulegen. Ihre große Begeisterung für die Zeit der Antike hat Luci seit damals nicht mehr losgelassen – und mit der Entdeckung der germanischen Götterwelt gänzlich entflammt. Dabei mitzuhelfen, die uralten Mythen endlich wieder dem Würgegriff brauner Ideologien zu entreißen, hat sie sich zur Lebensaufgabe gemacht.

POLITISCHE PHANTASTIK MIT GESTRECKTEM MITTEL- STATT ERHOBENEM ZEIGEFINGER

Luci van Org

Vagina dentata

192 Seiten, 12 x 18 cm, Hardcover

ISBN 978-3-946425-64-9

12.00 EUR | 12.40 EUR (AT)

Der Rat der Götter ist in heller Aufregung und die neun Welten stehen Kopf. Dabei ist in der Menschenwelt eigentlich nur alles wieder so, wie es immer sein sollte – denn ein ganz entscheidendes Detail befindet sich endlich wieder an seinem rechtmäßigen Platz: das rasiermesserscharfe Gebiss … dort, wo es den Frauen am meisten nützt.

Hätten die Menschenmänner ihnen diese Zähne nicht heimtückisch geraubt, damals vor 6000 Jahren, wäre ja sowieso alles ganz anders gekommen. Dann wäre aus dem Prinzip der gnadenlosen Auslese und der alleinigen weiblichen Herrschaft doch sowieso niemals das Prinzip der sanften, unterwürfigen Empfängerin geworden …

Jetzt allerdings betrachten Odin Allvater, Loki Chaosbringer und alle anderen männlichen Götterkollegen voller Sorge die mit einem Mal seltsam verkehrte Menschenwelt. Nicht nur können sich deren neue Herrscherinnen nun die empfindlichsten Bereiche der Männer jederzeit gegen deren Willen einverleiben – zumindest theoretisch – auch sonst ist da unten in Midgard plötzlich alles ganz schön ungerecht. Das vor hundert Jahren erstrittene Männerwahlrecht und Ministerien für den Bereich „Männer und Familie“, die mittlerweile sogar teilweise von Männern besetzt werden, sind da wirklich nur ein schwacher Trost …

Alexandra Bauer

Die Midgard-Saga

Band 1: Niflheim

458 Seiten, 14,8 x 21 cm, Broschur

ISBN 978-3-96815-077-2

16.00 EUR | 16.50 EUR (AT)

Als Thea eines Tages von einem rotbärtigen Mann verfolgt wird, ahnt sie nicht, dass dies der Beginn von etwas Großem ist.

Nach Asgard entführt, dem Wohnsitz der nordischen Götter, bekommt sie von Odin einen Auftrag: Sie soll Kyndill finden, ein Zauberschwert, das in den Händen des Feuergottes Loki die Macht besitzt, alle Götter zu töten. Zusammen mit ihrer Freundin Juli und begleitet von Thor und Wal-Freya, begibt sich Thea nach Niflheim, einer eisigen Welt im tiefen Norden. Hier ging das Schwert einst verloren. Aber auch Loki, der Feuergott der Asen, sucht nach der Waffe. Wie eine düstere Bedrohung lauert er hinter jeder ihrer Handlungen …

Der Auftakt einer neunteiligen Reihe quer durch die neun Welten der germanischen Mythologie.